JN233386

観光学入門
ポスト・マス・ツーリズムの観光学

岡本伸之［編］

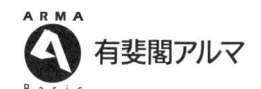

ARMA
有斐閣アルマ
Basic

はじめに

　観光学は，観光とそれに関わる諸事象を研究対象とする学際的な学問である。わが国における観光の現状は研究対象とすべき多くの問いを内包している。それらの問いは，自然と社会と人間が直面する現代的な諸課題と深く関連しており，その解明が急務となっている。観光学は，社会現象としての観光が内包するさまざまな問いに対して，学際的に接近し，その答えを出す（書く）ことによって，諸課題の解決に貢献することが求められている。

　たとえば，観光はその往来が国境を越えるかどうかによって国際観光と国内観光に大別されるが，国際観光の分野における大きな問いとして，アウトバウンドの観光（日本人の海外旅行）とインバウンドの観光（外国人の訪日旅行）の乖離の問題がある。『観光白書』によれば，1999年には1636万人の日本人が海外へ出かけたが，日本を訪れた外国人旅行者の数はわずかに444万人であった。1億2600万人の人口があり，世界第2位の経済大国とされるわが国であるが，フランスが人口は日本の半数でありながら6730万人（1997年）もの外国人旅行者を受け入れている事実と比べれば，彼我の違いは大きい。

　外国人の目から見れば日本はわざわざ訪ねようと思う気が起こらないような国なのであろうか。日本の自然と文化の国際的な位置づけに対する日本人の認識に照らせば，外国人旅行者の受入れ数が世界ランキングで30位までに入らないという現実は，なぜそうなのか，観光研究上の大きな問いである。考えてみると，日本人に対して欧米の文化がいかにすばらしいかを熱っぽく説く日本人は多いが，欧米の人びとに対して日本の文化がいかにすばら

i

しいかを説く日本人は少ない。日本人は他国へは大挙して見物に出かけるが，他国から来られるのは嫌がるところがある。海に囲まれた安全で清潔な暮らしを邪魔されたくないということであろうか。

　日本を訪れる外国人旅行者の数が少ないということは，日本人に対して，日本という国がどういう国であるのか，その長所と短所について，率直な感想を漏らしてくれる友人が少ないことを意味する。その結果，日本人は，日本がどういう国であるのか，他者の目を通して日常的に学ぶ機会に恵まれない。端的にいえば，自分のことをわかる機会がない。安全で清潔な暮らしであるのかどうかも怪しい。その点フランスがうらやましい。フランスでは，外国人旅行者にワインと料理，ファッションもすばらしいといわれながら，自国の文化にますます磨きをかけるようなメカニズムが働いている。

　政府は訪日外国人旅行者を10年で倍増する目標を立てている。はたして可能であろうか。この問いの解明は，日本に固有の自然と文化が世界の人びとにとってわざわざ訪ねるに値する魅力（誘引力）を持つことを検証するところから始めることになろう。仮に，日本の自然と文化が彼らに行動を起こさせるに十分なほど非日常の魅力を持つとしても，実際に足を運んでもらうとなると，その成否は数多くの実務的な要因に左右される。情報提供システムの整備に始まる多面的な観光事業のあり方が問われるが，最も根源的な問いは，日本人が外国を崇拝するだけではなく，外国人旅行者のまなざしを通して自国の文化を再認識し，他国との共生の道を模索しようとする気持ちになれるかどうかという点である。他者，それも見ず知らずの人に対する思いやりのことをホスピタリティと呼ぶが，日本人にはたしてホスピタリティはあるのであ

ろうか。

　ここではインバウンドの観光の問題を取り上げたが，国際問題は国内問題でもある。問題の構造は相似ではないか。地方から東京見物には行くが，東京から大挙して来られるのは困る，大挙して来てほしいと思っているのは観光業者だけという感じがある。これでは具合が悪い。人でも地域でも，相互交流はその進歩にとって不可欠の契機である。なぜならば，相互交流を欠いては，自分や地域のことをわかる機会に恵まれない。人の場合でいえば，自分がどういう人間であるかは，他者と交流することによって，他者の目に自分がどう映るかを見極めることによって初めてわかる。地域の場合も同じである。観光客から賞賛の言葉が寄せられれば，自分が住んでいる地域は他所の人が感心するに値する地域であるとわかる。そのためにはまず他所の人を受け入れなければならない。そうでなければ，観光客のまなざしを受け止める機会に恵まれることはない。このように，わが国の観光の現状は，学問的な研究の対象とすべき多くの問いを内包している。

　観光学は歴史の浅い学問である。1967年に立教大学の社会学部の中にわが国最初の観光学科が設置され，約30年の歴史を経て1998年に学部として独立したが，近年，観光分野の研究教育の重要性が認識されるようになり，全国の大学で観光学部や観光関連学科が設置されるようになった。誠に喜ばしいことである。本書は，わが国における観光教育のパイオニアとしての立教大学観光学部の教員が中心となって執筆した観光学の入門書である。

　本書は全体で15章から構成されている。まず，第1章で観光の概念と観光学について概観した後，第2章では観光の歴史を振り返ることによって現代観光の特色を理解する。第3章では観光現象を生起させる原因としての観光行動に光を当てる。第4章で

は観光行動を引き起こす契機となる観光情報の役割について概観し，第5章では観光が物理的な移動を伴うことから交通の問題を取り上げる。第6章では観光行動の客体を構成する基礎的な要素としての観光資源について学び，第7章では観光資源を環境問題の枠組みの中に位置づける。第8章では文化現象として観光を捉える。第9章では，観光を可能とさせる各種施設とサービスについて概観し，第10章では観光現象を経済学の視点から分析する。第11章では観光の商品化のメカニズムを解明し，第12章では観光に関わる政策と行政の問題を取り上げる。第13章では観光と地域社会の関連を分析する視点を提示し，第14章では観光と風景との関係を考察し，第15章では観光に関わる投資の問題を取り上げる。

　編者としては，読者が本書を通して観光学の学際性を理解され，観光とそれに関わる諸事象が内包するさまざまな問いに対して，読者がみずからその答えを出す（書く）努力を始めていただければと希望している。観光学は歴史の浅い学問であるから，未解明の研究課題が山積している。そのため，観光研究を志せば，観光という優れて現代的で誰でも関心を寄せる分野の研究を通して，学問することの醍醐味を体験できるといえる。

　最後に，本書を取りまとめるにあたっては，思いのほか時間を要した。辛抱強く見守り，専門的なアドバイスをいただいた有斐閣書籍編集第2部の鹿島則雄，天城敏彦の両氏に心から感謝の意を表したい。

　　2001年3月

　　　　　　　　　　　　　　　　　　　　編　　者

| INFORMATION | Introduction to Tourism |

●**本書の特徴**　　本書は観光学をはじめて学ぶ学生に、観光学とは何を対象とし、何を追究する学問なのかを分かりやすく解説した入門テキストです。観光学は、研究対象も研究方法も多岐に渡る学際的な学問ですが、本書は幅広い領域をカバーしており、その全体像をつかむのに適しています。

　本書は基本テキストとして、基本的な内容を平易に解説することを主旨としていますが、「オールタナティブ・ツーリズム」などといわれる最近の新しい観光の動向も踏まえて書かれています。したがって、これからの時代の観光のあり方を読者が考えていく手助けにもなります。現在、観光に関わる職業に就いている方にもおすすめします。

●**各章の構成**　　各章は「キーワード」「本文」「読書案内」「演習問題」「コラム」で構成されています。

●**キーワード**　　各章で学ぶ基本的な概念や用語を、章の最初のページに挙げました。読み進む際のポイントの把握に、あるいは読み終わった後の整理にお役立てください。

●**読書案内**　　各テーマをより深く広く学んでいくための手がかりとして、関連する基本文献を挙げました。日本語文献を中心にしましたが、分野によっては参考にしていただきたい外国語文献も挙げています。意欲的に挑戦してみて下さい。

●**演習問題**　　各章末に「演習問題」を挙げました。各テーマの大学の期末試験で出されるような問題を中心にしたものです。

●**コラム**　　本文の記述を補う説明や、観光に関わる歴史、トピックスなどを取り上げたコラムを配置しました。観光学の扱う対象の広がりをご確認ください。

●**索　引**　　巻末には事項索引と人名索引が収録されています。検索、学習にご利用ください。

観光学入門 ● 目　次

第1章　観光と観光学　　1

1　観光の概念 … 2
観光とは　2　　語源による含意　5　　関連用語　7

2　観光の意義 … 10
観光基本法　10　　相互理解の増進　11　　経済的効果　12

3　観光の構造 … 14
観光の構造　14　　観光者　15　　観光対象　17　　媒介機能　18　　観光政策と行政　19

4　観光学の対象と方法 … 21
研究対象としての観光現象　21　　方法としての学際性　22　　研究と教育　24

第2章　観光の歴史　　31

1　観光史の見方と観光前史 … 32
観光の歴史をどう見るか　32　　ヨーロッパの旅の歴史　34　　日本の旅の歴史　37

2　近代観光の発生と発展 … 39
近代と観光　39　　観光の発生と発展　40　　日本の近代化と観光　43

3　現代観光の出現と拡大 … 48

マス・ツーリズムの出現 48　新たな観光のあり方の模索 50　現代観光のゆくえ 53

第3章　観光と行動　57

1　観光行動の仕組み　58
観光欲求と観光動機 58　観光行動が生起する仕組み 60

2　観光者心理と観光行動　61
観光者心理の一般的特徴 61　観光行動の類型と観光者心理 62

3　観光行動のタイプ　64
「観光行動」の一般的説明 64　観光行動の主な分類 65　観光回遊行動 67

第4章　観光情報と観光情報産業　73

1　観光と情報の関係　74
観光の魅力に形はない 74　情報化による観光対象の有形化 74　五里霧中の観光ニーズ 75　情報化によるニーズの明確化 76

2　観光情報の構造　76
「点」情報 76　「線」情報 77　「面」情報 78　「空間」情報 79

3　観光空間情報の要件　79
舞台装置：目的対応の網羅性 79　シナリオ：時間軸管理 80　不定形の魅力：拡張可能性 81　インタラクティブ・チャネル：可塑性と発展性 82

4　次世代の観光情報産業　83

感動を創造し請け負う観光空間情報の商品化　84　時間軸に沿った観光行動を促す進行管理情報　86　一期一会の感動を演出する情報発信　88　バーチャル・ツアー・ナビゲーター　89

第5章　観光と交通　95

1　観光と交通の関係 ……………………………96
観光交通の概念　96　観光交通の対象と分析手段　96

2　観光交通市場 …………………………………98
観光交通サービスの特徴　98　観光交通市場の構造と価格形成　100

3　観光と交通政策 ………………………………102
交通政策の歴史　102　規制緩和　106　国内航空輸送の規制緩和過程　107

4　観光基盤施設の諸問題 ………………………109
鉄道　110　道路　111　空港　113

第6章　観光地と観光資源　119

1　観光資源とは …………………………………120

2　観光地の種類と特性 …………………………122
観光地とは　122　観光地の3区分　124

3　観光地の動向と課題 …………………………127
自然資源ベース型観光地　127　人文資源ベース型観光地　131　総合資源型観光地：リゾート　136

4　観光資源の保護と利用 ………………………140
日本の行政施策による観光資源の保護と利用　140

世界的資源の保護とイギリス，アメリカの保護団体の活動 144

第7章　観光と環境　　149

1　自然環境保全の系譜　…………………………150
自然環境保全の近年の動き：ストックホルム会議からリオ会議へ　150　　保護地域を指定することによって自然を守る　151　　野生生物を守る　153　　市民生活の中で環境を守る：トラスト運動　154

2　自然にふれる観光　…………………………155
自然を愛でる　155　　自然を楽しみ，自然に学ぶ　157　自然に癒される　158

3　観光と自然環境保全　…………………………159
観光による自然環境へのインパクト　159　　持続可能な観光　160　　観光を通じた自然環境保全への貢献　162

第8章　観光と文化　　169

1　文化現象としての観光　…………………………170
文化の現在　170　　プロセスとしての文化　170　　観光を通した文化研究の可能性　172

2　観光の文化的インパクトと文化の動態　…………173
文化の商品化　173　　文化の真正性　175　　伝統の発明　176

3　文化観光と観光文化　…………………………178
文化観光　178　　観光文化　180　　模型文化　181　観光芸術　183

第9章 観光施設　187

1 観光施設の概念 …………………………………188
観光施設の概念 188　観光施設の機能 190　観光施設の類型 195

2 飲食と宿泊 ………………………………………197
鑑賞・体験型観光のための飲食と宿泊 197　活動型観光のための飲食と宿泊 199　保養型観光のための飲食と宿泊 201

3 その他の観光施設 ………………………………205
鑑賞・体験型観光のための観光施設 205　活動型観光のための観光施設 206　保養型観光のための観光施設 207

第10章 観光と経済　211

1 観光と経済および需要と供給 …………………212
観光と経済の関わりのミクロ経済的側面 212　観光と経済の関わりのマクロ経済的側面 213　観光と経済の関わりの公的側面 214

2 観光市場 …………………………………………215
観光財・サービスに対する需要と供給 215　需要曲線と供給曲線の移動 217

3 観光需要の弾力性 ………………………………220
需要の価格弾力性 221　需要の所得弾力性 222　需要の交差価格弾力性 223

4 競争の不完全性と観光財・サービスの価格決定 …224
競争の不完全性と価格の差別化 224　2部料金制

225

5 観光の経済効果 ……………………………226

観光の循環的な流れと観光 226　観光企業の投資と乗数効果 228　観光支出の経済波及効果 230

第11章　観光消費　235

1 観光における商品化 ……………………………236

商品化される体験としての観光商品 236　偽装される交換 237　観光商品の交換過程 239

2 観光商品における記号と身体 ……………………………242

記号の消費としての観光 242　コードの消費 243　非コードの消費 244　身体性の消費としての観光 245　視覚的消費としてのマス・ツーリズム 246　記号と身体の相互浸透 248

3 観光消費の諸様態 ……………………………250

場所の消費 250　観光におけるリアリティの形成 252　場所の記憶と仮想リアリティ 253　ヘリテージの消費 254　生きたヘリテージとリアリティ 256

第12章　観光政策　263

1 観光政策とは ……………………………264

観光政策の特殊性 264　観光政策の理念と目的 265

2 観光政策の課題とその変遷 ……………………………267

国際観光の振興：外貨の獲得と国際理解の増進 267　国民の余暇と観光の健全な発展 271　地域振興策としての観光開発 275　新時代の観光政策：世界観光の時代 276

3 わが国の観光政策と観光行政 ……………………277
国際観光に関する政策　277　　国内観光に関する政策　279

4 観光の行政組織：諸外国の観光行政機関と
観光宣伝機関 ……………………280
政府観光局　280　　観光行政機関　281

第13章　観光と地域社会　287

1 地域と社会を表す日常語と述語の関係 ……………288

2 人の移動と地域との関係 ……………………289
経験の中の移動と地域　289　　空間としての地域と人の移動　290　　人の移動と地域社会　292

3 観光と観光地 ……………………295
観光者の匿名性　295　　機能的空間としての観光地の登場　296　　観光地における個人の経験の軽視　297

4 観光地の運営と地域社会 ……………………298
観光地の空虚性と手段化　298　　観光事業組織に対するコンサルテーション　300　　観光地の近代性に対抗する力　301

5 観光を通じた生活表現 ……………………303
生活の均一化の進行　303　　ネットワーク的関係の中の観光　304　　旅における日本らしい経験と地域性　306

第14章　観光と風景　311

1 はじめに：田園風景とは，風景とは何なのか
（意義と定義） ……………………312

風景とはなにか 313　　風景を哲学する 314

2 絵画と文学作品に見る田園風景へのまなざし …… 316

ローマ詩人が描く田園理想郷『アルカディア』：神と大地への感謝 317　　陶淵明が描く桃源郷『桃花源記』：隠逸の場としての田園 318　　農耕を描く「四季耕作図」：中国文化を通してみる風景，労働の場としての田園風景 318　　封建領主から見た領地の風景：領地の繁栄の歓び 319　　ルネッサンス後期・ブリューゲルの絵画：人間中心のルネッサンス的田園風景 319　　バルビゾン派・印象派（ターナー，ミレー，セザンヌ）：近代的な田園風景絵画 320　　日本の黎明期の洋画家たち：バルビゾン派の目で見た日本の田園風景 322　　国木田独歩の『武蔵野』：自然主義的田園風景の発見 323　　まとめ：新しいまなざしの誕生 324

3 田園風景の保存と育成：各地の事例から ………… 325

文化財としての指定 325　　田園景観保全条例 326　　棚田（千枚田）オーナー制度 327　　イベント・シンポジウムの開催：「棚田サミット」 327　　景観保全運動：ドイツ「わが村は美しく」コンクール 328　　エコミュージアムの導入 329

4 おわりに ……………………………………………… 330

第15章　観光産業と投資　　335

1 設備投資と資金調達の基礎知識 …………………… 336

投資とは，設備投資とは 336　　設備投資の諸目的 338　　設備投資の変遷 339　　資金調達の諸形態 340　　設備投資の促進手段 341

2 観光産業投資の規模と展開 ………………………… 342

観光産業投資の規模と位置づけ 342　　新設ホテル投

資の展開 345　　その他のホテル投資 346　　投資主体の多様化 347

3 観光産業投資の特徴と資金調達 ……………………347
事業特性 347　　設備投資の採算・償還 349　　資金調達 351　　公的金融の活用 352　　税制および補助金 354　　事業計画書とは 354　　事業計画書の意義 355

事項索引 ……………………………………………359
人名索引 ……………………………………………368

コラム一覧

① 遊びと観光行動 ……………………………………29
② 日本の戦後国際観光の汚点：セックス・ツアー ……56
③ 「開く財布，閉じる心？」……………………………71
④ 観光のシステム・オーガナイザー：「御師」と「イベント・プロモーター」……92
⑤ 80日間世界一周 ……………………………………117
⑥ 産業観光 ……………………………………………147
⑦ ガイドライン ………………………………………167
⑧ 観光と異文化コミュニケーション ………………186
⑨ ソーシャル・ツーリズム …………………………210
⑩ 観光ボランティア …………………………………234
⑪ エコツーリズム：固定化される文明と野生 ……261
⑫ ＩＬＯの有給休暇条約 ……………………………286
⑬ スタディ・ツアーとボランティア ………………309
⑭ ピクチャレスク・アメリカ ………………………334
⑮ 東京ディズニーランド ……………………………358

執筆者紹介（執筆順，〔 〕は執筆分担，＊は編者）

＊岡本 伸之（おかもと のぶゆき）〔第1章，*Colum*①⑥⑨⑩⑫〕
  1941年生まれ。ミシガン州立大学経営学大学院修士課程修了
  現在　立教大学名誉教授。ホスピタリティ・マネジメント専攻
  主著　『現代観光論』（共著）有斐閣，1974年／『現代ホテル経営の基礎理論』柴田書店，1979年／『列島ホテル戦争』日本経済新聞社，1987年

安村 克己（やすむら かつみ）　〔第2章，*Colum*②〕
  1954年生まれ。立教大学大学院社会学研究科博士課程修了，観光学博士
  現在　せとうち観光専門職短期大学観光振興学科教授。観光社会学専攻
  主著　『観光――新時代をつくる社会現象』学文社，2001年／『観光まちづくりの力学』学文社，2006年

橋本 俊哉（はしもと としや）　〔第3章，7章，*Colum*③〕
  1963年生まれ。東京工業大学大学院後期課程修了，工学博士
  現在　立教大学観光学部教授。観光行動論，観光感性論専攻
  主著　『現代観光総論』（共著）学文社，1995年／『観光回遊論』風間書房，1997年／『観光行動論』（編著）原書房，2013年

佐藤喜子光（さとう きしみつ）　〔第4章，*Colum*④〕
  1942年生まれ。京都大学教育学部心理学科卒業
  現在　前平安女学院大学国際観光学部教授。観光産業のマーケティング・マネジメント専攻
  主著　『旅行ビジネスの未来』東洋経済新報社，1997年／『観光を支える旅行ビジネス』同友館，2002年／『めざせ！ カリスマ観光士』同友館，2003年

図師 雅脩（ずし まさはる）　〔第5章，*Colum*⑤〕

1941年生まれ。早稲田大学大学院交通経済学博士課程修了
現在　前長野大学環境ツーリズム学部教授。交通産業論専攻
主著　「フランス交通政策の背景と論理」『交通学研究』39号，日本交通学会，1996年／「フランスの高速道路政策」『高速道路と自動車』38巻5号，高速道路調査会，1995年／『交通と観光の経済学』（共訳）日本経済評論社，2001年

溝尾 良隆（みぞお よしたか）　〔第6章〕

1941年生まれ。東京教育大学理学部地理学科卒業，理学博士
現在　立教大学名誉教授。観光地域論，観光景観論専攻
主著　『観光事業と経営』東洋経済新報社，1990年／『観光を読む——地域振興への提言』古今書院，1994年／『現代日本の地域変化』（共編）古今書院，1997年／『観光学の基礎』（編著）原書房，2009年

海津ゆりえ（かいづ ゆりえ）　〔第7章，*Colum*⑦〕

1963年生まれ。立教大学理学部卒業，農学博士
現在　文教大学国際学部教授。エコツーリズム論，資源デザイン論専攻
主著　『日本エコツアー・ガイドブック』岩波書店，2007年／『エコツーリズムを学ぶ人のために』（共編）業界思想社，2011年／『東日本大震災からの復興まちづくり』（共著）大月書店，2011年

大橋 健一（おおはし けんいち）　〔第8章〕

1961年生まれ。立教大学大学院社会学研究科修士課程修了
現在　立教大学観光学部教授。観光文化人類学専攻
主著　『現代観光総論』（共著）学文社，1995年／『現代観光学の展開』（共著）学文社，1996年／『新たな観光のあり方』（共訳）青山社，1996年／『「観光のまなざし」の転回——越境する観光学』（共著）春風社，2004年

鳥飼玖美子（とりかい くみこ）　　〔Colum⑧〕
  1946 年生まれ。コロンビア大学大学院英語教授法修士課程修了
  現在　立教大学名誉教授。言語コミュニケーション論，通訳翻訳文化論専攻
  主著　『歴史をかえた誤訳』新潮社，2004 年／『通訳者と戦後日米外交』みすず書房，2007 年／『戦後史の中の英語と私』みすず書房，2013 年

丹治朋子（たんじ ともこ）　　〔第 9 章，Colum⑮〕
  1970 年生まれ。立教大学大学院観光学研究科博士課程修了
  現在　川村学園女子大学生活創造学部教授。フードサービス・マネジメント，ホスピタリティ・マネジメント専攻
  主著　『フードデザイン 21』（共著）サイエンスフォーラム，2002 年／『観光事業論講義』（共著）くんぷる，2005 年

小沢健市（おざわ けんいち）　　〔第 10 章〕
  1948 年生まれ。東洋大学大学院経済学研究科博士課程後期課程修了，経済学博士（東洋大学）
  現在　立教大学名誉教授。観光経済学専攻
  主著　『観光の経済分析』文化書房博文社，1992 年／『観光を経済学する』文化書房博文社，1994 年

稲垣　勉（いながき つとむ）　　〔第 11 章，Colum⑪〕
  1951 年生まれ。立教大学大学院社会学研究科修士課程修了
  現在　ベトナム国家大ハノイ・人文社会科学大学観光学部客員教授。観光におけるカルチュラルスタディーズ，観光消費論専攻
  主著　『観光産業の知識』日本経済新聞社，1981 年／『ホテル産業のリエンジニアリング戦略』第一書林，1994 年／*Japanese Tourists: Socio-Economic, Marketing and Psychological Analysis*, Haworth Press（共編），2000.

石井 昭夫（いしい あきお）　　〔第 12 章〕

1937 年生まれ。東京大学文学部仏文学科卒業

現在　前帝京大学経済学部教授。国際観光論，観光マーケティング論専攻

主著　『トマス・クック物語』（訳書）中央公論社，1995 年／『観光ビジネス論』（共著）同友館，1999 年／『海洋観光学入門』（訳書）立教大学出版会，2003 年

村上 和夫（むらかみ かずお）　　〔第 13 章〕

1952 年生まれ。立教大学大学院社会学研究科修士課程修了

現在　立教大学名誉教授。観光開発論，観光研究方法論専攻

主著　『観光学』（共著）同文舘，1994 年／「グリーン・ツーリズムによる地域振興の問題点」『立教大学社会学部応用社会学研究』第 39 号，所収，1997 年

田 中　望（たなか のぞみ）　　〔*Colum*⑬〕

1947 年生まれ。慶應義塾大学大学院文学研究科哲学専攻修了

現在　立教大学名誉教授。日本語教育，多文化主義，多文化教育専攻

主著　『日本語教育の理論と実際──学習支援システムの開発』（共著）大修館書店，1993 年／『まちおこしの風景──信州小諸手作りミュージカルを通して』（共著）櫟出版，1995 年／『日本語教育の方法』大修館書店，1998 年

安島 博幸（やすじま ひろゆき）　　〔第 14 章〕

1950 年生まれ。東京工業大学工学部卒業，工学博士

現在　立教大学名誉教授。観光リゾート計画，観光地・リゾート形成発展史，景観論専攻

主著　『日本別荘史ノート』（共著）住まいの図書館出版局，1991 年／『新時代の観光戦略』（共著）日本観光協会，1994 年

野田 研一（のだ けんいち）　〔*Colum*⑭〕

　1950 年生まれ。立教大学大学院文学研究科修士課程修了
　現在　立教大学名誉教授。アメリカ文学，比較文化，環境文学専攻
　主著　『アメリカ文学の＜自然＞を読む——ネイチャーライティングの世界』（編著）ミネルヴァ書房，1996 年／『場所の感覚——アメリカン・ネイチャーライティング作品集』（編著）研究社，1997 年

田代 泰久（たしろ やすひさ）　〔第 15 章〕

　1951 年生まれ。一橋大学経済学部卒業
　現在　立教大学名誉教授。インフォーマル・ベンチャーキャピタル，企業文化の国際比較，ホスピタリティ産業における起業専攻
　主著　"Business Angels in Japan," *Venture Capital*, 1, 1988／『知的財産権担保融資の理論と実務』清文社，1996 年

本書のコピー，スキャン，デジタル化等の無断複製は著作権法上での例外を除き禁じられています。本書を代行業者等の第三者に依頼してスキャンやデジタル化することは，たとえ個人や家庭内での利用でも著作権法違反です。

第1章　観光と観光学

東京の下町台東区谷中の日本旅館「澤の屋」で日本のライフスタイルを楽しむ外国人旅行者（写真提供，澤の屋）。

　　観光の本質は異文化交流にある。20世紀を振り返ると，わが国の国際観光は，「よそ行き」かつ「一方通行」であった。わが国は明治になってそれまで200年続いた鎖国政策を転換したが，以後の国際交流の性格は，鹿鳴館時代に象徴されるように，上流階級の文化の模倣と移入にあった。しかし，観光の本来の姿は，語源が示唆するように，主人は客人に地域に固有の文化を誇らかに示し，一方，客人はそれを仰ぎ見て学ぶものである。洋風の高級文化の移入は表面的には成功したかに見えるが，これまでは仰ぎ見て模倣するだけでしかなかったか。しかも，モノ作りの国の伝統か，モノへの執着が強く，海外旅行はいまだに買い出しの趣きがある。21世紀の観光は，国内観光の場合を含めて，「ふだん着」かつ「双方向」であってほしい。外国人旅行者もそれを求めている。おたがいにふだん着で交流し，そのライフスタイルと生き方に触れて，双方が成長する契機としたいものである。

　　キーワード：観光の定義　観光の意義　観光の構造　観光学

1 観光の概念

観光とは

◆**本書の定義**

「観光」とは何であろうか。本書は観光学の入門書であり，観光学は観光とそれに関わる諸事象を研究対象とする学問である。したがって，観光とは何か，その本質を明らかにすることは観光学の基本課題である。しかし，対象としての観光とそれに関わる諸事象は時代の変化とともに変貌を遂げつつある。たとえば，人びとが生活の力点を余暇に置くようになったのは，わが国では比較的最近のことである。観光とは何かという問題とそのことは無関係ではない。観光学は発展途上の学問であり，今の段階で観光の普遍的な定義を示すことは難しい。それは観光学にとってのいわば永遠の課題である。

ここではさしあたって「観光」を「楽しみのための旅行」(travelling for pleasure) と簡潔に定義しておこう。観光とは観光旅行のことであり，観光行動と言い換えることもできる。観光の主体は観光客である。「客」という表現がビジネスの対象であることを連想させて適切でないとすれば，観光者である。なお，「観光」という言葉は，観光行動とそれを可能にする各種事業活動，さらに，観光者を受け入れる地域との諸関係など関連事象を視野に収めて，広く観光現象を意味する場合もある。

「楽しみのための旅行」という定義は，観光が旅行であること，その目的が楽しみであることを示している。楽しみという表現は「自ら好んでする」あるいは「余暇活動としての」と読み替えてもよいが，楽しみの内容は人によって千差万別であり，とらえど

ころがないとの批判があろう。また，旅行とは人が空間的に移動することを意味するが，距離などを特定しておらず，これも簡潔に過ぎるとの批判があろう。しかし，観光行動の実際はきわめて多様であって，ここでは最大公約数的な要素を楽しみとするのである。また，旅行の範囲は技術革新によって大きく変化し，特定することが難しい。

この定義では，仕事を目的とする商用旅行（travelling for business）が除外される。しかし，『観光白書』で「兼観光」という語が用いられるように，楽しみを兼ねる商用旅行もある。また，外貨の獲得を目的として外国人旅行者の誘致を図るという場合，商用旅行者の来訪も歓迎される。そのため，観光のことを英語ではツーリズム（tourism）というが，国際観光（国境を越える観光往来）の分野では，ツーリズムに興業・出稼ぎ以外の商用旅行を含めるのが普通である。わが国における国際観光統計の扱いも同様である。

なお，観光の定義をめぐっては，本書の中でも，研究上の必要により，研究者によっては独自の定義を用いる場合がある。大切なことは，観光について研究する場合にどのような定義に基づくかをあらかじめはっきりさせることである。

◆ 代表的な定義

観光についての代表的な定義をいくつか挙げておこう。観光研究は，経済学者が国際観光の「見えざる輸出」（invisible export）としての重要性に注目したことによって始まり，最初の研究課題はいかにその経済的効果を測定するかにあった。そこで，1933年に『ツーリスト移動論（The Tourists Movement）』を著したエジンバラ大学のオギルヴィエ（F. Ogilvie）は，観光の本質が「一時的滞在地において他所で取得した収入を消費すること」にある

図 1-1 観光の定義

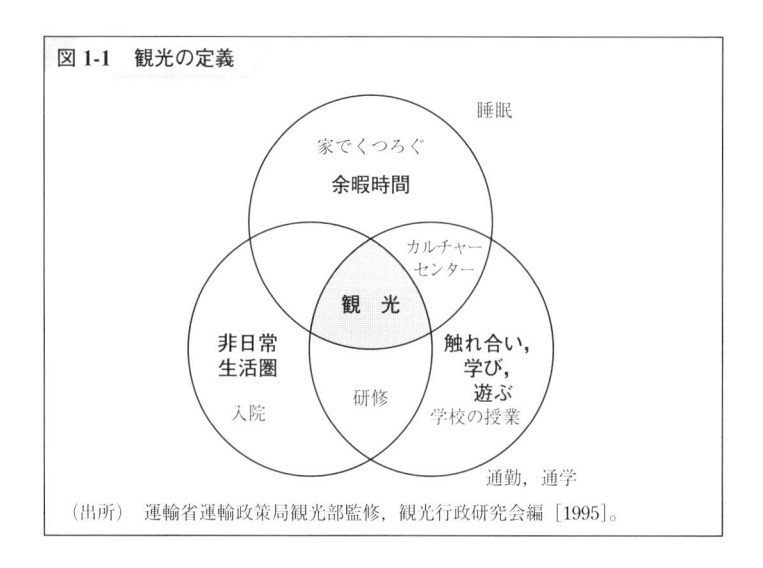

睡眠
家でくつろぐ
余暇時間
カルチャーセンター
観　光
非日常生活圏
触れ合い，学び，遊ぶ
入院
研修
学校の授業
通勤，通学

（出所）　運輸省運輸政策局観光部監修，観光行政研究会編［1995］。

と考えた。一方，ベルリン商科大学のグリュックスマン（R. Glücksmann）は，観光者が滞在地に及ぼす経済的社会的影響に注目した。そこで，彼は観光の本質が「ある土地における一時的滞在者とその土地の住民との間の諸般の関係」にあると考えた（田中［1950］）。

　特定の研究目的を念頭に置いた定義ではなく，一般的な定義として代表的なものをいくつか挙げておこう。わが国でこれまで最もよく引用されたのは，井上万寿蔵による「人が日常生活圏を離れ，再び戻る予定で，レクリエーションを求めて移動すること」である。この定義では日常生活圏の範囲やレクリエーションの概念が論点となる。なお，再び戻る再帰性とでもいうべき要件は多くの研究者が観光の定義に含めている（国際観光年記念行事協力会［1967］）。

　わが国における公的な定義としては，従来は観光政策審議会が

1970年の答申の中で規定したものが用いられた。しかし，1995年に新たな答申を出すに当たって再検討され，「余暇時間の中で，日常生活圏を離れて行う様々な活動であって，触れ合い，学び，遊ぶということを目的とするもの」とされた。検討に当たっては，①余暇時間か，労働時間か，休息時間かという時間的側面，②日常生活圏で行うか，非日常生活圏で行うかという空間的側面，③触れ合い，学び，を自主的に行うか，義務的に行うかという目的的側面の3つが考慮され，これら3つが交わるところに観光が位置するとされた（図1-1参照）。

◆ 国際的な定義

国連開発計画（UNDP）の実施機関として1975年に設立された世界観光機関（World Tourism Organization：WTO）という組織がある。WTOは国際観光到着者数（international tourist）を集計・公表しているが，その定義は「訪問の主要な目的が，訪問国内で報酬を得るための活動を行うこと以外の者で，1泊以上12か月を超えない期間，居住国以外の国で通常の生活環境を離れて旅行する人」となっており，興業・出稼ぎ以外の商用目的の旅行者も含まれる（国際観光振興会編［1998］）。

> 語源による含意

◆ ツーリズム

先に，英語では観光のことをツーリズムというと述べたが，正確にいうと，大正時代にツーリズムの訳語として「観光」を当てたのである（国際観光年記念行事協力会［1967］）。始めは国際観光におけるインバウンド（inbound）の観光すなわち外国人の来訪を指す言葉として用いられた。用例としては，政府が，1930年，外貨の獲得を目的として鉄道省に「国際観光局」を設置したことが挙げられる。戦後，高度経済成長を経てアウトバウンド（outbound）の観光すなわち日本人の海外旅

行が自由化され（1964年），さらに国内観光（国内の観光往来）も盛んとなるに及んで，観光は国際観光の両面と国内観光，これらすべてを包摂する言葉となった。

　ツーリズムは，円を描く道具を意味するラテン語（tornus）を語源とし，周遊を意味するツアー（tour）に，行動，状態，主義などを表す接尾辞イズム（-ism）の付いた言葉である。文脈によって，観光，観光現象，観光事業を意味する。接尾辞イスト（-ist）の付いた言葉がツーリスト（tourist）で，観光者を意味する。ツアー，ツーリスト，ツーリズムといった用語が一般的に用いられるようになったのは1930年代以降のことである（オギルヴィエ，前掲書）。

　ドイツでは第2次世界大戦前までは遠方からの往来を意味するフレムデンフェアケーア（Fremdenverkehr）が用いられたが，戦後はツーリスムス（Tourismus）に代わった。フランス語でもツーリスム（tourisme）である。ツアーは周遊という観光行動の態様を示す言葉で，観光行動に内在するプラスの側面を連想させる言葉ではない。その点観光は，次に述べるように，語源に照らせばなかなか味わい深い言葉である。

◆「観る」と「示す」

　観光の語源は『易経』にある「觀國之光。利用賓于王。」という句に由来する。『易経』とは，古代中国の戦国時代に編纂された卜筮の書，すなわち占いのテキストである。今井宇三郎はこの句を「国の光を観る。用て王に賓たるに利し」と訓読し，「大観する君を仰ぎ観て，国の光華盛美なるを観るの象である。よろしく王朝に賓として士進し聖君を輔けるによろし」と通釈している（今井［1987］）。

　ここでいう「国の光」とは，国王の人徳と善政により国が繁栄

し，その国を訪れる人びとにはその国が光り輝いて見えることをいう。そこで，観光とは，その「国の光」を見ることである。後段の部分は，士官を求める賢徳の士は，そうした光り輝く国を訪ねれば，賢く徳があるために国王から賓客のもてなしを受け，その結果，国王を助けてその国のますますの繁栄のために貢献することになると解釈できよう。

　もうひとつ興味深い点がある。今井によれば，観は上が下に示すことを意味し，したがって下は上を仰ぎ見ることになる。つまり，観という文字は二義を持ち，上から下には「示す」，下から上には「見る」の意味になる。大正以前にはむしろ原義にある「示す」の意味で用いられた。徳川幕府は，1855（安政2）年，オランダから贈られた木造の蒸気船を「観光丸」と命名し，海軍の練習船とした。佐野藩が1864（元治元）年に開校した藩校は「観光館」と命名された。一方，「仰ぎ見る」の用例としては，1893（明治26）年，井上馨や渋沢秀雄らによって外国人客の誘致を目的とする「喜賓会」（Welcome Society）が創立されたが，趣意書の中に「遠來の士女を歓待し行旅の快楽，観光の便利を享受せしめ」とあったという（国際観光年記念行事協力会［1967］）。このように考えると，わが国で観光という言葉が用いられることは，この言葉に対する社会的通念は別として，語源に照らして意義深いことといえよう。

> 関連用語

◆バカンス

観光の分野ではフランス語のバカンス（vacances），英語のバケーション（vacation）という言葉もよく使われる。これらは長期休暇を意味する。語源に照らせば「空にすること」である。1日や2日の旅行では身も心も空にすることはできない。英語のホリディズ（holidays）も休暇を意味するが，

こちらは全体を意味するホール（whole）と同類の言葉で，休暇を過ごすことが人間としての全体性を取り戻す機会となることを示唆する。観光行動を類別する概念として「周遊型観光」と「滞在型観光」があり，バカンスやホリディを過ごす滞在型観光地のことをリゾート（resort）と呼ぶ。

　旅行を意味するトラベル（travel）の語源についても触れておくと，こちらは拷問を意味する中世フランス語からきており，心配，労苦，苦痛などを意味するトラヴァイユ（travail）と同系である。かつては旅行することが多大の労苦を伴ったことを示している。

◆ レクリエーション

　レクリエーション（recreation）という言葉は，字義どおりに解釈すれば「再創造」であり，工業化の過程で労働力の再生産をもたらす各種余暇活動を意味した。しかし，現在では肉体的，知的，審美的，創造的，社交的など，幅広い活動を意味する言葉として広義に用いられている。

　先に挙げた井上の定義の中で用いられているレクリエーションは広義であるが，図1-2のように，観光とレクリエーションをいずれも狭義に解釈して，観光は自然の風景や歴史的な文化財等を「見る」行為，英語でいえばサイトシーイング（sightseeing），レクリエーションはスポーツなどをして「遊ぶ」行為と考えてはどうかとの見解がある。ちなみに，両者の境界をはっきりさせることは難しいから，観光を所管する運輸省（現・国土交通省）などは「観光レクリエーション（「観光・レクリエーション」ではないことに注意）」という語を用いている。本書でいう「楽しみのための旅行」としての観光は，図1-2でいえば移動を伴うレジャーに該当する。

図1-2 観光・レクリエーション・ツーリズムの関係

```
ビジネス ── 移動あり ── ビジネス ─────────────┐
                    ┌─ 友人・知人・親戚訪問 ──────┤
          ┌ 移動あり ┤                ┌─ 観光 ──┤── ツーリズム
レジャー ──┤         └─ 観光レクリエーション ─┤
          │                          └─ レクリエーション ─┤
          └ 移動なし ── その他レジャー
```

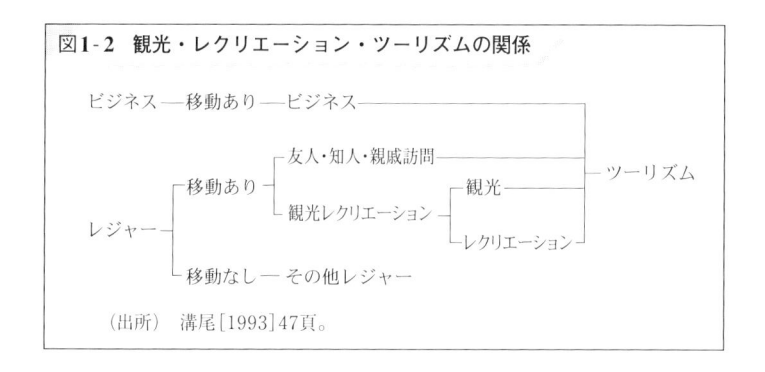

（出所）溝尾[1993]47頁。

◆ 観光事業と観光産業

「観光」に関連して観光事業，さらに観光産業という語も用いられる。観光事業とは，次節で述べるような観光の意義を踏まえて観光を促進するために行うあらゆる活動を指す。わが国でも第2次大戦後ただちに観光事業の再興が課題とされ，1947年には運輸省観光課の澤明によって『観光事業の話』が刊行された。同書は，観光事業を「観光現象のもたらす，数々の効果を承認し，観光現象をめぐる一切の要素に，組織を与え，訓練を施し，体系を整えることによって，国家の繁栄と人類の福祉増進とに寄与せんとする目的的な綜合活動である」と定義している。また，観光事業の分野としては，現在でも当てはまる①見学（名所旧跡など），②スポーツ，③教化（修学旅行，学会），④宗教（巡礼），⑤芸術（演奏旅行），⑥商業（見本市），⑦保健（湯治，保養）を挙げている。ちなみに澤は同書の中で，立教大学で「ホテル講座」が開講されたことを紹介しながら，観光教育の必要性を訴えている。公開講座が学部として独立するまでに約半世紀を要したことになる。

観光事業の担い手は，政府や地方自治体，観光を可能にする各

種製品やサービスを提供する民間企業，また，ボランティア・ガイドなどでホスピタリティの担い手になる地域住民など，多様である。関連して，観光産業という語は，ニュアンスとして民間の企業活動を中心とする概念である。英語では，ツーリズムが観光事業をも意味し，観光産業はツーリスト・インダストリー（tourist industry）である。

2　観光の意義

観光基本法　　わが国には観光基本法という法律（1963年制定）がある。観光振興を国の政策の基本とすることをうたい，施策の基本的な方向性を示した法律である。基本法といえば，教育基本法，環境基本法，食料・農業・農村基本法，漁業基本法，中小企業基本法，障害者基本法，消費者保護基本法，男女共同参画社会基本法などがあるが，いずれも国の政策の根幹をなす分野について制定されている。

　観光基本法には前文が付いており，その中で観光振興の意義について①国際親善の増進，②国民経済の発展，③国民生活の安定向上の3つを挙げている。

　第1条では国の観光政策の目標を掲げ，第2条ではそのための施策を具体的に示している。第5条では政府は毎年，国会に，観光の状況および政府が観光に関して講じた施策に関する報告書を提出しなければならないとしており，1964年以降毎年刊行されている『観光白書』がそれである。政府によって毎年『観光白書』が刊行されるような国は珍しく，わが国の観光行政の評価すべき点といえよう。

> 相互理解の増進

◆「観光は平和へのパスポート」

　観光振興の最も重要な意義は国際観光における国際親善，国内観光における地域を越えた相互理解の増進にある。国際連合は1967年を「国際観光年」に指定し，「観光は平和へのパスポート」(Tourism, Passport to Peace) をスローガンとして多彩な行事を行った。国境を越えた観光往来を盛んにすることによって相互理解を深めることは国際平和を維持する上できわめて重要である。また，国内においても，都市と農村の相互交流を盛んにすることなどは，相互理解を増進する上できわめて有意義なことである。

　しかし，観光の相互往来を促進することは易しいことではない。わが国では，毎年海外旅行に出かける日本人の数が人口の1割を超えて世界の平均値を多少上回るが，他方，日本を訪れる外国人の数は，商用旅行者を含めても，受入れ数の世界ランキングで30位以内にも入らない現状にある。これは，外国では日本を訪れたことのある人がきわめて少ないことを意味している。国際観光におけるアウトバウンドの数とインバウンドの数の極端な不均衡の原因の解明と是正は，わが国の観光政策の大きな課題であり，観光研究の重要課題でもある。

◆観光者のまなざしの重要性

　18世紀，イギリスの貴族階級の間では，「グランド・ツアー」(grand tour) と称して，フランスやイタリアを長期にわたって旅行することが教養を身に付ける手段とされたが，他国を観光することは大きな教育効果を持つ。同時に，観光者を受け入れることによって観光者のまなざしを意識することも，貴重な自己理解の機会となり，ひいては相互理解の増進に資することになる。個人の場合，自分がどういう人間であるかは，他人が自分のことをど

う見るかを知ることによって初めてわかる。地域の場合でも，多数の観光者を受け入れ，さまざまな賞賛や批判の声を聞くことによって初めて自分の地域のことがわかる。賞賛の声を聞けば，賞賛された部分についてますます磨きを掛けようと考える。批判された部分については，改善しなければと反省する。わが国の国際観光の現状のように，外国へ出かけるばかりで外国人を受け入れようとしない国では，自分の国のことはいつまでたってもわからないのではないかと危惧される。

| 経済的効果 |

◆ 所得創出効果

観光振興には所得創出，雇用創出，税収などの経済的意義が認められる。観光は消費行動を伴うから，目的地で消費されたお金は目的地の所得となる。国際観光，すなわち国境を越えて人びとが往来する場合には目的地に外貨収入をもたらし，国際収支の改善につながる。「見えざる輸出」と呼ばれるゆえんである。さらに，観光客が滞在先のホテルに支払うお金は給料として従業員に分配され，従業員は地元のスーパーで食料を購入するといった具合に，観光者が消費するお金は地域に対して最初の消費額を上回る波及効果をもたらす。これを「乗数効果」と呼ぶが，詳しくは第10章で取り上げる。

観光客が落とすお金は，外部から進出した企業が吸い上げてしまい，実際には地元には落ちない場合が多いといった指摘があるものの，目的地が所得創出効果を享受することは不可能ではなく，そのため，国際的にも，国内的にも，とりわけ他産業による経済振興が難しい場合に観光事業が有力な経済振興の手段とみなされることが多い。実際，観光振興によって地域経済が潤っている事例は多い。なお，「見えざる輸出」は，国内観光の場合，国内の経済的な過疎地にとって他の地域に対する「移出」を意味する。

農産物のような形ある商品を他地域へ移出する場合との違いは，買い手にその地域に来てもらって，形のない商品をその場で消費してもらうことである。

◆ 雇用創出効果

　雇用創出効果も観光振興の大きな経済的意義である。観光事業は接客業務を伴う部分が多いため，かなりの雇用創出効果が認められる。雇用機会が増えるといっても，その内容は未熟練，単純労働ばかりで，高い賃金を期待できるわけではないとの批判があるものの，必ずしもそうとばかりはいえない。長期の展望を持ちながら，計画的に人材を育成すれば，観光事業を地元の人材で担うことは可能である。そのためには，たとえば，農業振興に農業高校や大学の農学部が必要であるように，観光振興には観光高校や大学の観光学部が必要である。

◆ 税収効果

　観光振興は地元自治体に固定資産税等の税収効果をもたらす。わが国では，観光客を受け入れることによって行政サービスの費用負担が増えるため税収効果どころではないとの声が聞かれる。しかし，欧米では，受益者負担の原則に基づいて観光客に税金を課すことが一般化している。「ホテル税」と称して，ホテルの室料に上乗せする場合が多い。しかし，わが国ではこの「観光税」の制度が定着していない。京都市は，1982年，文化財保存や観光施設の整備を目的とする「古都保存協力税」を社寺の拝観料に上乗せする方式で導入したが，清水寺など課税対象となる有名社寺が猛反発，いくつかの社寺は拝観停止や無料拝観で抵抗し，2年余りで廃止となった。

3 観光の構造

観光の構造

◆観光現象の構成要素

先に観光という言葉は，観光行動とそれを可能にする各種事業活動，さらに，観光者を受け入れる地域との諸関係など関連事象を視野に収めて，広く観光現象を意味する場合もあると述べた。それでは，観光現象の全体はどのような構造になっているのであろうか。以下に主要な構成要素を挙げてみよう。まず，観光現象の基本的な要素は観光行動の主体としての観光者の存在である。人びとが観光しようと思わなければ観光現象は生起しない。

次に観光行動の客体としての観光対象がある。観光者は，たとえば，豊かな自然環境に惹かれて日常生活圏を後にする。観光対象を空間（地域）概念に置き換えると観光地となる。観光対象ないし観光地は，観光者を引き付ける誘引力の素材としての観光資源と，観光者がその魅力を実際に享受できるよう各種の便益を提供する観光施設（サービスを含む）から構成される。観光資源を細分化すれば，自然観光資源と人文観光資源に大別でき，観光施設は基盤としての飲食と宿泊，さらに鑑賞（観賞）・体験やスポーツに代表される各種活動のための施設に大別できる。

観光現象は主体と客体が存在するだけでは十分に生起しない。両者をつなぐ媒介機能が必要であり，それが観光情報と観光交通である。戦後わが国の観光振興に大きく貢献した宮崎交通(株)の岩切章太郎社長は，観光振興の極意は「知らせて，見せて，また来たいと思わせる」にあると喝破した（岩切［1990］）。知らさ

なければ，人びとに観光行動は起こらない。また，知らされて観光しようと思っても，移動手段がなければ，日常生活圏を離れることができない。

最後にもう一つ，以上の要素のすべてに影響を及ぼすのが政府や地方自治体による観光政策と観光行政である。休日や休暇制度の制定，自然公園の整備，鉄道の整備や高速道路の建設，観光情報の提供など，行政の役割が観光振興の大枠を決める。

◆ 現代観光の特色

現代の観光は，国によって発展段階の違いはあるものの，第2次世界大戦後の観光の大衆化によるマス・ツーリズムの時代を経て，観光が日常生活の一部として定着する一方，マス・ツーリズムがもたらした自然環境の破壊など観光公害という言葉に象徴されるようなさまざまな弊害に直面している。マス・ツーリズムの弊害を克服し，自然環境や地域の伝統文化との共生を図るのがサステイナブル・ツーリズム（sustainable tourism，持続可能な観光）にほかならない。そうした中で，後に続く章で取り上げられるオールタナティブ・ツーリズム（alternative tourism），エコツーリズム（ecotourism），グリーン・ツーリズム（green tourism）といった新しい時代の観光のあり方を示唆する語が用いられるようになっている。

観光者

◆ 所得，時間，意識

観光者の存在とその行動は観光現象の基礎的な構成要素である。その背後には，観光行動を規定するさまざまな要因が存在する。重要な要因としては①所得（可処分所得），②時間（余暇時間），③意識（余暇に対する価値観）の3つが挙げられる。これらのほかにも，日常生活の質的要因が人びとを観光行動に駆り立てるといったことが考えられる。

まず①の所得は，自由で裁量可能な可処分所得の額が問題となる。わが国の観光市場の大きな特色は，独身の若年層が主導的役割を果たしているとされるが，彼らがそのような役割を果たすことができる理由は，自由で裁量可能な所得に恵まれているからである。逆に，学齢期の子供を抱えた家族にとっては，日本の場合観光には多額の費用が掛かり，そのため観光を享受することがきわめて困難な状況にある。この点，欧米では観光を目的とする家族旅行が盛んであることと対照的である。

　②の時間は，これも観光の実態に決定的な影響力を持つ。わが国の国内観光の大きな特色は1回当たりの宿泊日数がきわめて少ないことである。過去四半世紀，宿泊を伴う観光の1回当たり平均泊数は2泊に満たず，1泊2日の観光が半数以上を占める（日本観光協会編［1999］）。原因は労働者が長期休暇を取り難いことにある。わが国は労働者に2週間の有給の連続休暇を保障するILOの有給休暇条約をいまだに批准できない世界でも珍しい国であり，そのことがわが国で長期滞在型の観光が根付かない決定的な原因となっている（→コラム⑫）。

　③の意識も観光行動を大きく規定する。多くの社会調査の発見事実を総合すれば，日本人は余暇，とりわけ観光を積極的に享受したいと強く希望している。したがって，わが国の国内観光の実態が欧米諸国に比べて著しく貧弱である原因は，意識の問題よりも，その他の要因にあるものと思われる。わが国の所得水準が世界有数の高水準にあることは周知のとおりであるから，観光行動の背後にある要因としては，②の時間の制約が効いていると考えるのが自然といえよう。他方，人びとを観光行動に駆り立てるはずの観光対象の側にも，要求や期待を十分に充足させるような条件に欠けているといえる。たとえば，観光施設として基盤的な宿

泊施設の現状を概観しても，家族が廉価に観光を享受できるような施設はわが国の場合きわめて少ない現状にある。

◆ 鑑賞・体験型，活動型，保養型

第3章で改めて取り上げるが，観光行動はさまざまな観点からの類型化が可能である。観光が旅行を伴う余暇活動であることに注目すれば，①休息型，②気晴らし型，③自己実現型といった，デュマズディエのいう余暇の3機能による類型化が可能である（デュマズディエ［1972］）。また，行動の態様に注目すれば周遊型と滞在型に区別できるが，欧米のバカンスのような滞在型観光はわが国では時間条件の制約があってまだ一般化していない。そのためわが国では短期間ながら特定の場所に滞在して近隣を周遊する拠点型観光を促進すべきとの意見がある（運輸省運輸政策局観光部監修［1995］）。

次項の観光対象ないし観光地との関連では，溝尾良隆によれば，①（狭義の）観光，②レクリエーション，③保養・休養に3区分する必要がある（溝尾［1993］）。これは鈴木忠義による①流動型，②目的型，③滞在型，さらに観光政策審議会による①鑑賞・体験型，②活動型，③保養型の3区分にそれぞれ対応しており，鈴木は資源性として，①にはすぐれた景観などの「見る」が，②には各種屋外スポーツのような「遊ぶ」が，③には「遊ぶ」に加えて，オートキャンプ場のような「休む・泊まる」がそれぞれ対応するとしている（日本交通公社編［1971］，内閣総理大臣官房審議室編［1982］）。

観光対象

観光対象ないしその空間概念としての観光地は，観光者を引き付ける誘引力の素材としての観光資源と，観光者がその魅力を実際に享受できるよう各種の便益を提供する観光施設（サービスを含む）から構成さ

れる。これらについても章を改めて取り上げるが，観光資源とは，観光者の要求や期待とは無関係に存在しているものの，実際に人びとを観光行動に駆り立てる原因となっている事柄のことである。一方，観光施設（サービスを含む）は，もっぱら観光者の要求や期待を充足させるために人為的に創造された事物のことである。

現代観光の特色は，観光資源の種類がますます多様化していることである。たとえば，フランスでは，多数の国民が余暇活動の一環として，環境共生型の潮汐発電所，食品・酒造メーカー，宇宙・航空産業などの工場を訪れている。アメリカのフロリダ州にあるケネディ宇宙センターなども強力な誘引力を持つ観光資源である。実際に機能している工場を訪ねる観光を工場観光，廃鉱になった炭鉱などの産業遺産を訪ねる観光を産業観光というが（→コラム⑥），わが国ではこうした分野の観光資源の発掘と評価が遅れている。

観光対象をめぐる現代観光のもう一つの特色は，観光施設の観光対象としての役割が飛躍的に高まっていることである。毎年1500万人を超える人びとが東京ディズニーランドを訪れるという。東京ディズニーランドが開発された場所は埋立て地であって，観光者を誘致できる材料のほとんどない場所であった。それが民間企業の卓越した創造力によって多数の観光者を誘致できる観光対象として機能する場所となった。アメリカのラスベガスにおける巨大なテーマパークのようなホテルも同じような性格を持つ。

媒介機能

◆ **観光情報と観光交通**

観光主体と観光客体の間にあって，観光情報を提供することによって両者の結びつきを可能とさせるのが観光情報，また，実際に空間的な移動を可能とさせるのが観光交通である。

これらについても章を改めて詳述するが，観光情報をめぐる現代観光の特色は，観光者が入手できる観光情報の範囲が飛躍的に広くかつ深くなり，しかも情報の「鮮度」が高まったことであろう。インターネットの普及が観光情報の機能をどこまで拡充することにつながるのか，今後の大きな研究課題といえる。

◆観光交通

　20世紀における観光の大衆化は，19世紀に始まった蒸気機関の発明などによる交通革命によって実現した。観光交通をめぐる現代観光の大きな特色はモータリゼーションの進展である。わが国でもオートキャンプ場が整備されるなど，モータリゼーションへの対応が進んでいるものの，戦後アメリカで急速に進んだ宿泊施設の分野におけるモータリゼーション対応，すなわち新業態としてのモテル（motel, motorist's hotelの略で自動車を利用する旅行者に便利な廉価な宿泊施設のこと）の隆盛のような動きはまだ起こっていない。その原因は何なのか，興味深い研究課題といえる。

　わが国では，高速鉄道網の建設が盛んで，代議士にとっては票集めの格好の材料となることから開業後の採算性を度外視するかのような整備が相変わらず進んでいるものの，観光振興の観点からは必ずしも歓迎すべき点ばかりではない。鉄道は，時間，目的地，途中下車，携行手荷物の選択等の面で観光者の自由裁量性が小さく，しかも鉄道運賃は自動車利用に比べて決して安くはない。しかも，高速になればなるほど，日帰り圏が拡大するわけで，宿泊を伴う旅行体験の拡充には逆行する面もある。

観光政策と行政　　観光政策と行政も観光の構造を構成する要素として決定的な役割を果たす。ここで政策とは方針のことであり，行政とは方針に基づく具体的な施策のことを意味する。観光政策と行政のあり方は，観光振興の制

度的および物的基盤を構成する。公園，道路，空港の整備といった行政の役割を想起すれば，その重要性は容易に理解できよう。

　観光政策のあり方が決定的な役割を果たす例は多いが，たとえば，国際観光は政府が採用する出入国管理の方針に決定的に依存する。現在，日本人は，金さえあれば自由に海外旅行を楽しめるが，1963 年以前にはそうではなかった。一方，日本の 10 倍以上の人口の中国では多くの人びとが日本を訪れたいと希望しているものと思われるが，中国人が観光を目的として日本に入国することは制度的に容易ではない。

　観光行政の事例をもう一つ挙げておくと，現在のように，観光が日常生活の一部として一般化すると，経済的，身体的などの理由で観光を享受しにくい人びと，すなわち社会的弱者をいかに観光に参加させるかが課題となる。欧米，とくにヨーロッパでは，バカンスを楽しむことは国民の権利とみなされており，社会的弱者が観光に参加できるような条件を確保することは，ソーシャル・ツーリズム（social tourism）と呼ばれ，国民的義務と理解されている（→コラム⑨）。そのため，市場の自由な競争に任せていたのでは観光を享受できない人びとに対して，低所得者に対する経済的援助，身体障害者の利用の障害となる要因の排除，児童を含む家族旅行者に対する施設面その他の援助など，さまざまな措置が講じられている。

4 観光学の対象と方法

研究対象としての観光現象

◆観光学の歴史

 観光学は観光とそれに関わる諸事象を研究対象とする学問であるが，科学的な研究が始まったのは 19 世紀末とされる。1899 年，イタリア政府統計局長，L. ボティオは「伊太利における外客移動並びに其の消費額に就いて」という論説を発表した。当時，外貨の獲得を目的として外国人旅行者を誘致することが国策となり，そのため外国人観光客の動態を把握して国際観光の振興に役立てようとしたのであった（オギルヴィエ，前掲書）。

 20 世紀になると，第 1 次世界大戦後，ヨーロッパではアメリカ人観光客を誘致して外貨の獲得を図ろうとする動きが盛んになり，国際観光統計の分野での研究が引き続き行われた。1920 年代末になると，イタリアのマリオッティ（A. Mariotti）による『観光経済学講義（Lezioni di Economica Turistica）』（国際観光局訳，1934 年）が出た。その後，1930 年代から 40 年代にかけて，ドイツ，オーストリア，スイスなどで経済学的な研究に加えて，社会学的な観光研究が進んだ。第 2 次世界大戦後はアメリカでホテル経営などの実学的な研究や地理学的な研究が加わったが，70 年代になると，文化人類学などの分野でマス・ツーリズムに対する批判的な検討が加えられるようになった。

 1988 年には，イランからアメリカへ留学したウィスコンシン州立大学のジャファリ（J. Jafari）によって，WTO が後援する「国際観光アカデミー」（The International Academy for the Study of Tourism）がスペインで創設された。翌年，ポーランドで第 1 回目の会議が開かれ，その後社会科学からの学際的な研究が加速されることになった。

◆ **戦後観光研究の系譜**

ジャファリによれば，1960 年代以降の観光研究は，観光を位置づける特徴と整理の土台という観点から，以下のような 4 つのグループに集約できるという（V. L. スミス，W. R. エディントン編［1996］）。

①擁護の土台　労働活性化型産業としての観光産業の経済的重要性に焦点を当てた土台で，ナショナリズムが蔓延した 1960 年代に開発途上国で浸透した。開発への乗車切符としてのマス・ツーリズム擁護論。

②警告の土台　1970 年代に，観光振興には文化の商品化その他のマイナスの側面が伴うことを明らかにした，擁護の土台に対する警告の土台。

③適合の土台　マス・ツーリズムの流れを変えるほどではなかったものの，警告の土台の主張を踏まえて擁護の土台を修正しようとした。オールタナティブ・ツーリズム（新たな観光のあり方）などに代表される系譜。

④知識ベースの土台　他の 3 つの土台を基礎としながら，観光研究を科学的基礎の上に位置づけようとするもので，観光の形態や成果を正当化しようというのではなく，観光に関する科学的知識の集積体を編成しようとする。

方法としての学際性

◆ **研究の必要性**

観光学はまだ歴史の浅い学問である。観光が一部の特権的な富裕階級の間だけで享受されていた時代には，観光に対する本格的な科学的研究の必要性は薄かった。しかし，

マス・ツーリズムが実現した現在，観光はあらゆる人びとにとって大きな関心事となった。どうすれば，より満足できる観光体験を享受できるのか，一方で，マス・ツーリズムが浸透すればするほど，自然環境の破壊など，マイナスの影響が出てくる。開発と保護の調和をどう図ればよいのかなど，解決しなければならない問題が各方面で発生している。観光に対する科学的な研究が要請される所以である。

◆ 学際的分野

観光研究は学際的な研究分野である。たとえば，先に，日本人の宿泊を伴う国内観光の1回当たりの宿泊数が2泊に満たないほど短く，その傾向は過去四半世紀変わっていないと指摘した。欧米の人びとは1か月にも及ぶ長期のバカンスを楽しむという。日本と欧米ではなぜこれほど大きな差があるのであろうか。この疑問に対する答えを出すためには，さまざまな学問分野の知見を動員する必要がある。

まず，疑問自体が複合的であって，いくつかの疑問に細分化できる。細分化されたそれぞれの疑問に対して答えを出すための学問が異なる。日本は経済的に貧しくて長期休暇を享受できるほど豊かではないのだと考えれば，経済学による分析を加える必要がある。原因は勤勉な国民性にあって，日本人は余暇を楽しむことができないのだという仮説に対しては，国民性を扱う学問，たとえば，歴史学，人類学，心理学を動員する必要がある。制度的な問題であって，休暇制度が原因と考えれば，労働法など，法学の助けも借りなければならない。欧米では冬が長く，夏の間にバカンスを取って十分太陽を浴びておかなければ病気になるのだと考えれば，医学や気象学の知見を参照する必要もあろう。原因は観光者の側にあるのではなくて，観光者の潜在的要求を充足させる

立場にある観光事業の側にあって,観光者が求める製品やサービスが提供されていないのだとすれば,それは経営学,とりわけマーケティングと呼ばれる分野の研究課題となる。わが国の観光の実態を観察すれば,観光事業の側の対応が十年一日のごとく旧態依然としていることに気づく。

このように,観光研究は,研究対象の観光現象が複合的であるだけに,学際的な接近が必要である。その範囲は,社会科学のみならず,自然環境との共生の課題を想起すれば明らかであるように,自然科学,さらに,人びとを引き付けてやまない観光対象の多くが芸術や文化の領域に属することを考えると,人文科学の知識をも動員しなければならない。そうしなければ,この分野の問題の解明と問題解決策の発見は不可能である。

学問とは,問いに対する答えを出すことである。問いの無いところに学問の必要性は無い。しかし,観光分野では,答えを出さなければならない問いが山積している。したがって,観光学は今後ますます盛んになるに違いない。観光学は学問のための学問ではなく,実践的な課題に動機づけられた学問であり,その意味で実学である。しかし,観光現象を対象として先進諸科学の成果を応用しながら,観光分野に固有の概念の蓄積と法則性の発見,さらに諸法則の因果関係を説明する理論体系の構築を目指している。その意味で,観光学は,理論と実践の調和を図りながら独立した科学を志向するものである。

研究と教育

◆ 学会と学会誌

観光を対象とする学問的な取組みは,わが国の場合,第2次世界大戦前に始まった。1930年に鉄道省の外局として国際観光局が開設されたが,その当時から政府内部でも観光振興,とりわけ国際観光振興の重要性が理解され,当時の

欧州における科学的な観光研究の成果を取り入れる努力がなされた。イタリアのマリオティ，ドイツのボールマン（A. Bormann），グリュックスマン，イギリスのオギルヴィエ等の著作が邦訳され，交通論を専攻した田中喜一がそれらの研究を集大成して戦後わが国で最初のこの分野における本格的な研究書である『観光事業論』を著した。

　その後は，1960年に日本観光学会が設立され，学会における観光研究が始まった。当初は，国際観光事業，とりわけインバウンドの国際観光振興による外貨の獲得が期待されたので，ホテル経営の研究が盛んになり，その後，1964年の海外旅行の自由化に伴ってアウトバウンドの国際観光の研究，1970年の万博以降は国内観光ブームが起こり，観光全般に対する研究活動が盛んになった。1980年には，現在の日本観光研究学会がわが国で2番目の観光学会として設立された。

　欧米でも戦後各国で観光学会が設立されており，国際的な学会も先に触れた国際観光アカデミーのほかにも，アジアでは韓国に本部のあるアジア太平洋観光学会（Asia-pacific Tourism Association：APTA）がある。

　観光分野の学術雑誌としては，わが国では日本観光学会と日本観光研究学会がそれぞれレフリー（査読）付きの学会誌を刊行している。国際的には，『*Annals of Tourism Research*』が最も権威があり，そのほか約30誌が刊行されている。

◆ **専門教育機関**

　観光教育を専門とする教育機関は，高等学校，専門学校，短期大学，大学，大学院とそれぞれ年々充実しつつある。わが国で最も早く観光関連の専門教育を始めたのは戦前のYMCAで，現在でも全国に各種学校としてのYMCA国際ホテル学校があってホ

テルその他の観光事業のための職業教育を行っている。短期大学では東洋大学短期大学が最も早く観光教育を始めたが，4年制大学では立教大学が1967年に社会学部の中にわが国初の観光学科を設置した。1998年には観光学部として独立し，同時に大学院観光学研究科博士課程前期・後期課程を開設し，学部から大学院までの一貫した教育・研究体制を整備した。なお，近年は高等学校でも，商業高校などで観光教育を導入する例が増えている。

　諸外国では，まず欧米で，戦前からホテル，レストラン等のホスピタリティ産業のための職業教育が盛んに行われ，とくにアメリカではそれが大学教育の中に位置づけられ，1922年に農学部の中に講座が設置され，その後学部として独立したコーネル大学ホテル経営学部を最高峰とする教育体制が整備されている。欧州ではスイス・ホテル協会が運営するローザンヌのホテル学校に代表されるような専門学校が整備されて今日に至っている。

　大学レベルの観光教育については，経済開発の手段として観光振興が選択されるアジア地域で盛んであり，とくに韓国，オーストラリアで盛んである。

演習問題
① 広義の「観光」と狭義の「観光」について説明しなさい。
② 観光の構造の現代的特色について論じなさい。
③ 観光学の方法の特色について考えなさい。

読書案内
　ここでは観光研究のための概論書，入門書について，現在入手可能なものに限って紹介しておこう。

　まず，長い間，大学レベルにおけるわが国唯一の教科書としての

役割を果たしてきたのが鈴木忠義編［1974］『**現代観光論**』有斐閣（本書はこの書物の後継を意図している）である。その後，基礎的な事柄を平易に解説した前田勇編［1978］『**観光概論**』学文社，が出た。

1980年代になると，わが国の観光研究は次第に本格化したが，80年代末に小池洋一・足羽洋保編［1988］『**観光学概論**』ミネルヴァ書房，が出た。90年代になると，観光学の各論を扱う専門的な研究書，さらに欧米の研究者による専門書の翻訳も続々と出るようになった。

1990年代に出版された概論書としては，塩田正志・長谷政弘編［1994］『**観光学**』同文舘，前田勇による編著書シリーズとして『**現代観光総論**』（学文社，1995年），『**現代観光学の展開**』（同，1996年），『**現代観光学キーワード事典**』（同，1998年）が刊行された。

概論書のほかに観光研究入門としての役割を果たすのは白書，辞典，専門誌などであり，1964年以来毎年刊行されている総理府編『**観光白書**』はわが国の観光の現状と課題を知るための必読書といえる。国際観光の分野については国際観光振興会による『**JNTO国際観光白書――世界と日本の国際観光交流の動向**』（同会刊）が「国際観光白書」の役割を果たしている。

とくにわが国の観光が直面する課題について学びたい場合には，観光政策審議会の答申に解説を加えた運輸省運輸政策局観光部監修，観光行政研究会編［1995］『**観光立国への戦略――解説 観光政策審議会答申「今後の観光政策の基本的な方向」**』日本観光協会，が役に立つ。

観光分野の基礎的なデータを知りたい場合には，日本観光協会から毎年刊行される小冊子『**数字でみる観光**』が便利である。観光分野のデータは，国内については日本観光協会，国際については

(特) 国際観光振興会, 観光マーケティングに関わる専門的なデータは (財) 日本交通公社にある。なお, (社) 日本観光協会は, 観光地づくりの分野で貴重な調査報告書を多数出版している。

　辞典としては, 古いものもあるが, 日本観光協会編 [1995]『**観光事典**』日本観光協会, 長谷政弘編 [1997]『**観光学辞典**』同文館などがある。最後に定期刊行物としては日本観光協会による『**月刊観光**』を挙げておこう。

参考文献（上記以外）

今井宇三郎 [1987]『易経』上, 新釈漢文大系 23, 明治書院

岩切章太郎 [1990]『自然の美・人工の美・人情の美――岩切章太郎講演集』鉱脈社

国際観光年記念事業協力会 [1967]『観光と観光事業』

スミス, V. L. = W. R. エディントン編 [1996]『新たな観光のあり方』安村克己ほか訳, 青山社（原著, 1992）

田中喜一 [1950]『観光事業論』観光事業研究会

デュマズイエ, J. [1972]『余暇文明へ向かって』中島巌訳, 東京創元社（原著, 1962）

内閣総理大臣官房審議室編 [1982]『望ましい国内観光の実現のために』総理府

日本観光協会 [1999]『観光の実態と志向』

日本交通公社 [1971]『観光地の評価手法』

溝尾良隆 [1993]「『観光』の定義をめぐって」『応用社会学研究』No.35

Column ① 遊びと観光行動

オランダの歴史家 J. ホイジンガは，人間は遊戯する存在であるとし，晩年の大作『ホモ・ルーデンス』(高橋英夫訳［1938］中央公論社) によって，文明の発達における遊びの役割の重要性を論証した。ホモ・ルーデンスとは，遊ぶ人の意味であるが，人間生活の根源的状況にあっては，遊びが生活を規定し，遊びこそがあらゆる文化の本質的表現を彩り，これに生命を吹き込んできたという。

一方，フランスの社会学者である R. カイヨワは，ホイジンガの所説を継承しながらも，ホイジンガが遊びの文化創造的側面にとらわれすぎているとして，賭博のような「非文化的な遊び」をも視野に収め，体系的な遊びの理論を展開した（清水幾太郎・霧生和夫訳［1958］『遊びと人間』岩波書店）。R. カイヨワは，遊びを独自の原理が支配する以下の4つのグループに分類し，それぞれに特別な名称を与えた。これらの遊びは子供の世界にも大人の世界にも，さらに動物の世界でも観察されるという。

①アゴーン（ギリシャ語で競技の意，競争の遊び）

サッカー，チェスやビー玉をして遊ぶことで，身体的能力を競うものと知的能力を競うものがある。平等のチャンスが人為的に設定され，必ずひとつの資質（スピード，耐久力，その他）を対象として争われる遊び。

②アレア（ラテン語でサイコロ，サイコロ遊びの意，偶然の遊び）

ルーレットや宝籤で遊ぶことで，遊ぶ人の力が全く及ばない決定を基礎とし，相手に勝つことよりは，運に勝つことが問題とされる遊び。

③ミミクリー（英語で物真似の意，模擬の遊び）

海賊遊びをしたり，ハムレットを真似て遊ぶことで，虚構的な世界の一時的な受容を前提とする遊び。

④イリンクス（ギリシャ語で渦巻きの意，めまいの遊び）

回転や落下など急激な運動によって，自分の中に混乱狼狽の有機的状態を作る遊びのことで，一瞬だけ知覚の安定を崩し，一種の心地よいパニックを引き起こそうとする遊び。

実際の遊びはこれらの要素が混合したものとされるが，観光行動のさまざまな側面にこれらの要素が含まれているといえる。

第2章 観光の歴史

日本における近代観光の萌芽「御蔭参り」。

歴史は現在と過去の対話であり、その対話から現在の意味が浮かび上がる。こうした歴史の視点から、「いま」と「新しい」時代を映し出す重要な社会現象である観光について、その過去から現在までをたどる。「近代」の経済的豊かさは「マス・ツーリズム」という観光形態を生み出し、それに代わる「新たな観光」形態は、「脱近代」の新たな時代の到来に関わる可能性をもつ。このような現代観光の意味を読み解くために、観光の歴史を学ぼう。

キーワード：御蔭参り　グランド・ツアー　トーマス・クック　新たな観光

1 観光史の見方と観光前史

> 観光の歴史をどう見るか

◆ なぜ「観光の歴史」を学ぶのか

ここで観光の歴史を学ぶ最終的な目標は，「現代観光の意味」を理解することにある。われわれの眼前にいま起こりつつある時代の大転換期に，現代観光は重大な意味をもつ社会現象でありそうだ。そこで，観光の歴史をさかのぼって，現代観光の意味を明らかにする。

この目標に向けて，はじめに「観光の歴史」のとらえ方をしっかりとおさえておきたい。それを検討することで，少し遠回りになるが，観光の歴史を学ぶ意味がより明らかになる。

◆「観光の歴史」のとらえ方

歴史学者カー（E. H. Carr）は，歴史の本質を2つの永遠の「関係」に集約した。一方で，歴史は事実そのものではないし，歴史家の主観的叙述でもない。そこで，歴史とは，歴史家と事実との間を不断に往復しあう「関係」である。これを「第1の関係」とする。

そして，もう一方で，歴史とは現在の眼をとおして過去を見るものである。したがって，歴史とは，歴史家が生きる時代とその時代につながる過去との絶え間ない「関係」である。これを「第2の関係」と呼ぼう。

カーの見解にならって，「観光の歴史」のとらえ方を考えてみる。そうすると「第1の関係」で，過去から現在までの観光関連事実が吟味され解釈される。そして，「第2の関係」では，「第1の関係」の解釈に基づき，現代観光の現実と意味が解明されてい

く。

「観光の歴史」をとらえるのに、もう一つ検討すべき課題がある。それは、「観光とはなにか」という問題である。この問題を明らかにしないと、観光関連の歴史的事実を選択できない。そこで次に、「観光の歴史をみる」という脈絡から、「観光とはなにか」を考えてみよう。

まず、観光を「楽しみのための旅行」と見なす。これを少し詳しく見ると、次のようになる。それは、経済的に豊かな個人が日常とは異なる体験を享受するために、家を一時的に離れる旅としてのレジャー活動である。このような「楽しみのための旅行」の歴史は、かなり古くまでさかのぼれる。

しかし、これから見ていく観光の歴史では、時代の有意味な社会現象という事実に着目して、観光を「近代の産物」と見なす。かくして、近代という時代を映し出す社会現象としての「楽しみのための旅行」を、われわれは「観光の歴史」の対象とする。

◆ 観光と「旅の歴史」

観光を近代の産物と見なしたが、現代観光には「旅の歴史」が継承されている。「楽しみ」以外にも多くの目的をもつ旅には、人類の誕生以来現在に至る歴史がある。その長い歴史のなかで、旅には教育的意味が付与されてきた。そこで、観光の歴史を解明するにあたって、はじめに旅の歴史からさかのぼろう。

交通史学者の新城常三は、「旅の歴史」の大筋について、旅の形態を分類する3つのカテゴリーから整理している。3つのカテゴリーとは、①内部的強制の旅（宗教や交易・商用〔生きるため〕の旅）、②外部的強制の旅（使役や軍隊の旅）、そして③自ら好んでする旅、である。

このカテゴリーに基づいて、新城は、旅の形態が変遷する歴史

を指摘する。すなわち、旅の形態は、時代とともに「内部的強制の旅」→「外部的強制の旅」→「好んでする旅」と移り変わってきた。こうした旅の歴史の大筋を念頭において、ヨーロッパと日本における古代と中世の旅の歴史的事実を見ていく。

ヨーロッパの旅の歴史

◆ 古代の旅

ヨーロッパの古代は、ギリシャとローマの時代である。古代の旅の主流は、商用の旅や信仰・巡礼の旅（内部的強制の旅）、そして軍事の旅（外部的強制の旅）であった。それらの旅では、旅人は治安や宿泊の不安に脅かされ、貨幣経済が未発達であれば、旅に必要な物資を携帯せねばならなかった。

このように、古代の旅は、危険や不便を伴う過酷な旅である。そうした古代の旅の現実は、旅に試練や鍛錬の意味を付与した。しかし、古代にも、「楽しみのための旅行」の記録が残っている。それらの旅についても見ておこう。

◆ ギリシャの「楽しみのための旅行」

ギリシャでは、前8世紀頃から神殿参詣の旅が多く見られた。なかでも、最高神ゼウスの神域オリンピアでは、競技を伴う祭典、オリンピア祭（古代オリンピック）が開催されている。

ギリシャの旅には、現代観光で重要な概念とされる「ホスピタリティ」（hospitality）の起源も見られる。当時の旅人は民家に宿泊する慣習があり、外来者はゼウスの保護を受ける「聖なる人」として歓待されたといわれる。この「もてなし」の精神が「ホスピタス」であり、ホスピタリティの語源となる。

◆ ローマの「楽しみのための旅行」

さらにローマでは、現代観光の起源ともいえる「楽しみのための旅行」が実践された。富裕層のローマ人は、ナポリの観光を楽しんだ。ナポリには、ヴェスヴィオ火山の景色を描いたエッチン

グ・グラスの土産品もあったという。さらに，演芸，ガストロノミーア（食道楽），保養，あるいはカジノのようなアトラクションも，すでに提供されていた。

こうしたローマの「楽しみのための旅行」の成立は，近代観光に相似する諸条件に起因する。それらの条件とは，①貨幣経済の普及，②治安の安定，そして③交通の発展などである。ローマには，ギリシャと結ぶアッピア街道をはじめとする道路網が整備され，街道には簡易宿泊所「タベルナ」などが経営されていた。そして，馬車などの交通機関も発達してきたのである。

◆古代の「楽しみのための旅行」の消滅

ただし，古代の「楽しみのための旅行」を享受できるのは，特権階級に限られていた。古代ギリシャ・ローマの社会は，少数の富裕層が支配する奴隷制度で成立しており，そうした旅を実現できたのはごく一部の人間である。古代の旅の主流は，やはり「内部的強制の旅」と「外部的強制の旅」であった。

そして，ローマ帝国が5世紀に崩壊すると，特権階級による「楽しみのための旅行」も，それから500年以上にわたる「空白の時代」を迎える。ローマ帝国では，ゲルマン民族の大移動が前2世紀最後の30年以降から続いた。それを契機とする外部との抗争や内部の秩序崩壊は，貨幣経済の停止，治安の悪化，そして交通の荒廃を引き起こし，「楽しみのための旅行」の条件を消滅させた。こうした歴史的経緯は，「平和」という観光存立の根本的要件を彷彿させる。

◆中世の旅

ヨーロッパ中世では，その初期（8世紀〜11世紀）にビザンツ帝国の勢力拡大や西ヨーロッパにおける新興諸国の台頭など，ヨーロッパ全体が大変動期にあった。この時期は，旅の空白の時代

といえる。

　中期（11 世紀～13 世紀）には，ヨーロッパ封建制度が定着するとともに，キリスト教世界が形成される。旅の歴史では，「巡礼の時代」といえる。ヨーロッパ全体の交流を可能にする道路網が 11 世紀の 100 年間に整備されてきた。聖地の創設に伴う 2 つの巡礼路が，この道路網の発展に拍車をかける。それらは，聖地ローマとサンティアゴ・デ・コンポステラ（スペイン）への巡礼路であった。巡礼路は 12 世紀になると，商業路ともなる。この時期には，東方との交流も進展し，ヨーロッパ全体に商業都市と広域な商業ルートができあがった。

　中世の巡礼と商用の旅を活気づけた重要な歴史的出来事は，1096 年から 1204 年までの 4 度の十字軍遠征である。それは，旅や異郷の情報を普及させるとともに，巡礼の目的地である「聖地」エルサレムをつくりだし，旅を活性化させた。

　そして，末期（15 世紀～18 世紀）は，近代へとつながる時期であり，これをとくに「近世」とする時代区分がある。旅の歴史においても，この時期は観光の歴史に結びつく重要な時期なので，次の 2 節で詳しく見ることにする。

◆ 中世の旅の特徴

　中世の旅でも，古代と同様に「内部的強制の旅」と「外部的強制の旅」が主流であったが，それらの旅のなかにも「好んでする旅」の傾向が色濃く現れはじめる。そうした旅とは，騎士や商人の冒険の旅，聖職者の教化の旅，あるいは学者の観察の旅などであった。

　暗黒の時代とも呼ばれる中世であり，自由な旅は権力によって厳しく制限されていたが，観光に向かう旅の歴史は着実に進展していく。交通網が整備されて，広域にわたる旅が可能となった。

ヨーロッパ封建制度の身分制度が確立されるなかで、騎士や商人は、相変わらず過酷な旅を続けながらも、自由をアピールする旅人であった。

| 日本の旅の歴史 |

◆ 古代の旅

日本の古代は、前3世紀頃の弥生時代から12世紀頃の平安時代末期までの時代である。古代の日本の旅も、ヨーロッパと同様に「内部的強制の旅」と「外部的強制の旅」であった。

古代国家が6世紀頃から成立し律令制度が完成すると、その権力は租税の献納や土木工事の使役のための旅を民衆に強要した。そして、7世紀末には、辺境警備のために東国から徴発された多数の農民が、防人としてはるばる北九州までの旅を強制される。律令制度は10世紀になると衰頽するが、古代国家に代わる荘園領主などの地域権力が民衆に旅を強要するようになった。

古代に「楽しみのための旅行」を享受できたのは、日本でも貴族だけである。8世紀頃には、貴族が湯浴、風景探勝、神社仏閣参詣、あるいは巡礼などの旅にでた。11世紀前後の藤原氏全盛期には摂政・関白の高野詣、そして12世紀前後には法皇・上皇の熊野詣などが盛んになる。それらは、豪華絢爛な旅であった。

藤原氏全盛期には、熊野詣のような信仰の旅が畿内の民衆を中心にはじまる。記録には、遠く東国から大和長谷寺を訪れる篤い信仰心をもつ民衆の事例もある。また、僧侶による諸国の布教・遍歴は、古代から中世を通じて多く見られた。

◆ 中世の旅の発展

中世には、封建制が形成されはじめ、武士が支配階級として台頭した。その時代になると、都市の商業や農村の生産力が向上して、旅の条件も好転しはじめる。とりわけ①貨幣経済の普及、②

宿屋の発達，そして③御師・宿坊の整備，という3つの旅の条件が，旅の発展をもたらした。

御師・宿坊は，寺社参詣者のための受入れ体制である。御師は参詣者の祈禱師と宿主であり，室町時代にはこれが熊野山や伊勢神宮に多く見られた。その後，伊勢参詣の御師などは，宿の確保や食事の手配などを引き受けている。これは日本の旅行業の先駆といえる（→コラム④）。そして宿坊は寺社に設置された宿である。

旅の条件が整いはじめる中世初期の鎌倉時代に旅をしたのは，支配階級の武士であった。武士は熊野詣などの旅を盛んにしている。熊野詣は，東国武士の間で流行となった。

中世後半の室町時代になると，農民も熊野詣や伊勢参詣の旅にでかけはじめた。その背景には，農民の社会的地位の向上が見られる。当時，二毛作の普及で農業生産力が高まり，農民の経済的状況が改善された。さらに，農民は荘園領主や武士に土一揆で抗議するまでに，その社会的地位を上昇させたのである。

室町時代の農民の旅の目的地は，地理的利便性などの理由で，熊野山から主に伊勢神宮に代わった。同じ信仰をもつ農民たちは，資金を出し合って輪番で参拝する制度をつくった。これが講（代参講）である。とくに伊勢講は，畿内を中心に多く存在していた。

◆ 中世の旅の障害

旅の条件が改善され民衆も旅にでかけはじめたが，いまだ旅には多くの障害があった。なによりも，中世を通じて頻発した戦争は，旅の発展を阻害する。戦争による騒乱や社会不安は，多くの山賊や海賊を出没させて旅人を苦しめた。

さらに，大きな障害となったのは，関所である。中世の関所は，交通料の徴収場所であった。これは，古代や近世の関所と異なっている。古代や近世の関所は，犯罪者の取締り場所であって，そ

こで交通料の徴収はなかった。中世の関所は伊勢参詣などの通路にも多くあり，旅人を困らせたのである。

中世末期の戦国時代には旅の歴史がとだえるが，織豊時代に天下統一が実現され江戸時代になると，旅の大きな障害は除去され，旅の歴史が再開される。それについては，近世の旅として次の2節で詳しく見ることにしよう。

2 近代観光の発生と発展

近代と観光

◆ 近代化とは

近代化とは，18，19世紀の西ヨーロッパに端を発して世界中に波及した時代の趨勢である。近代は，経済発展による社会の進歩や発展に特徴づけられる。19世紀までに近代化を遂げた社会は，西ヨーロッパ諸国，アメリカ，そして日本であり，それらの近代化は人類史に未曾有の経済的豊かさをもたらした。

観光は，近代の経済的豊かさを根本的原因として発生した社会現象といえる。ひるがえってみれば，観光は近代を具象化する社会現象の一つであり，近代の典型的な社会現象である。

◆ 近代観光の生成条件

レジャー活動である観光の実行には，カネとヒマが必要条件となる。もう一つの条件は，観光を受け容れる社会規範の浸透，すなわち，周囲のだれにも気兼ねなく観光を楽しめる社会環境である。観光が発生するこれらの条件は，経済的豊かさが社会に広く浸潤してはじめて成立する。

観光をさらに拡大させたのは，19世紀末以降の旅の条件の飛

躍的向上であった。それらの条件とは，①交通の革新的発達，②宿泊設備の整備，③観光関連産業の複合化と発展，④観光情報の普及，そして⑤移動の阻害誘因の撤廃・緩和などである。

観光の発生と発展

◆ 近世と旅の遺産

ヨーロッパの15世紀から19世紀初までの期間は，ルネッサンス，大航海，宗教改革，アメリカ独立，そして啓蒙主義などの時代であり，しばしば近世と呼ばれる。それは，近代の基礎が構築される時代であった。近世はまた，旅の歴史から観光の歴史への結節点ともいえる。

旅の歴史は，現在に連なる旅の意味を醸成してきた。それは，旅は旅人の人格を鍛錬し，新しい自我を創造する体験だという，世界中に共有される旅の教育的意味である。

この旅の意味は，旅を通過儀礼とする見方に反映されている。通過儀礼とは，ある文化で年齢や役割などの変化に伴い，個人が新しい社会的地位を取得する儀式である。

通過儀礼のプロセスは，旅のパターンと同型である。それは，若者が郷里を旅立ち（分離），危険を乗り越え（移行），帰郷して復帰する（再生）というプロセスである。通過儀礼としての旅は，人格形成という「教育的意味」を表象している。これが，「楽しみのための旅行」としての観光にも継承されているのである。

◆ グランド・ツアー

旅の教育的意味が結実された好例が，近世のグランド・ツアーである。それはイギリスなどの貴族の子弟によるヨーロッパ歴訪の旅であり，17世紀から19世紀にかけて盛んになされた。それらの若者は，付添いを伴って2，3年間の旅にでる。おもにフランスやイタリアなどで，社交慣習や美術鑑賞などを体験的に学習した。イギリスでは，それが貴族社会のメンバーと認知されるた

めの通過儀礼とみなされた。

　グランド・ツーリズムの伝統は，現代の若者がリュックサックを背負って世界中を放浪するバックパッカーズの観光形態につながるといわれる。ただし，社会学者アドラー（J. Adler）は，その起源は別の旅の歴史だとする。それは，16世紀頃から第1次世界大戦前まで続く，労働者階級の若者による職人徒歩旅行である。職人たちも，グランド・ツアーと同時期にヨーロッパ中で修行の旅をしていたのである。

◆近代観光とトーマス・クック

　観光が19世紀後半に発展する契機の一つは，イギリスのトーマス・クック（Thomas Cook）の旅行業の創設であった。クックは，さまざまなアイデアを発案し，パッケージ・ツアーの原型を発明した。それらの「しくみ」によって，観光の大衆化への道が開かれたのである。

　クックによる旅行業の創設は，ボランティア活動ではじまった。敬虔なバプティスト教徒のクックは，印刷業のかたわらで伝道説教師や禁酒運動家として活動した。当時の都市労働者の飲酒習慣をなくすために，クックは旅を教育の一手段とみなし，観光という健全なレジャーを労働者階級に提供した。

　クックが最初に実践したのは，禁酒運動大会の行楽旅行である。鉄道に目をつけたクックは，1841年に団体割引の特別列車を仕立て，570名の参加者の旅行の全行程をすべて取り仕切った。行楽旅行は成功裡に終わり，これが旅行業の創設にクックが踏み出す第一歩となる。

　その後，1845年には営利事業としての旅行業が手がけられ，多くの成功を収めた。クックは，1865年に息子のジョンとThomas Cook & Son社をロンドンに設立し，世界中にネットワーク

を築いていく。20世紀の初頭には国際観光の市場を独占した。その後，所有権や経営形態は変わったが，現在も世界最大規模の旅行会社の一つである。

◆ ヨーロッパとアメリカの近代観光

アメリカは，独立以来，急速な近代化を遂げ，19世紀末にはイギリスを抜いて世界の経済をリードする大国となった。経済発展は中産階層を生みだし，20世紀になるとその階層に観光ブームが起こる。そして，1910年から20年にかけては，アメリカ人のヨーロッパ観光ブームが発生した。

ヨーロッパでも，19世紀末から20世紀初めにアメリカ観光が流行し，ヨーロッパ大陸と北アメリカ大陸の往来が盛んとなる。

このように大西洋をはさんだ両大陸間の交通が盛んになった背景には，大型化・高速化する客船の登場があった。20世紀前半は豪華大型客船の時代といえる。そして，大型客船による観光は，1920年代から30年代にかけて，ハワイやカリブ海諸島，アフリカやアジアの植民地観光，さらには世界周遊観光へと拡大していった。

また，アメリカでは，20世紀初頭に自動車ブームが起こり，これが経済的豊かさの拡大や中産階級の台頭などを象徴すると同時に，国内観光の発展を支えた。

観光情報の普及が観光の発展に寄与した事実も，看過できない。ヨーロッパで観光が発生しはじめる19世紀前半には，旅行案内書が発刊されている。その後，20世紀初めには，現在も名高い旅行案内書がすでに刊行されていた。さらに，19世紀末の写真や20世紀初めの映画などは，世界の観光地を紹介し，観光の振興に重要な役割を演じた。

かくして，ヨーロッパやアメリカの観光は，近代化によって時

代の有意味な社会現象となったのである。

日本の近代化と観光

◆ 日本の近世と近代の時代区分

日本の近世は，16世紀後半の織豊時代から19世紀半ばの江戸時代の終わりまでをいう。この近世は，明治時代に直前の江戸時代を表す用語であった。そのために，日本の近世には，江戸時代の封建制と明治時代の革新性を対照して，前近代と近代の非連続性を強調する傾向がある。

しかし，日本の近代化の基礎が江戸時代に築かれたという説が，1980年代以降に多く提起された。その嚆矢である民族学者梅棹忠夫の「文明の生態史観」（文明の形成を地理的・環境的条件から見る説）によれば，近代までの日本とヨーロッパの歴史は，鎖国という変則的な歴史的事実はあったが，パラレルに進行している。

この説は，観光の歴史からも裏づけられそうだ。その歴史の経緯はきわめて相似している。日本でもヨーロッパでも，近世には旅の教育的意味を継承しつつ「楽しみのための旅行」の傾向が強まり，観光へとつながっていく。

◆ 織豊時代の旅

織田信長と豊臣秀吉の天下統一で戦国時代が終わると，旅が再開される。信長と秀吉はともに，経済活性化のために交通を発展させ，治安を回復し，関所を廃止した。

この時期には，朱印船貿易による海外交易も見られた。朱印船とは，許可書が交付された商船である。豊臣秀吉や徳川家康は，16世紀末から17世紀初めにかけて，東南アジアなどでの対外交易を奨励した。これは，ヨーロッパの大航海時代に符合する。

しかし，朱印船貿易の時代は，江戸幕府の鎖国政策でわずか30年ほどで終結する。これ以降，江戸幕府支配の約200年にわたり，対外交流は閉ざされた。それでも，江戸時代には，近代化

への経済的・社会文化的基盤が形成され、そこから民衆の「楽しみのための旅行」が発展していく。

◆ 江戸時代の旅と旅人

江戸時代には、旅の条件がほとんど充足される。世界史上でも完璧な封建制といわれる江戸幕府の支配のもとで参勤交代が制度化され、諸藩の要人が往来する道路や宿場が整備された。さらに、幕府と諸藩は農業経済の発展や治安の向上などを推進していく。農業経済の発展は、17世紀末頃までに都市と商業の発展や貨幣経済の普及をもたらした。

江戸時代には、それまでにない民衆の旅の隆盛がみられる。17世紀末に長崎と江戸を往復したオランダ人医師ケンペル（E. Kaempfer）は、ある季節の東海道がヨーロッパの都市よりも民衆の旅でにぎわうのを見て驚いている。その民衆の8割は農民であり、江戸時代の旅は農民による旅であった。

観光情報も18世紀になると普及しはじめる。景勝地を絵図で紹介する「名所図会」や、旅の心得をしるした「旅行用心集」などが刊行された。また、旅の道中を面白おかしく描く十返舎一九の『東海道中膝栗毛』（1802年）なども、庶民に広く読まれた。

しかし、江戸時代に、「楽しみのための旅行」は禁止されている。幕府も諸藩も領域外への旅を厳格に制限しており、旅には藩から往来手形を受け、それを検める関所を通らねばならない。それでも、「医療」と「信仰」の旅は容認されていた。そこで、民衆は「湯治」や「寺社参詣」の旅を口実に「楽しみのための旅行」をしたようである。

「楽しみのための旅行」の言い訳とはいえ、宗教的吸引力がきわめて大きい参詣地は伊勢神宮である。次に、江戸時代の旅としての伊勢参詣に関わる特異な歴史的事実を見てみよう。

◆抜参り

　江戸時代の伊勢参詣は，庶民にとって一生に一度はやり遂げたい念願であった。しかし，旅が普及したとはいえ，長距離の旅には大きな経済的負担が求められる。そこで，庶民は，日本の中世の旅で紹介した伊勢講でその念願を果たした。

　しかし，旅をするのは，ほとんど戸主や家長に限られていた。当時，伊勢参詣は通過儀礼として各地に定着していたが，若年層や最底辺層ではなかなか実現されなかった。それらの人びとが違反を犯して敢行したのが，抜参りである。

　抜参りとは，一般に，藩の往来手形を受けなかったり，幕府や藩の禁令を無視したりする参詣の旅をいう。しかし，江戸時代の抜参りは，とくに，若者が家長や主人の許可をえずに家や奉公先を抜け出す旅であった。それは，中世室町時代から見られたが，江戸時代の初期から盛んになり，江戸時代の終わりまで続く。信仰上の行為である抜参りは，多くの場合，寛容に受け止められ処理された。

◆御蔭参り

　御蔭参りは，群衆が大挙して伊勢参詣をめざす集合行動であり，2，3か月から半年の間に全国から数百万の民衆が伊勢神宮に殺到した。その発端は，伊勢神宮の御祓や大麻札が天空から降下したなどの噂であり，1650年から明治維新直前の1867年までにほぼ50年から60年の周期で5回ほど起きている。

　御蔭参りの参加者は，老若男女を問わず，あらゆる身分階級に及んでいた。沿道では施行や接待という援助が大規模になされ，その「御蔭」で旅に無縁な人びとも伊勢参宮を実現できた。

　御蔭参りの背景には，伊勢参詣の切望と，それを成就できない鬱積という社会心理があったのだろう。民衆の旅が活発となった

江戸時代だが，いまだに多くの阻害要因があった。それらが除去されて観光が発生するのは，日本近代がはじまる明治時代である。

◆ **近代化と観光の発生**

江戸幕府が崩壊し，明治政府は1868年から近代国家の建設に着手した。この国家主導型という日本近代化の構造は，観光の発展にも反映している。その発展に不可欠な旅行業は政策的に設立され，中世以来の御師などの伝統がありながらも，そこにクックのような個人の起業家は登場していない。

明治時代から戦後の高度経済成長期前半まで，近代旅行業の主目的は，政府の観光政策に基づく外客誘致であった。その先駆けである喜賓会は，1896年に設立され，上流階級の外国人観光客を誘致・接遇した。その外客は，すでに見た欧米の世界周遊観光者である。その後，20世紀になると欧米の国際観光ブームは中産階層にまで広がり，それに対応して1912年にジャパン・ツーリスト・ビューロー（JTB）が発足した。

個人の観光も，近代化で条件が整って発生し拡大した。その重要な要因は，江戸時代の旅の阻害要因の撤廃である。移動の自由，開国，関所の廃止，そして河川への架橋などの施策が，経済的豊かさの浸透と相俟って観光を生み出した。

交通の革新的発達も見のがせない。鉄道の開発が，ヨーロッパの場合と同様に，観光を拡大させた。19世紀末の鉄道路線の拡大にとももに旅館が増加し，交通と宿泊の条件が満たされていった。

◆ **団体旅行と修学旅行**

日本近代観光の特徴として，団体旅行があげられる。中世・近世の社寺参詣の旅が講という相互扶助で成立した伝統を受け継ぎ，観光にも，会社や学校などを単位とする団体観光が広く見られた。

団体旅行のなかでも，修学旅行は，日本に固有な観光形態といえる。それは，明治時代に近代学校制度が整備されて中等教育などで浸透し，1888年に文部大臣訓令で正式に誕生した。以降，戦時中の1943年に廃止されたが，敗戦後の46年には再開され，今日に至っている。

　修学旅行の目的は，学生が団体の旅を通じて学校生活にはない経験や見聞を得ることにある。修学旅行には，グランド・ツアーと同様に，旅の教育的意味が刻印されているのである。

◆ 観光の発展と頓挫

　大正時代末の1920年代頃から国内観光は急増した。昭和時代初期の1920年代後半には，新婚旅行の形態も庶民に定着しはじめる。そして，この時期には，国内観光の昂揚と並行して東アジア地域などへの国際観光も増加している。それは，当時「外地」と呼ばれた，朝鮮や中国本土への大陸旅行であり，軍人，上流階級，あるいは旧制高校学生などによる観光であった。

　1930年代には，外交政策が失敗を重ねて軍国主義が台頭したが，観光はさらに拡大した。1934年には，円の暴落による訪日観光の割安感から，外国人観光客が増加した。そして，1936年には，訪日外国人観光者数と日本人国内観光者数が，ともに第2次世界大戦前ではピークを記録する。

　しかし，その翌年の1937年に中国と開戦，1941年には太平洋戦争へと突入して，観光空白の時代を迎える。1945年の敗戦後，日本の観光が再び活況となるのは60年代である。

3 現代観光の出現と拡大

マス・ツーリズムの出現

◆マス・ツーリズムと大衆消費社会

第2次世界大戦後の荒廃から復興した，いわゆる先進諸国では，1960年代頃からマス・ツーリズム（mass tourism）の時代を迎える。マス・ツーリズムとは，観光が大衆化して，大量の観光者が発生する現象をいう。

マス・ツーリズムが発生した先進諸国とは，アメリカ，日本，そして西ヨーロッパ諸国である。これらの諸国はすべて近代化の先発グループに属しており，戦後の経済発展でさらに高度な近代化を達成していく。

先進諸国の経済発展は，大衆消費社会を出現させた。大衆消費社会とは，工業生産力が飛躍的に増大し，大量生産・大量消費の経済活動によって人類史上未曾有の経済的豊かさを実現した社会である。それは，1950年代にアメリカに出現し，60年代には日本と西ヨーロッパ諸国にも形成されている。

その経済的豊かさは社会に広く浸透し，マス・レジャー化をもたらした。かつて富裕な有閑階級に限られたレジャーが，大衆によって享受されはじめる。なかでも最も人気のあるレジャーは観光であり，大衆消費社会にマス・ツーリズムが発生したのである。

初期マス・ツーリズムは，パッケージ・ツアーによる団体旅行で実施されるケースが多かった。国際マス・ツーリズムでは，団体旅行によって，「北」の豊かな国の観光者が，「南」の貧しい国の観光地を大挙して集中的に訪れたのである。

◆ マス・ツーリズム時代の幕開け

　アメリカやヨーロッパでは，1960年代に多くの人びとが国際観光を享受するようになった。この時期はジェット旅客機時代の幕開けであり，同時にこれを利用して観光者が観光地に押し寄せる「マス・ツーリズム時代」の幕開けでもあった。

　「北」の観光者が4つのS（sea：海，sand：砂浜，sun：太陽，そしてsex：セックス）を求めて「南」の観光地をめざした。「南」への観光者は，1950年代には225万人であったのが，67年までに1600万人までに増大しており，それらの観光者の8割は北アメリカ人と西ヨーロッパ人であった。

　こうした国際マス・ツーリズムの隆盛を背景に，観光開発による南の経済発展が，1960年代半ば頃から国際的に議論されはじめる。南における観光者の支出額は，1950年の5億ドルから67年には30億ドルまで急増した。この支出額の9割は，北アメリカ人と西ヨーロッパ人によるものである。かくして，1960年代後半になると，観光は「見えざる輸出」（invisible export）と見なされ，観光開発が外貨獲得と経済発展の有望な手段として注目された。

　1960年代後半の国際観光の著しい拡大によって，観光がもつ多くの意義が広く認識されはじめ，その促進をめざす国際機関の活動も活発になった。国連は1967年を国際観光年と定めて「観光は平和へのパスポート」の標語を掲げ，国際観光の普及と観光事業の振興を図っている。

　また，ヨーロッパでは，マス・ツーリズムの拡大にソーシャル・ツーリズムが果たした役割も見のがせない。それは，経済的理由などから観光に無縁な人びとも観光を楽しめるようにする諸施策である。これは，20世紀中頃にスイスやフランスにはじま

り，ヨーロッパ全体に普及して，マス・ツーリズムの発展に寄与した。

◆ マス・ツーリズムの拡大

1970年代になると，国際観光拡大の傾向は，さらに進展していく。1969年にはジャンボ・ジェット旅客機が定期航空路線に就航し，国際観光の大量化・高速化がいっそう進む。この頃には，国際観光者の送出し国として，日本が北アメリカとヨーロッパに加わった。

1970年代には，国連や世界銀行などの国際機関による国際観光開発の支援も盛んになされた。この10年間に国際マス・ツーリズムに対応する観光地が世界中に整備されたのである。

1980年代には，すでにマス・ツーリズムの諸問題が顕在化していたが，国際観光の拡大傾向は引き続き順調に推移した。なかでも，NIEsに続きASEAN諸国をはじめとするアジアの経済発展から，1980年代にはそれらの諸国が新たな観光者送出し国となり，90年代になると当該諸国で自国民の観光促進政策が推進された。

1990年代になっても，先進諸国とアジアから送り出される国際観光者の拡大は続く。1997年に始まるアジア通貨危機でその経済成長は失速したが，経済的豊かさを獲得したアジア諸国では，国際観光が相変わらず志向されている。

新たな観光のあり方の模索

◆ マス・ツーリズムの弊害と批判

1970年代には，国際マス・ツーリズムの拡大に伴う諸問題が，すでに顕著になっていた。その諸問題とは，観光地の文化変容，犯罪や売春の発生，環境の汚染や破壊などである。さらに，ホスト（観光地住民）に対するゲスト（観光者）の経済的・社会的優位性，そして先進

国企業による経済的支配などに帰着する「ネオ植民地主義」や「ネオ帝国主義」の問題もある。

　これらの問題は，近代が抱える世界システムの不均等構造という根本的問題に起因する。世界システムとは，社会学者ウォーラースティン（I. Wallerstein）が提示した，現在の世界全体を1つの社会空間とみなすモデルである。それは，近代化が世界全体に浸透して形成された，近代化を達成した中心，達成しつつある半周辺，そして達成できない周辺，という構造から成り立つ。

　世界システムの構造は，不平等な国際分業であり，中心の豊かさが周辺の貧しさを産出するしくみである。ここに，南北問題という，貧しい「南」と豊かな「北」という著しい経済格差が，近代の難題として発生する。

　そして，世界システムは，環境問題もかかえている。近代社会の経済発展による自然環境の破壊は1960年代から告発されてきたが，70年代には地球規模の環境問題が人類「みんなの将来」（our common future）を脅かすほど深刻になった。近代化から形成された世界システムには，必然的に環境問題が発生する。

　マス・ツーリズムには，世界システムの2つの問題が投射されている。観光における貧しいホストと豊かなゲストの不均等関係は世界システムの中心と周辺の関係に重なり，そして大規模な観光や観光開発は自然環境を汚染し破壊する。

　そうしたマス・ツーリズムの問題，ひいては世界システムの問題に疑問を投げかけるのが，新たな観光のあり方である。

◆ **新たな観光のあり方の概念**

　「新たな観光のあり方」という用語は，定訳ではないが，英語の alternative tourism（オールタナティブ・ツーリズム）の訳である。オールタナティヴ・ツーリズムは，マス・ツーリズムに代わ

る「もう一つの観光」という意味合いをもつ。それは，観光研究で1980年代末から盛んに用いられた。

しかし，その概念は曖昧なために学術用語として不適当だと指摘され，地球環境問題の国際会議で提案された「持続可能な開発」(sustainable development) にならい，「持続可能な観光」(sustainable tourism) という用語が多く用いられはじめた。

ここでは，オールタナティヴ・ツーリズムの含意を踏襲し，理想的な観光を表す理念として，「新たな観光のあり方」という用語を使いたい。すなわち，新たな観光のあり方は，マス・ツーリズムの弊害を克服する理想的な観光形態の総称である。

◆ 新たな観光のあり方への関心の高まり

1990年以降にもマス・ツーリズムの拡大は続くが，北アメリカや西ヨーロッパでは，新たな観光のあり方が実践されはじめた。それは，異文化の存続やその相互交流をめざすエスニック・ツーリズム，あるいは自然環境を保全しながら観光を楽しむエコツーリズムなどである。

新たな観光のあり方には，観光者が自らの目的に基づいて実施するスペシャル・インタレスト・ツーリズムの形態もある。これは，観光者が体験的学習を意図する観光形態である。このように，新たな観光のあり方にも，旅の教育的意味が引き継がれているのである。

新たな観光のあり方の振興は，マス・ツーリズムの問題に対応する諸団体によって支援されてきた。それらの団体とは，観光関連国際機関，各国政府や関連行政機関，NGO，宗教団体，そして研究者集団などである。こうした動向から，新たな観光形態は今後さらに拡大していくと予想される。

> 現代観光のゆくえ

◆新たな観光のあり方とポストモダン

先進諸国の社会構造は，1970年代に，マス・ツーリズムを生み出した大衆消費社会から脱工業社会へと一斉に移行した。この脱工業社会とは，社会学者ベル（D. Bell）がいう，情報化社会である。こうして，先進諸国の高度近代社会は，さらなる発展局面へと到達したのである。

しかし，南北問題と環境問題とが深刻になり，近代の限界と破綻が盛んに議論されはじめた。その議論の一つが，ポストモダン論である。ポストモダン論は近代を厳しく告発したが，ポストモダンの実像をきちんと提示してはいない。

ポストモダンを探求する実践的試行の一つは，新たな観光のあり方かもしれない。たとえば，エスニック・ツーリズムやエコツーリズムは，それぞれ南北問題や環境問題に対する観光による変革の取組みともいえる。それらの実践的変革は，近代問題を解決し，ポストモダンを探求する手がかりの一つではないだろうか。

◆ポストモダンと現代観光の意味

ポストモダンはいまその萌芽が見えつつある将来像であり，それに関わる観光について，その歴史から議論するのは不適切である。しかし，観光の歴史を解読すれば，観光は近代社会と深く関わりながら，ポストモダンの形成にも重大な意味をもちそうである。そこで，ポストモダン社会と観光がどのように関わるのかを最後に少し見てみよう。

ポストモダン社会が近代の諸問題を克服して構築される社会だとすれば，それは多様な異質の諸要素が調和し共生するイメージをもつ。

こうしたイメージと観光に通底するメカニズムは，「交流による創造」である。観光には，異質な文化的・社会的背景をもつホ

ストとゲスト，あるいはゲストと自然の接触から，新しい文化や事態が創出する可能性がある。そして，「交流による創造」のメカニズムの実践が，新たな観光のあり方なのである。

かくして，現代観光は，旅の伝統的な教育的意味を今に受け継ぎ，近代の産物であると同時に，ポストモダンへの触媒となる社会現象と見なせる。これが，現代観光の有する意味といえる。そして，いま生起している近代(モダン)から脱近代(ポストモダン)へという時代の転換を見るさい，現代観光は看過できない社会現象なのである。

演習問題

① 近代観光が発生する時代背景と諸条件を説明しなさい。
② マス・ツーリズムが発生する時代背景と社会状況を説明しなさい。
③ 新たな観光のあり方が議論されはじめる経緯を説明しなさい。
④ ヨーロッパ近代観光の発展に関係の深い歴史的事実を指摘し，その事実について説明しなさい。
⑤ 江戸時代の旅の特徴を整理して，日本近代観光とのつながりを説明しなさい。

読書案内

旅の歴史については，多くの文献がある。古代や中世の旅の実状を知るには，N. オーラー［1989］『**中世の旅**』藤代幸一訳，法政大学出版局（原著，1986），がよい。それは，とくに中世ヨーロッパのさまざまな旅をリアルに描き出している。E. リード［1993］『**旅の思想史――ギルガメシュ叙事詩から世界観光旅行へ**』伊藤誓訳，法政大学出版会（原著，1991）は多くの文献を渉猟して，古代の旅から現代観光までの精神史をたどる。

同様に，日本の旅の精神史を古典文学から探究するのが，島内景二［1989］**『日本人の旅——古典文学にみる原型』**日本放送出版会，である。日本の古代から近世の旅については，新城常三［1971］**『庶民と旅の歴史』**日本放送出版協会，がそれを克明にあとづけている。この文献は残念ながら絶版なので，図書館で探して読もう。白幡洋三郎［1996］**『旅行のススメ』**中央公論社，は近代日本の旅と観光の歴史を要領よくまとめている。

　入手できる観光の歴史に関する文献は，きわめて少ない。V. L. スミス゠W. R. エディントン編［1996］**『新たな観光のあり方——観光の発展の将来性と問題点』**安村克己ほか訳，青山社（原著，1992）は，マス・ツーリズムと新たな観光のあり方をさまざまな角度から探求する論文集である。それには，新たな観光のあり方の発生の経緯や，その諸事例が詳しく論じられている。

参考文献（上記以外）
梅棹忠夫［1967］『文明の生態史観』中央公論社
カー，E. H.［1962］『歴史とは何か』清水幾太郎訳，岩波新書（原著，1961）

Column ② 日本の戦後国際観光の汚点：セックス・ツアー

戦後，日本の海外旅行は1964年に自由化され，1960年代末になると次第に増えはじめる。その海外旅行の主流は，男性による団体旅行のセックス・ツーリズムであった。

セックス・ツーリズムとは，観光者が観光地の営利的な性的サービスの消費を主目的とする観光形態である。これを旅行会社が企画・販売する団体旅行商品は，セックス・ツアーと呼ばれる。

セックス・ツーリズムは，買売春の倫理的問題ばかりでなく，観光地社会に重大な現実の諸問題をもたらす。それらは，エイズや性病などの伝染，人権問題や人種問題，犯罪の多発や暴力組織の介入，そして児童買売春などの諸問題である。

日本人セックス・ツアーの主目的地は，台湾，韓国，フィリピン，そしてタイなどのアジア諸国であった。1970年から80年代初めにかけて，それらの諸国を訪れる日本人観光者の約9割は男性である。それらの観光地には，アメリカ，オーストラリア，そして西ヨーロッパなどからも，買春目的の男性観光者が訪れていた。

このようにアジアが豊かな「観光者送出し国」の男性観光者によるセックス・ツーリズムの観光地となるなかで，日本人のセックス・ツアーはとりわけ大きな批判の的となった。その背景には，日本人の集団的買春行為，日本のアジア侵略，そしてアジア女性の従軍慰安婦問題などの社会的・歴史的諸事実が複雑に絡み合う。

日本人セックス・ツアーが1970年代に増大するなかで，それに対する批判がアジア諸国や日本国内でも高まった。諸団体による抗議デモや，この問題をテーマとする国際会議も開催された。セックス・ツーリズムに対する批判が高まると，セックス・ツアーのあり方は反省を迫られ，それは1980年代初めから減少してくる。その1980年代は，日本人女性観光者が急速に増加し，アジアをはじめ世界の観光地を訪れはじめた時期でもある。

このように，セックス・ツーリズムは，観光が南北問題やジェンダー問題などに深く絡む事実を示すだけでなく，日本人の行動様式，日本の社会関係や国際関係などの特徴をも映し出す。戦後日本の国際観光がセックス・ツアーからはじまる歴史的事実は，観光研究に限らず，あらゆる研究分野で重要なテーマとなろう。

第3章 観光と行動

ティカル遺跡(グアテマラ)。「個人型」の観光は旅行先での印象が強く,多くの思い出を残しやすい(著者撮影)。

　観光という社会現象は,観光主体としての「観光者」の存在なくしては成立しえない。観光者の視点からみれば,いつの時代でも,何らかの欲求をもった個々人の旅行が存在し,それらが積み重なって観光現象が成立したのである。このことは,はるか昔から現代まで変わりはない。
　このような視点にたち,本章では,心理学的な側面から観光行動を理解するために必要な知識をとりあげる。まず観光行動が成立する仕組みについて述べ,観光者心理の特徴,さらには観光行動のタイプについて説明する。

キーワード：観光欲求　マズローの欲求段階説　観光者心理　周遊型
　　　　　　観光・滞在型観光　観光回遊行動

1 観光行動の仕組み

観光欲求と観光動機

◆観光に関わる欲求・動機

観光行動を生起させるために必要な心理的原動力を「観光欲求」、観光行動に駆り立てる心理的な力を「観光動機」と称している。これらはともに観光行動の原因や仕組みを説明するための用語であり、明確な区別なしに互換的に用いられることが多い。

観光事業を運営するには、まず観光の主体である観光者について知ることが不可欠であるため、観光研究が体系化される段階で、観光行動を生起させる観光者側の要因を明らかにする試みがなされてきた。観光欲求・動機を観光成立の基本的な条件としてみなし、それらの分類を最初に試みたのは、ドイツのグリュックスマン（R. Glücksmann）である。彼は1935年の著作『一般観光論』の中で観光の原因を分析し、旅行者側にある原因を「心的なもの」「精神的なもの」「肉体的なもの」「経済的なもの」の4つに区別した。

わが国では田中喜一が、1950年に著した『観光事業論』の中でグリュックスマンの考えかたに準拠し、観光欲求・動機を「心情的動機（心的原因）」「精神的動機（精神的原因）」「身体的動機（肉体的原因）」「経済的動機（経済的原因）」の4つに分類した。そして「身体的動機」を「治療欲求」「保養欲求」「運動欲求」に分けるなど、4つの動機それぞれについて、さらに細分化を試みている。

◆「欲求段階説」と「旅行動機」の分析

アメリカの心理学者マズロー（A. H. Maslow）は，「欲求段階説」と称される人間の欲求構造を説明する理論を提起した。彼は人間の欲求が5つの階層構造をなしていると考え，生理的なレベルから社会的レベル，そして自己実現の欲求のレベルを設定している。この理論の特徴は，まず低次の欲求が満たされることによって次の段階の欲求が顕在化し，その欲求が満たされるとさらに高次の欲求が意識されるとしたことであり，最終的には，自己の潜在能力を発揮すること，自分がそうありたいと願うことを意味する「自己実現の欲求」が最も強い力をもつようになると説明している。

また，今井省吾らは人びとが観光に赴く「旅行動機」の分析を行い，3つの因子を抽出した。気分転換をしたい，わずらさしさから逃れたいなどの「緊張解除の動機」，友人との親睦を深めたい，常識として知っておきたいなどの「社会的存在動機」，そして「自己拡大達成動機」であり（(財)日本交通公社［1969］『観光の心理分析』），これらはマズローによる欲求構造の説明の3つのレベルと対応していると考えられている。これらの研究は，観光行動が人間のさまざまな欲求とむすびついて生起していることを示しているといえる。

表3-1 欲求の構造（マズローによる）

自己実現の欲求	自己実現のレベル	高　　次
承 認 の 欲 求	社会的レベル	↑
所属と愛情の欲求		↓
安 全 の 欲 求	生理的レベル	
生 理 的 欲 求		低　　次

◆観光欲求・動機を分類することの限界

　グリュックスマンや田中は観光欲求・動機の分類を試みたが，全般的にみてこれらの分類は，観光に関わる欲求や動機というよりも，行動の種類や目的を分類したものであった。田中による細分化の試みにしても，「治療」や「保養」などの行為を欲求・動機とみなすのは適当とはいえない。

　これらの試みは，観光行動がさまざまな欲求に関わっていることを整理した点では評価できるが，心理学的にみると，ある行動に対応する固有な欲求や動機の概念を設定することは，必ずしも有効な方法とはいえない。なぜなら，マズローの理論や今井らによる調査が，観光行動が人間のさまざまな欲求と関わっていることを示しているように，すべての行動がそれを起こさせる固有の欲求をもっているわけではないからである。したがって，観光行動に対応する欲求や動機そのものよりも，より重要なのは観光行動が生起する仕組みなのである。観光欲求・動機は，観光行動の仕組みを説明するための概念であるということを理解しておく必要がある。

> 観光行動が生起する仕組み

　心理学的には，人間の行動は，主体側の要因と，それを取り巻く環境的な要因との関数として説明することができる。これは，主体側の条件が同じであっても環境的な条件が変われば行動は変わるし，また，主体側の条件が異なれば環境的な条件は同じであっても行動が異なりうることを意味している。観光行動の場合もまったく同様であり，観光欲求・動機は主体側の要因であるが，実際に観光行動が具体化するためには，環境的な要因としての時間（自由時間）・金銭・情報などの条件が整っていなければならないし，行動主体と観光対象とをむすびつける交通手段や

通信機能等の媒介機能も欠かせない。

　ここで注意しなければならないのは，観光欲求・動機と「具体化した観光意欲」とは同じではないという点である。欲求・動機は，ある特定の行動に対応しているのではなく，普遍的に存在しているのであり，ある特定の行動によって何らかの欲求が充足しうると行動主体が感じたときに，欲求は実際に行動を生起させる推進力となる。人間の行動にはさまざまな欲求・動機が関係しているが，それらの中でとくに観光行動の生起と関わりをもつものを観光欲求・動機と称しているのであり，これらが時間・金銭・情報などの条件とむすびつくことにより，はじめて具体化した観光意欲となる。観光行動の場合も，行動一般の場合と同様に，観光への意欲が強ければ費用や時間などの条件を整えようとする度合いが高まるであろうし，所得が増大したり自由時間が増加すれば意欲を刺激するのである。

2 観光者心理と観光行動

観光者心理の一般的特徴

　前田勇は観光者にみられる心理的特徴を「緊張感と解放感という相反するものの同時の高まり」であると説明している（前田［1995］87頁）。

　日常生活から離れ，知らない土地を旅行することは不安感を抱きやすい。このような状態で，常に外部環境の変化に対応できるように心身を維持しようとする意識が「緊張感」である。旅行先で肉体的疲労とともに精神的疲労を覚えるのは緊張感によるものである。緊張感の高まりは感受性や情緒性を強めることにも作用

するため、快・不快、好き・嫌いなどの印象が強く心に刻まれやすくなり、いわゆる「見慣れないもの」に興味をもちやすくなる。

一方、観光によって日常生活から離脱することは、ある意味では生活上のさまざまな束縛から一時的に解放され、気楽さを感じさせる。この状態であることの意識が「解放感」であり、肉体的にも精神的にも疲労を覚えつつ、旅行によって楽しさを味わえるのはこのためである。この解放感の高まりが、時には「旅の恥はかき捨て」型の行動をとらせたり、購買行動において「衝動的購買」を増大させたりする傾向にむすびつきやすいともされている。

観光行動の類型と観光者心理

観光者心理は、観光行動がどのような類型であるかによって、緊張感と解放感の組合わせの度合いが異なる。

まず、個人単位での旅行か、団体の一員としての参加か、という旅行形態による違いを見てみよう。「個人型」の場合には、異なる環境の影響を直接受けることになり、自分自身の責任で行動する必要があるために、緊張感が優位となりやすい。ひとり旅は旅先での印象が強く、多くの思い出を残しやすいのである。これに対し、「団体型」では、緊張感は軽減され、解放感が優位となりやすい。見知らぬ外国を訪れる場合でも、団体型であれば自分の周囲に知人や言葉の通じる人がいるという点で、安心感があるのである。

旅行目的によっても心理状態は異なる。何かを知る・学ぶことを主目的とする「教養目的型」は一般に緊張感が強く、気晴らしや楽しみを主目的としている「慰安目的型」は解放感が優位となりやすい。

さらに、「行き先」も組合わせに影響を与えている。ここでい

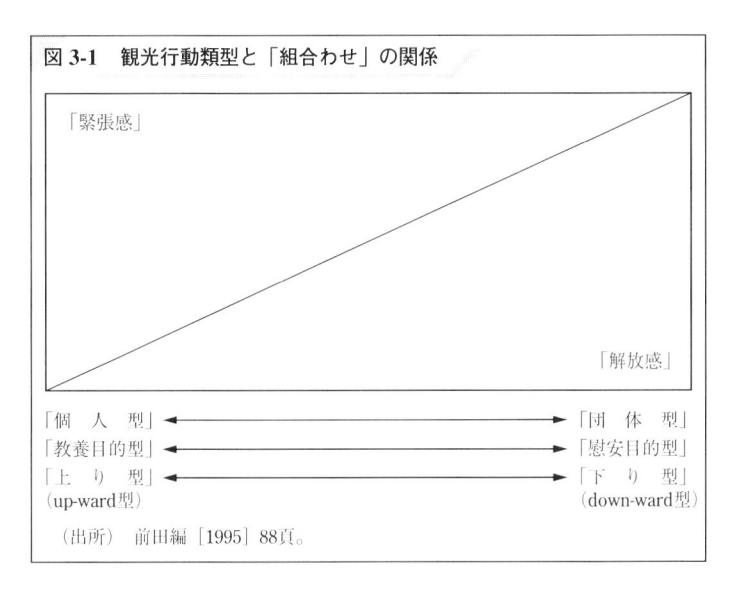

図3-1 観光行動類型と「組合わせ」の関係

```
「緊張感」                                    
                                              
                                    「解放感」
```

「個　人　型」 ←―――――――――→ 「団　体　型」
「教養目的型」 ←―――――――――→ 「慰安目的型」
「上　り　型」 ←―――――――――→ 「下　り　型」
（up-ward型）　　　　　　　　　　（down-ward型）

（出所）　前田編［1995］88頁。

う「行き先」とは特定の地名や国名ではなく，観光者からみて社会的・文化的に優れているところ（いわゆる「先進地域・国」）であるか，社会的・文化的に劣っているところ（いわゆる「後進地域・国」）であるかという主観的判断を意味している。一般に前者は「上り型」（up-ward型），後者は「下り型」（down-ward型）と称されるが，前者ではその地域・国の価値基準を尊重し，「恥をかかないこと」を意識して慎重に行動する傾向があるのに対して，後者では自分の考えに基づいて行動し，「恥」の意識が薄いことが指摘されている。組合せとの関係では，「上り型」は緊張感が，「下り型」は解放感が，それぞれより強くなる傾向にある。このような考えかたや行動は，訪問地域の特徴や文化の意味を理解しないものであることはいうまでもないが，実際には依然として多くみられることも否定できない。

心理状態と時間の変化　緊張感と解放感の組合わせの比率は，旅行期間中一定というわけではなく，時間の経過に伴って変動する。一般的には緊張感は旅行の前半に高くなる。とくに長期の外国旅行の場合には，旅行を開始して間もない時点で緊張感がピークに達する傾向があり，この時期に体調を崩すことが多い。一方，解放感は中・長期旅行では後半に急速に高まる傾向があり，気のゆるみが原因のトラブルはこの時期に発生しやすい。

3　観光行動のタイプ

「観光行動」の一般的説明　観光行動はいくつかの側面から説明することが可能であるが，行動主体側からみた場合には，「日常生活を離れ，楽しみのために旅行をすること」と説明することができる。これは「日常生活を一時的に離れる」こと，そして「楽しみのための旅行」という2つの行動主体側の内的条件を基準とした説明である。

「日常生活を一時的に離れる」という条件は観光行動の説明において重要であるが，日常生活から「離れている」かどうかは観光主体の意識の問題であり，客観性も乏しい。距離的には日常生活圏から遠い場所に移動しても意識的には「離れていない」場合もあるし，さほど離れていなくとも意識は完全に「非日常」となる場合もありうる。また「楽しみのための旅行」であるか否かについても，個々人によって意味や内容が異なるのであり，これらは外部から客観的に判定することはできない。

観光行動であるか否かを判定するためには，客観性のある外的

表 3-2 「観光行動」のパターン区分

パターン	観光の意図	観光事業の利用	意図の達成
1	[有]	[有]	[有]
2	[有]	[有]	無
3	[有]	無	[有]
4	[有]	無	無
5	無	[有]	（経験有）
6	無	[有]	無

（出所）　前田 [1995]、13頁。

条件を別に設定する必要があるが，その意味で「観光行動」の説明として最も明確なのは，「観光事業の対象となる行動」という，一種の逆説的説明である。観光事業側からみると，内的条件の如何にかかわらず，交通機関や宿泊施設を利用した場合が観光行動とみなされるのである。

このようなことから，内的基準としての「観光の意図」と外的基準としての「観光事業の利用」，そして「意図の達成」という3つの条件を組み合わせると，観光行動は6つのパターンに区分することができる。観光を事業としてとらえる観点からいえば，「観光客」の行動はパターン1・2および5・6として把握されるが，人間行動としての観光を考える立場にたてば，「観光客」として現れにくいパターン3・4がありうるのである。このように，観光行動には3種の異なるタイプ（1・2型，3・4型，5・6型）が含まれていることを理解しておく必要がある。

観光行動の主な分類　観光行動はいくつもの視点から分類することが可能であり，主な分類基準には以下のようなものがある。観光行動のデータを比較しようとする場

合には，その統計や調査資料がどのような分類基準に沿ったものであるのかという点に十分に注意する必要がある。

◆ 観光目的による分類

観光行動を把握する場合の最も基本的な分類は行動目的による分類である。ベルネカー（P. Bernecker）による以下の類型化は，その中でも分かりやすいものである。

①保養的観光，②文化的観光（修学旅行，見学旅行，宗教行事への参加等），③社会的観光（親睦旅行，新婚旅行等），④スポーツ観光（スポーツ観覧を含む），⑤政治的観光（政治的出来事の見物を含む），⑥経済的観光（見本市・展示会の見物を含む）。

また，日本観光協会が1964年以来，2年ごとに実施している「観光の実態と志向」調査では，以下の分類で全国の国民に対して過去1年間に行った宿泊観光旅行に関する継続調査を行っている。同調査では現在のところ，観光行動の目的を「慰安旅行」や「スポーツ・レクリエーション」，「自然・名所・スポーツ見学・行楽」，「神仏詣」など12種類に区分しているが，同調査のデータを参照すると，近年は「慰安旅行」が減少し，「自然・名所・スポーツ見学・行楽」が増加してきているほか，「スポーツ・レクリエーション」や「温泉に入る・湯治」など，休養型の目的が増加してきている傾向が認められる。

◆ 移動パターンによる分類：周遊型観光と滞在型観光

観光行動をその移動パターンによって分類した場合，最も一般的なのは，複数の観光地ないしは観光対象をめぐるタイプと，ある観光地に一定期間滞在して過ごすタイプとに分けることである。この場合，一般に前者を「周遊型観光」，後者を「滞在型観光」と呼んでいる。

周遊型観光は観光対象を「観る」行動がその中心となるが，観

光体験においては立ち寄る観光対象間をつなぐ移動プロセスもまたの重要な要素となる。それに対して，滞在型観光は1か所にとどまり，そこでの活動が主目的となる行動である。「リゾート」をあえて訳す場合，保養地（域）という言葉があてられるのは，それが滞在型の性格をもつためである。

　周遊型観光も滞在型観光も，ともに広い意味でいう観光行動の一形態であることは間違いないが，周遊型観光は「観光」という言葉の原義に沿って観光対象を「観る」行為に主眼がおかれているので，滞在型観光と区別してとくに「狭義の観光」と呼ぶことがある。

◆純観光と兼観光

　業務や帰省等の旅行の際に，来訪地ないしはその周辺の観光地を訪ねることは決して珍しくはない。このような観光形態を，一般にいう観光を意図した行動＝「純観光」と対比して，「兼観光」と称している。

　兼観光には，行動主体の意図が観光と仕事・研究・勉強などの両方である場合と，観光の意図の有無にかかわらず結果的に観光客としての行動をとった場合の2つのとらえかたがある。総理府（現・内閣府）では兼観光を「『業務・家事・帰省』のついでに1泊以上つけ加えて観光を行ったもの」と定義している。各種調査結果を参考にする場合には，何をもって「兼観光」と称しているのかに注意しなければならないのは当然のことであるが，社会慣習として帰省旅行がひろく存在しているわが国では，兼観光の割合はかなり高いものと考えられている。

| 観光回遊行動 |

◆観光の基本型としての回遊行動

　動物行動学では，魚類など水生動物の時・空間的に規則的な移動を「回遊」と呼んでいるが，狭義の観

図3-2 観光の基本型

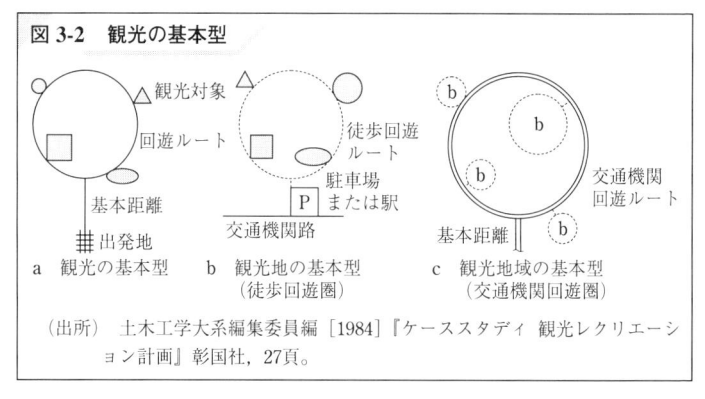

a 観光の基本型　　b 観光地の基本型　　c 観光地域の基本型
　　　　　　　　　　（徒歩回遊圏）　　　（交通機関回遊圏）

（出所）土木工学大系編集委員会編［1984］『ケーススタディ　観光レクリエーション計画』彰国社, 27頁。

光もまた基本型は回遊行動として把握される。鈴木忠義は観光の基本型を「ラケット構造」としてモデル化している。それによれば，まず観光者は，ラケットでいえばグリップの位置にあたる出発地（居住地）を出発し，往路の交通機関を利用して「観光地域」に到達する。この到達地点が「回遊拠点」となり，ここから観光対象を次々とめぐる回遊行動が始まり，再び回遊拠点に戻ってくる（図3-2a）。さらにこの「ラケット」を細かく見ると，そこには駐車場や駅を回遊拠点とした徒歩による観光回遊行動がいくつもはりつく構造となっている（図3-2b）。こうしたことから，観光の基本型は，スケールの異なった回遊行動がいくつもおり重なった構造となっているといえるのである（図3-2c）。これに対して，スポーツ・レクリエーションや温泉保養などの「滞在型観光」の場合は，「ピストン型」の行動形態であるといえる。

◆ 観光回遊の行動特性

観光回遊には，いくつかの行動特性が認められる。まず，出発地からの距離（基本距離）が短い場合には回遊する範囲も狭いが，基本距離が伸びるとともに大きく回遊し，立ち寄る観光対象の数

も増える傾向がある。遠くへ出かけた場合には，近くの場合よりも時間をかけて広い範囲を回遊するということである。この傾向は物理的距離についてのみにあてはまるわけではない。たとえば東京から北海道へ観光旅行をする場合，時間をかけて鉄道で行くことが一般的であった時代には何泊もかけて北海道内を広くめぐるような旅行が主流であったが，北海道の各空港に直接航空機で入れるようになり時間的距離が短縮すると，空港周辺の地域を2泊程度で訪ねるような，比較的短期間の旅行が多く見られるようになるのである。

また，旅行距離（基本距離）と訪ねる観光対象の価値との関係でいうと，基本距離が伸びると，より価値の高い観光対象を求める傾向が強まる。これらの行動特性は，長距離の旅行になるほど観光者がより多くの時間的・経済的コストをかけることになるために，コストに見合っただけの「効果/費用の極大化」を志向する心理が働くためであると考えられている。

移動手段や情報の発達に伴って観光行動の選択可能性が高まり，形態が多様化しつつあることは事実である。こうした中で，観光者の基本型である回遊行動に認められる「不易と流行」を把握することは，観光者を受け入れる観光地や観光情報を提供する側にとってもきわめて重要なことなのである。

演習問題

① 観光欲求・動機と"具体化した観光意欲"との違いについて説明しなさい。

② 以下のキーワードをすべて用いて，観光者心理の一般的特徴について説明しなさい。

　　緊張感/解放感，個人型/団体型，教養目的型/慰安目的型

③　日本観光協会が実施している「観光の実態と志向」調査を実際に参照し，時代を追って増加している観光目的，減少している観光目的に着目して，わが国の観光行動がどのように推移してきたのかについて調べてみなさい。
④　表3‑2には「観光行動」の6つのパターンが示されているが，パターン1・2，3・4，5・6のそれぞれのパターンに該当する具体的な例を考えてみなさい。

読書案内

　観光者の心理や行動についての代表的な著作をあげる。前田勇［1995］**『観光とサービスの心理学──観光行動学序説』**学文社，は著者が永年取り組んできた観光行動に関する心理学的研究およびサービス評価理論についてまとめた書物である。内容的には初学者の域を超える領域までふれられているものの，表現は平易であり，この著作を通読すれば，現在の観光者の行動・心理（およびサービス評価に関する研究）についての概要が理解できるであろう。

　やや難解かもしれないが，さらに深くこの領域の研究について学ぶのに適した書物をあげる。前田勇編［1996］**『現代観光学の展開』**学文社，には，より専門的な視点からの観光行動に関する研究がまとめられている。橋本俊哉［1997］**『観光回遊論──観光行動の社会工学的研究』**風間書房，はさまざまなスケールの観光回遊行動に認められる行動特性を抽出し，いかにすればより活発な回遊行動を促すことができるか，その考えかたについてまとめた著作である。また，佐々木土師二［2000］**『旅行者行動の心理学』**関西大学出版部，は文献リストが充実しており，海外の研究動向について知るには最適である。

Column ③ 「開く財布, 閉じる心?」

　外国旅行をする日本人観光客の行動傾向として最も特徴的なことのひとつに, 1人1回当たりの支出金額が世界で群を抜いて高いことがあげられる。その中でも個人的な買い物にあてられる金額が多い。こうした外国での日本人観光客の行動に対しては,「日本人だけで群れをなし, お金を使うだけで外国に行ってもその土地や文化を理解しようとする気持ちが最初からないのでは?」という疑問と批判が投げかけられている。しかも, 個人的に日本人の知り合いをもつ人たちは, 自分の理解している（礼儀正しい）日本人との大きな違いを感じ, 余計に「日本人観光客はなぜ?」と首をかしげることになる。

　この現象は, 観光客心理の分析から次のように説明することができる。日本人に限らず, 外国旅行においては一般的に観光客は緊張感優位の状態になりやすいが, 問題は緊張感をどのように解消するかという点である。日本人は外国旅行では, 異国での外部との接触から生じる緊張感の高まりを軽減・回避するために, 相互に「仲間であること」を強調する言動をとる傾向がある。国内旅行の場合には, 温泉旅館での宴会をはじめ, 解放感がストレートに表現されやすいのに対して, 海外旅行の場合にはやや屈折し,「相互に仲間であることを認めあう」ということによって解放感が表現されやすいのである。これは必ずしも団体旅行に限らず, 友人・知人との小グループでの行動の場合でも基本的には同じである。

　しかも外国では外部とのコミュニケーションをとるにあたり, 言語的なハンディキャップや不慣れもある。商品の購入は, 最も平易なコミュニケーションであり, 日本人の場合はそれを可能とする経済力をもっているということが大きいのである。このような日本人観光客についての説明に対して, 外国のある新聞が「Open　Wallets,　Closed　Minds?」（開く財布, 閉じる心?）と紹介した。外国旅行において, その土地でしか買えないものを探し, 土地の人とコミュニケーションをとることが, 私たちの観光体験をより豊かなものとしてくれることは事実である。財布だけではなく,「心も開く」ことが期待されているのである。

第4章 観光情報と観光情報産業

携帯情報端末が観光の必携品になる日も近い（写真提供，松江市観光文化課）。

　観光は魅力的な楽しみであるが，事前に手にとって確かめられる姿形はない。観光情報は観光する人に期待をふくらませイメージを形成させるための触媒の役割を果たしている。一般的な観光情報は，観光スポットに関する「点情報」，移動に関する「線情報」，特定の観光地域内の観光資源や施設を網羅的にとらえた「面情報」に分類することができる。今後求められる情報は，観光効果をさらに高めるための「観光空間情報（時間軸を加えた総合化情報）」になる。革新的なIT（情報技術）を駆使しつつこのニーズに応えることが，次世代型観光情報産業の使命である。

キーワード：舞台装置　シナリオ　不定形の魅力　インタラクティブ・チャネル　一期一会の感動　バーチャル・ツアー・ナビゲーター

1 観光と情報の関係

観光の魅力に形はない

観光ほど魅力的な楽しみや生き方は他に見あたらない。戦争や飢饉の危機から解放された人びとは，わずかな余裕を見つけて観光に生き甲斐を求める。太平洋戦争の後でも翌年には修学旅行が復活し，2年後にはいまだ戦後の混乱が続く物不足の世相にもかかわらず，国鉄主催の団体旅行ブームが始まっている。

観光は疲れた心身を癒す特効薬であり，知的向上心を満たす生きた教材であり，自己実現を図るとっておきの舞台でもある。

しかしながら，このような多彩な観光の魅力には実は形がない。観光の魅力はまさに文字どおり「心象」そのものである。観光の魅力は，観光を体験した本人が自分の心のキャンバスにその感動を印象として描く心象(イメージ)にほかならない。

したがって，感動は体験した本人だけが理解できるものであり，目には見えない無形のものゆえに，経験のない人には観光の魅力は窺い知れないものなのである。

情報化による観光対象の有形化

観光の魅力は心象でしかない，無形のものである。しかし，その心象の原因となる観光対象は，それを情報化することによって有形化が可能である。そして，その有形の観光対象情報を媒介として，観光未経験者に予想される観光の魅力，あるいは期待できる観光の魅力を想像させることが可能になる。

観光情報の歴史は古く，その形態は多種多様であり，技術革新による変化も大きい。文字のない時代には口承による伝達が主流

であった。時代が下っては，紀行文，歌枕という定番観光スポットを生むことになる詩歌のたぐい，道中絵巻，城下町や門前町の絵図面，富岳三十六景や金沢八景のような絵画類，歌舞伎や歌舞音曲の舞台などがその媒体の役割を果たしている。近世には「旅行用心集」のようなハウツー物に属する観光情報誌も現れている。

技術革新の結果，現代では書籍・パンフレットなどの印刷媒体，ラジオ，テレビなどの電波媒体が発達し，最近ではこれに加えてインターネットも情報媒体として成長期を迎えている。今後はさらに，文字・画像・音声を組み合わせたマルチメディアによる，人びとの五官に訴える効果的な情報発信が浮上してくる。

五里霧中の観光ニーズ

人は衣食足れば観光に走る。いや，衣食足らずとも生き甲斐の糧を観光に求めて「旅心」がはやる。観光ニーズは本能的なもので，普遍的で，広範囲なものである。単なる気晴らし願望から知的向上欲，自己実現欲求に至るまで目的のレベルの幅は広く，そのニーズを満たす対象・手段も多種多様に存在している。

さらに，観光ニーズほど個性的なものはない。十人十色というが個人の趣味嗜好の違いが最も強調される場面である。社会的な慣習や規範，その時々の流行・世相の流れに影響を受けながらも，最終的には個人1人ひとりの性格や学習経験によって培われた，その人だけの個性的な生活信条や価値観から観光ニーズは生まれる。

また，観光ニーズはTPO（時間・場所・状況）によっても大きく変化する。一人の人の観光ニーズは固定的なものではなくて，流動的で千変万化する。まさに一人十色，一人千色と言ってもよい。

したがって，ある人の抱いている観光ニーズは，本人以外の他

人の目にはなかなか計り知れないものなのである。

> **情報化によるニーズの明確化**

個人の観光ニーズを完璧にとらえることは難しい。しかしそれを情報化することによって，ある程度捕まえることができる。よく用いられるのは「アンケート調査」である。調査方法が適切であれば，かなり詳細にその人の観光ニーズを読みとることが可能である。

しかし，質問に対する答えは必ずしも本音の回答ではないことも多い。その人の性格や性癖，これまでの言動やプレゼンスの内容，過去の人生経験やライフスタイルとクロスして多面的に解読しなければ，その人の正確なニーズにはアプローチできない。このためには，面接法にTAT（絵画統覚法）や各種の投影法を組み込んだ深層心理学的な分析手法も非常に有効である。

また，案外本人も自分の欲求を初めから正確に自覚しているわけではなく，カウンセラーに促されて気づきが生まれるように，対話の中から意識していなかった自分の本質的な観光ニーズを発見することも多い。

このように観光ニーズが情報化されることによって，ニーズの内容を「客観的なデータ」として取り扱うことが可能になる。そしてこれは，後に述べるような魅力的な観光空間づくりや感動増幅のための不可欠要件として活用される。

2　観光情報の構造

> **「点」情報**

観光対象情報の最小単位は「観光スポット」である。つまり「点情報」である。

観光資源と呼ばれるものの大方は，自然資源か人工資源かを問わず，点（スポット）情報として整理できる。

典型的なものは，神社・仏閣などの名所旧跡，歴史的建造物や歴史的街並み，河川，湖沼，海岸，岬，山岳などの自然景観や気候風土，博物館や水族館やテーマパーク，古い鉱山や工場などの産業遺跡，モデル・カルチャー施設，伝統工芸や個性的な地場産業，各種のスポーツ施設やキャンプ施設，民謡・民舞や伝統芸能，各種の交流・体験ゾーン，お祭りや各種催事などの情報である。

このほか，観光を支える重要なサポーターとしての宿泊・食事施設情報もまた点情報である。各地に点在するホテル，旅館，ペンション，民宿，公的宿泊施設，レストラン，休憩施設などの情報である。

この点情報の共通項は，どこ（場所）で，いつ（営業・運用時間），どんな（内容）サービスが，いくら（料金）で提供されていて，どうすれば（アクセス手段）利用できるのか，ということを開示していることである。

「線」情報

一般常識的に在宅レクリエーション活動は観光の領域の外と考えるならば，「観光」は自宅の外で行われ，それもかなり遠方の場所が選ばれるのが普通である。

つまり，自分の居住地と観光地は必ず離れているので，観光の魅力を享受するためには，まずどうしてもその2地点間を移動する必要があり，その2地点を繋ぐ「線」が必須要件となる。

このために，どことどこの間（区間）で，いつ（所要時間と頻度），どんな（乗り物の種類と機関名）移動手段が，いくら（料金）で提供されていて，どうすれば（アクセス手段）利用できるのか，というのが「線情報」である。

具体的には，航空機，JR，私鉄，バス，レンタカー，船舶，高速道路網に関する情報で，「交通機関情報」も「時刻表情報」もこの線情報の一部である。

「面」情報

　観光のインフラという場合に，よく顎（飲食施設），足（交通機関），枕（宿泊施設），場（観光施設）の4つが挙げられるが，この4つは「顎」「枕」「場」に関する個別の情報は「点情報」，「足」に関する個別の情報は「線情報」に分けて整理できる。

　一方，情報の発信の形から整理してみると，ホテルや旅館のパンフレット，JRや航空会社の時刻表といった，いわゆる「個別情報」とは別に，国別のガイドブックとか特定の観光地域を取り上げてそこに点在する観光資源を網羅的に紹介する観光エリア・マップなどの「総合化情報」に分類することもできる。

　ここで取り上げる観光の「面情報」とは，このような「総合化情報」の初期的段階の情報を指している。これらは，ほとんどはロケーション（観光資源の地理的分布状況）に視座があって，何処に何があるかということが分かりやすいように，絵地図・索引・解説が網羅的に施されていることが多い。

　各観光地の観光協会が編集しているパンフレット類は概ねこのパターンであり，旅行情報出版社の観光ガイドブックも同様のパターンの面情報である。また，最近急増している事例として，各自治体がコミュニティ戦略の一環としてそれぞれがホームページを制作して，自分の地域の「面情報」をインターネット上に発信するようになってきていることが挙げられる。

　これらの「面情報」の特徴は，一覧性・網羅性には優れているが，公共性・公平性に重点が置かれるために，「個別情報」に見られるような差別化・特性の誇示に関する情報は希薄にならざる

を得ないことである。

> 「空間」情報

特定の地域に視座を置いて,そこに存在する観光資源情報の全体像を網羅的に俯瞰できるように一覧性機能を高めた「面情報」を,さらにもう一歩進化させて,厚みと時間進行の要素を加えた「総合化情報」が,観光の「空間情報」である。

面情報は「情報装備の施された平面図」をイメージさせるものであるが,空間情報のイメージは「観光者が歩き回れるバーチャル・リアリティ空間」である。そして完璧な「観光空間情報」には,以下の4つの要件が備わっている。

3 観光空間情報の要件

> 舞台装置:目的対応の網羅性

観光のニーズは多種多様で可変的で,かつ個性的である。そのニーズを満たしてくれる観光の魅力もまた主観的な価値観によって評価は変わる。

そしてその観光の魅力を生む手段が観光対象である。マーケティング論では「消費者が欲しいのは穴を開けるドリルではなく,穴である」というたとえ話があるが,この場合も間違ってはいけないことは,観光者は「観光の魅力」が欲しいのであって「観光対象」を求めているのではないということである。

観光対象の点情報や線情報,あるいは総花的に羅列した面情報は,あくまでも特定の手段に関する個別の情報の集積であって,そこに生まれる観光の魅力で観光ニーズを満たそうとする観光者の目的から発した情報ではない。

また，一つの観光ニーズを満たすためには，単に目の覚めるような景勝地だけがあっても駄目で，その目的に即した顎の要素・足の要素・枕の要素も揃っていなければならない。

　つまり，観光情報は，まず観光者の目的からスタートして構築されるべきものなのである。たとえば，心身のリラックス，江戸文化の探訪，エスニック料理の習得など，多種多様な目的が予想されるが，その目的達成に必要な観光対象がトータルな形で取り揃えられた仮想舞台として情報化されていることが「観光空間情報」の要件の一つである。一部の旅行情報誌に見られる「テーマ別の特集」などがこの要件を備えている。

シナリオ：時間軸管理

　観光行動はもとより動態的なものである。動きの中で，出会いの中で，新しい発見と感動を積み重ねていって，旅の終わりに自分の観光目的を達成し，大きな満足感を覚えるのが理想的であろう。

　個々の観光対象の中でも，博物館などは展示物の陳列順序を工夫しており，回遊式庭園では移り変わる景観の組立てに意を凝らしている。芝居の出し物や音楽会のプログラムや懐石料理などの食事の給仕順序にも必ず工夫があって，満足に行き着く手順は重要であり，決して順不同ではない。まして，ある特定の観光目的を達成するために一定期間，さまざまな観光対象に接して歩くということになれば，その目的に即した訪問順序と個々の時間配分の組立ては非常に重要な要素となってくる。この効果的な観光周遊手順が，シナリオ化されて組み込まれていることも，「観光空間情報」の要件の一つである。

　旅行業者が企画・運営している「パッケージ・ツアー」では，居住地から観光地への移動，観光地域間連絡あるいは観光スポット巡り，そして帰路，というように「点」と「線」と「面」の観

光素材が，きちんとシナリオ化された旅程として管理されているが，この部分ではこの要件を備えている。

> **不定形の魅力：拡張可能性**

名利の神社仏閣とか日本三景と呼ばれるような景観といった観光対象は，それが人口に膾炙されればされるほど，定番的な観光の魅力を感じさせるものである。特定の事象が永く和歌のなかに詠み込まれていくうちに歌枕として定番的な観光スポットに発展したようなものである。これらは典型的な点情報である。

これらの観光対象とは別に，異文化との出会いや人との交流・交歓に観光の魅力を感じる人も多い。むしろ上下意識や優劣意識（憧れ志向か発散志向か）が観光動機になっているといわれる旧来からの観光スタイルに対して，同じ高さの目線での交流・交歓は今後主流となる新しい観光スタイルになると考えられている。

この場合，その観光対象がどんな物であるかとか，どんなサービスが提供されるのかといった点情報はあまり重要ではない。そこでどういう出会いが予想されるのか，そこで何ができるのか，そこでどういうハプニングが期待できるのかといった情報の方が重要であり，さらに観光者自身が主体的にどういう関わり方をすればどんな新しい観光の魅力が生まれそうなのかといったアドバイスが求められてくる。

つまり，新しい観光の機会を創り出す「不定形の場での観光行動のあり方」が示されていることも，「観光空間情報」の要件の一つである。

広場とか市場，河川敷や入会地などを，交流・交歓の場として催される，コミュニティ主導型のローカル・イベントのPR情報誌やプロモーション・ビデオなどは，この要件を備えている一例である。

> インタラクティブ・チャネル：可塑性と発展性

観光の空間情報の内容は固定的であってはいけない。双方向型・対話型で，可塑性・発展性のある情報が求められるということである。

もちろん，観光資源が観光の対象となる過程にあっても，その時代の社会的な要請に合わせて商品化されるという原則は生きている。しかし，すでに出来上がっている観光対象も，スポットライトの当てられ方によって観光の魅力はさまざまに変化しうる。

同じ観光対象でも，異なった観光目的に沿って観察すればまったく違った印象を与えるものである。同じ縄文土器の模様も，時代考証の証拠として見るか，デザインの一つとして見るかによって，当然注目するポイントは変わり，見方も変わる。

ここで大切なことは，このように「見方がさまざまある」ということは，とりも直さず「見られ方あるいは見せ方もそれに合わせた形」が，つまり「観る人のそれぞれの目的に添った効果的な見せ方」が，それぞれに必要であるということである。

見せ方の多様化が必要になるわけは，上記の理由のほかにもある。先に述べたように，観光のニーズはTPOで千変万化する。観光者の気まぐれで，観たい内容や欲しい観光の魅力も刻々と変化する。さらに，興味の深まり次第で視線の焦点は移っていく。

これにすべて応えられるように，全方位・網羅的にデータベース化した情報を一覧性で公開するということも考えられるが，実質的には無駄も多いし，第一，観光情報としては面白みが失われる。

このような変化する多様な観光ニーズに応えるために，インタラクティブ（双方向性・対話性）のチャネルを装備して，オンデマンドで発信情報の内容を変えられる，可塑性・発展性を保持し

ていることも,「観光空間情報」の要件の一つである。

インターネット上で,ホームページからスタートして,興味の赴くままにリンク・ページを検索することによって「探り出された情報」は,この要件を備えている。また,旅行会社のツアー・デスクなどで,CRS（コンピュータ・リザベーション・システム）端末機の助けを借りながら,スタッフが観光客との対話の中から「その場のニーズに応えて適宜に提供する最適な情報」も,この要件を備えている。

4 次世代の観光情報産業

観光ニーズは人間本来の欲求である。そして本能的で原初的な欲求であると同時に,観光者自身の性格や社会的・文化的環境によって,さらに観光者の成熟度合いやTPOによって,多種多様に変化し個性的に発展していくものである。これは,パソコンの世界にたとえれば,「OS」と学習によって進化する「アプリケーション」がセットになったソフトウエアのようなものである。

そして,この多種多様でかつ千変万化の観光ニーズを満足させられるものは,「観光空間」である。観光資源の「点」や「線」や「面」的な要素を統合化し,そこにソフトウエアの厚みを付け,さらに時間軸管理の技術を導入したのが観光空間の考え方である。

これはまた,観光の魅力を増幅し,観光者の心を揺さぶり,忘れ得ぬ感激の心象（イメージ）を描かせる「感動創造空間」と読み替えることもできるだろう。

ここで,観光者に期待できる感動創造空間について伝え,それが期待どおりに実現するように誘導・支援する媒介者が「観光空

間情報」である。

　次世代の観光情報産業の存在意義は，この観光空間情報を広範囲に流動する観光ニーズに対応できるように高度化し，効率よく発信・流通させ，観光者の大きな感動の創造を確実に請け負っていくことにある。

　現在，この次世代観光情報産業に相当する業態は未だない。今の旅行業がその最短距離にあるとも言い切れない。かといって一部の識者が指摘するような，インターネットが観光情報産業を空洞化させるという予想も当たらないだろう。

　次世代観光情報産業は，高度に統合化された複合産業になるであろう。観光マーケティングとその商品化のノウハウを持った「旅行業」，情報コンテンツづくりに長けた「出版業」，催事空間運営の経験を積んだ「広告代理業」，情報の発信・流通技術に優れた「通信業」，エンターテインメントの本質を理解している「ゲーム産業」などがコンソーシアムを組んで，それぞれのテーマごとに観光資源を開発し，必要な観光素材を組み合わせ，それを商品化して情報流通促進をはかる，「観光空間のシステム・オーガナイザー」に進化していくことであろう。

　先に述べたように，観光空間情報には「舞台装置」，「シナリオ」，「不定形の魅力」，「インタラクティブ・チャネル」の4つの要件が必要である。したがって，次世代観光情報産業も，この4要件を満たさねばならない。ここで，この4要件に注目して次世代観光情報産業にスポットライトを当ててみると以下のようなプロフィールが浮上してくる。

感動を創造し請け負う観光空間情報の商品化

　観光資源にはさまざまなものがある。役割を終えた鉱山の廃坑が産業遺跡観光の対象になったり，山村の日常の会話であ

る方言がグリーン・ツーリズムを演出する要になったり，普段はそれと気づかないものも観光資源になりうる。

　かつては観光事業者が，観光者が魅力を感じそうだと予測される観光対象を，需要層と思われる人びとに一方的に情報発信して売り込むことが多かった。しかも，個々の観光対象（ホテルや旅館，テーマパーク，特定ゾーンの観光地など）がバラバラに商品化されて，細分化された特定の観光市場に情報発信されるケース（図 4-1 の α 型）や，総花的に情報発信されるケース（図 4-1 の β 型）が一般的であった。

　しかし，これでは「点情報」の域を出ない。点情報の集合としての「面情報」，あるいは，せいぜい「線」の情報を加味した「面情報」の域を超えられず，「観光空間情報」にはなり得ない。今後の商品化のプロセスの方向は，これとはまったく反対である。

　細分化された特定の観光市場のプロフィールや需要の構造を知ることからスタートして，そこに埋もれている観光ニーズを掘り起こし，そのニーズを満たす解（solution）としての新しい観光ライフスタイルを設計することが先行されなければならない。

　そして，その設計図にしたがって観光の舞台装置が造られ，大道具や小道具が用意されていくという観光目的志向の商品開発が進められる。この場合は当然，観光対象は目的に沿って組み合わされ，個性的なテーマに統一された観光地域づくりが行われ，有機的に複合化された全体として目的達成型の情報商品，つまり観光者の感動請負型の情報商品になる（図 4-1 の γ 型）。

　さらに，イベントなどへの参加を通して，本来は異質のセグメントとして分類されている，複数の細分化観光市場を組み合わせることによって，観光者たちが予期していなかったプラス・アルファーの効果としての交流・交歓感動を創造するという，システ

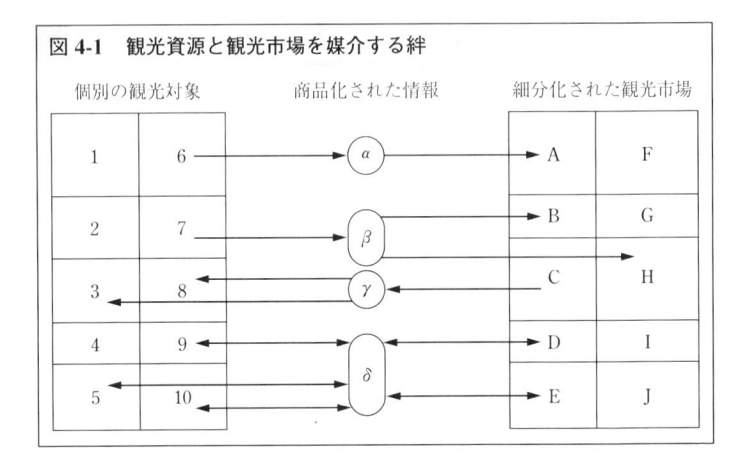

図 4-1　観光資源と観光市場を媒介する絆

個別の観光対象		商品化された情報	細分化された観光市場	
1	6	α	A	F
2	7	β	B	G
3	8	γ	C	H
4	9	δ	D	I
5	10		E	J

ム・オーガナイザーの機能を果たすことも重要である（図4-1のδ型）。

これはまさに，新しい観光情報を創造する媒体としての商品であり，観光資源と観光市場を媒介する絆となるマルチメディア商品である。

> 時間軸に沿った観光行動を促す進行管理情報

ある特定の観光目的を達成するためには，居住地を離れてから観光地を巡ってまた居住地に戻る過程で，時間軸に沿った最適の観光資源配置があるはずである。

「訪問箇所」と「訪問順序」と「時間配分」と，それを繋ぐ「移動の輪」が構成要素になる。つまり，観光という料理のレシピである。

観光は感動の組曲である。この組立て方は観光者の性格や成熟度によっても大きく変わるであろうが，名シェフの創案するレシピが権威を持っているように，次世代観光情報産業の「観光プランナーのプロ」，「旅行プランナーのプロ」の企画する「旅程」に

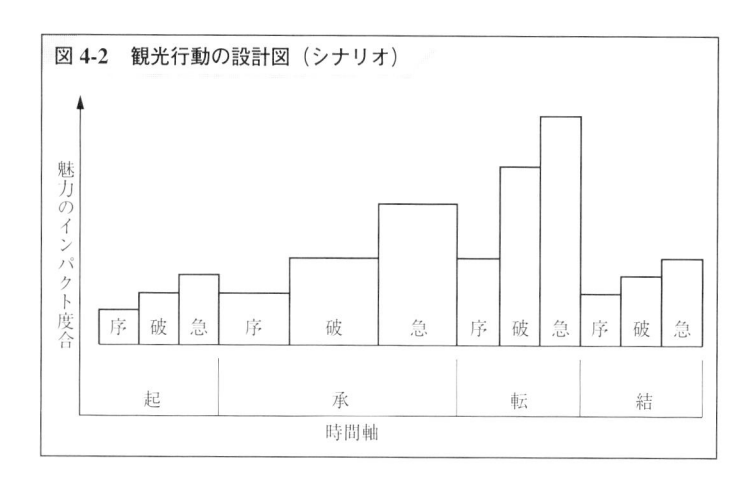

図 4-2　観光行動の設計図（シナリオ）

（縦軸：魅力のインパクト度合、横軸：時間軸）

起（序・破・急）／承（序・破・急）／転（序・破・急）／結（序・破・急）

　は，感動が増幅されて満足感が膨らむ，プロならではの優れた価値がなくてはならない。

　観光行動の設計図（シナリオ）の構造は，観光の目的によって内容は変わるが，時間軸上の推移という観点で見れば，概ね共通項が見いだされる。そしてそれは，感動の組曲という点では同じような構成が類推される，文学・演劇・音楽・料理などと全体構成は似たものになると考えられる（図4-2）。

　この設計図どおりに観光行動を進めるための管理情報も必要である。オーケストラを率いる「譜面」と「指揮者」である。

　主催旅行を扱う旅行会社にあっては，「旅行行程管理表」とそれを携えた「旅程管理者」（通常は添乗員がこの任にあたるが，現地設置のツアー・デスクが担当する場合もある）がこれに相当する。

　添乗員，ミートアシスト，ガイド，インストラクター，ツアー・デスク，緊急サポート・センターなどは現在も存在するが，次世代になっても，観光シナリオをサポートするための「ハイテク・マン・マシーン情報システム」はますます必要になってくる。

一期一会の感動を演出する情報発信

観光空間情報は総合化情報であり，その全体量は膨大なものにならざるを得ない。たとえば，この全体を書籍などの印刷媒体に置き換えるとすれば，とても1か所に収容できるものでもないし，データの更新もできないであろう。

観光空間情報は，むしろその情報の分散管理と個別対応の発信方法に特徴がある。そして，その発信方法には表4-1に示すような基本的な方向性が存在すると考えられる。

まず，観光のインフラに関わるような定形的な情報がある。静態的情報ともいえるもので，ホテルや旅館の位置やサービス内容，観光寺院の位置や縁起の類である。もう一方では，いろいろ想定されるハプニングをどう管理するかという不定形型の情報がある。道路交通情報やお天気情報，積雪や波高や魚影情報，為替情報，滅多に遭遇しない熊や野生動物の出没情報，桜前線や紅葉前線や各種の花の開花情報，催事の混雑情報など，このような動態情報とも呼べるものである。これらは，情報の収集・更新の管理方法がまったく異なるものである。

また，観光者の側にも2種類のニーズが存在する。総花的に知っておきたいこと，常識として知っておきたいこと，観光行動の予備知識として知っておきたいこと，ほとんどのケースとして経験しそうなことへの対応法など，といった「普遍的ニーズ」がある一方，専門的な知識，少数派ではあるが個人的に強い興味を抱いていること，登山や探検行為に類するような観光行動のための知識，滅多に普通の人が経験しないようなことへの対応法など，といった「個性的ニーズ」も存在する。

表4-1に示すように，このような2種類の情報を，それぞれ2種類のニーズに応じて発信する方法のあり方は，4つのカテゴ

表4-1 観光空間情報の発信のあり方

	普遍的ニーズへの対応	個性的ニーズへの対応
定形情報 (インフラ整備の情報)	効率性 即応性	選択可能性 深耕可能性
不定形情報 (ハプニング管理の情報)	拡張可能性 誘導性	指導性 安全確保

リーに分けて考えることが必要である。

　この情報装備方針に沿って，マルチメディアを駆使した情報発信を効果的に行う体制の構築が求められる。これによって，観光者は総花的な情報洪水に悩まされずに，必要なときに必要なだけの情報サポートが受けられる。個人の特殊な興味の分野については，それに対応して専門的な情報が無駄なく与えられる。

　さらに，極め付きはハプニングへの対応である。観光は不確定・不定形の部分，予想を超えたところにこそ魅力が大きい。ハプニングは観光の醍醐味である。しかし，トラブルは不満の源泉である。ましてリスク（危険）は観光のタブーである。マッチ・ポンプという喩えがあるが，ハプニングをタイミングよく仕掛け，トラブルやリスクを計画的に回避して，観光者を最終的な満足に誘導していく情報提供技術こそが，一期一会の感動を演出する次世代観光情報産業の隠し玉である。

バーチャル・ツアー・ナビゲーター

　前項の「不定形情報」と前々項の「シナリオ管理情報」を効果的に提供するためには，観光者と観光情報産業との間でインタラクティブ（双方向・対話型）チャネルを構築する必要が生まれてくる。

　これにはIT（情報技術）革新のバックアップを待たねばならな

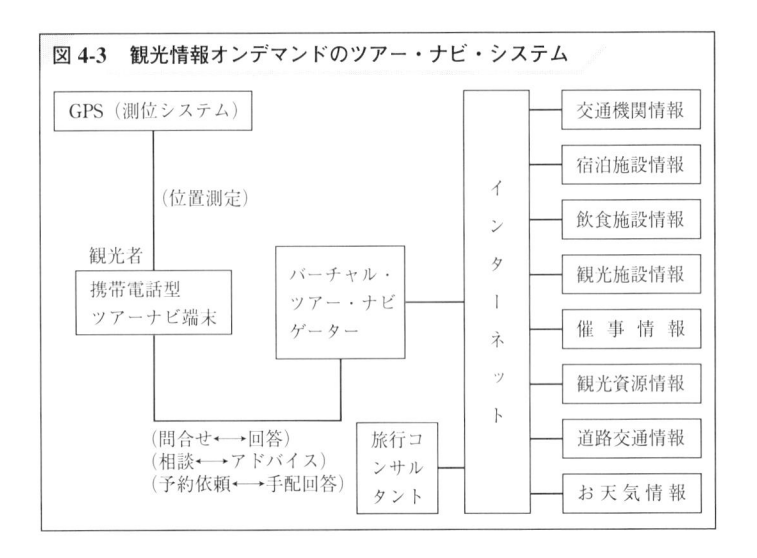

図4-3 観光情報オンデマンドのツアー・ナビ・システム

```
GPS（測位システム）
         │
      （位置測定）
         │
観光者
┌──────────┐      ┌──────────┐       ┌─交通機関情報
│携帯電話型│      │バーチャル│       ├─宿泊施設情報
│ツアーナビ│──────│ツアー・ナ│───イ──├─飲食施設情報
│端末      │      │ビゲーター│   ン   ├─観光施設情報
└──────────┘      └──────────┘   タ   ├─催 事 情 報
     │                              ー   ├─観光資源情報
 （問合せ←→回答）  ┌──────────┐  ネ   ├─道路交通情報
 （相談←→アドバイス）│旅行コンサ│  ッ   └─お天気情報
 （予約依頼←→手配回答）│ルタント  │  ト
                    └──────────┘
```

いが，昨今の技術進歩のペースを前提に考えれば，おそらく数年を経ることなしに，この「バーチャル・ツアー・ナビゲーター」は事業化されているものと予測される。

このイメージは，現在のiモード携帯電話にカーナビ機能が付いたポケットサイズの「携帯情報端末」（観光者側）と，インターネット上に並んだ各機関・各施設・各組織・旅行コンサルタント機能をサイバーネットワークでオーガナイズして，旅程管理システムで情報の処理を行う「バーチャル・ツアー・ナビゲーター」（観光情報産業側）のコンビネーション・システムである（図4-3）。

これで，観光者が何処にいても，あるいは迷子になっていても，いつでも観光者の求めに応じて（オンデマンドで），欲しい情報の問合わせには完璧にリアルタイムの情報を回答し，ハプニングや気の迷いから相談したいときには経験豊富な専門家（コンサルタ

ント)がアドバイスを与え,利用したいサービスを予約したいときには迅速に最適なサービスを手配し,そこまでの誘導(移動案内)もできる。

また,この「旅程管理システム」には,多種多様な観光目的に適応した「観光空間情報」が,観光行動モデル・プランとして組み込まれていて,その優劣が次世代観光情報産業の成否を分けることになると考えられる。

 演習問題
① 「個別情報」と「総合化情報」との差異に注目して,観光情報の構造と進化の過程について論じなさい。
② 「インタラクティブ」をキーワードとして,観光ニーズと観光対象情報との関係について論じなさい。
③ 「インフラ整備の情報」と「ハプニング管理の情報」の役割に注目して,観光空間情報の商品化と情報発信が観光市場に与える影響について論じなさい。
④ 観光情報産業の「システム・オーガナイザー機能」に注目して,観光情報産業の役割について論じなさい。

 読書案内
長谷川文雄監修[1997]『マルチメディアが地域を変える』電通,は情報ネットワーク社会での地域づくりとマルチメディアを用いた情報発信について詳しく述べており,インターネットやCATVによる最近の取組み事例や,今後の展開のあり方を示している。

ダイヤモンド・ハーバード・ビジネス編集部[1996]『**未来市場制覇のマーケティング戦略**』ダイヤモンド社,は情報技術の進化によってリアルタイム・マーケティングが可能になり,プロモーショ

ンは宣伝型から対話型の時代を迎えてきたこと，そして今後は「インタラクティブ」が重要なキーワードになることを示している。

佐藤喜子光［1997］『旅行ビジネスの未来――旅行産業経営論』東洋経済新報社，は旅行ビジネスの本質は情報産業であるという見地に立って書かれており，旅行情報産業として勝ち残るための旅行素材に関する情報の収集・分析，顧客のニーズに関する情報の収集・分析，さらにその両者を組み合わせた形の旅行商品の商品化のあり方について詳述している。

Column ④　観光のシステム・オーガナイザー：「御師」と「イベント・プロモーター」

　観光情報ビジネスの草分けたちの姿が日本の観光史の中で特筆されてくるのは，中世から近世の社寺参詣ブームの裏方としての活躍からであろう。

　鎌倉・室町時代に盛んになった熊野詣を支えたのは，道路事情に明るい「先達」と呼ばれる諸国に散在する山伏たちであった。彼らは地理不案内な参詣者たちを，道中の宿泊所を斡旋しながら熊野に道案内し，謝礼として案内料を得ていた。

　江戸時代になって，伊勢参詣が一大ブームになったのは，もともとは祈禱師であった「御師」たちの活躍によるものであった。「御師」たちの指導によって，江戸の中期には「伊勢講」と呼ばれる講組織による代参制と積立金方式が定着し，庶民層の伊勢参詣を，組織的で公式行事的な旅行として位置づけていった。

　講を担当する御師は，道中の案内から宿の斡旋まで参詣客の旅の世話をし，伊勢に着けば豪華な料理と酒で歓待，お神楽をあげて恭しく御札を渡す。そして伊勢内宮・外宮への参拝の後は，朝熊山・二見浦など近隣の観光名所や，精進落としと称して遊郭への案内役も果たしている。

　ここでもう一つ注目すべきことは，信仰心の発露の伊勢参詣旅行でありながら，この時代の伊勢詣のほとんどは，全国各地の温泉地や都市の観光を含んだ，日本一周旅行の趣が強かったということである。

　以上の史実から，観光のシステム・オーガナイザーという観点で，

この伊勢参詣旅行の観光情報の要件を拾うと，①顎足枕（旅行素材）：道中案内・宿泊斡旋，②タテマエ（大義名分）：信仰心・代参・五穀豊穣祈願，③ホンネ（物見遊山）：ハレの体験・名所見物・温泉湯治・精進落とし，④仕組み（参加システム）：講・組織の一員，ということになろう。

現代の観光情報ビジネスにあっては，「イベント・プロモーター」としての業態に，これらの特徴が典型的な形で現れている。一つの例として，近畿日本ツーリストが1980年から毎年6月にハワイで実施しているイベント参加型ツアー，「まつりイン・ハワイ」を挙げることができる。

この基本コンセプトは，各地の固有の芸能，文化，芸術，スポーツなどを通じて楽しく参加できる「国際交流の場」を作り，交流・交歓の中で参加者の自己啓発を図るということである。環太平洋各地の人びとに対し，カーニバル，伝統芸能フェスティバル，民謡民舞大会，お祭り広場，日本文化の集い，ゲートボール・オープンといった舞台を設営し，それぞれの伝統芸能やアトラクションを持ち寄って披露し，交流・交歓するように呼びかけている。

運輸省（現・国土交通省），自治省（現・総務省），地域伝統芸能活用センター，ハワイ州政府など多くの官公庁をイベントの後援者として，各地のお祭り，盆踊り，伝統芸能，歌舞音曲，スポーツ，武道などの組織責任者に参加を要請してきている。この結果毎年6月中旬の約1週間のイベントに，1万人近い日本からの参加者と約20万人のハワイ在住者を中心とする外国人との交流・交歓が営まれている。

ここでも，観光のシステム・オーガナイザーとして，団体割引料金を使ったパッケージ・ツアーによる①「顎足枕」の整備，地域伝統文化を生かした異文化交流による地域社会の活性化という②「タテマエ」を謳歌できる舞台づくり，常夏のハワイを楽しみたい③「ホンネ」の欲求を充足させるツアー・プログラム，行政からの呼びかけで晴れて仲間同士で参加できる④「仕組み」づくりを，特定の目的を果たすための観光空間として商品化することによって，「新しい観光ライフスタイルを楽しめる観光空間の一つ」として情報発信している。

この点に関しては，近世の御師も現代のイベント・プロモーターも，時代は隔てていても共通の機能を果たしていることが明らかである。

第5章　観光と交通

航空機に対抗する新幹線「こまち」(写真提供, JTBフォト)。

　観光とは日常生活を離れて非日常な世界を体験することである。この際, 場所の移動が不可欠な要素となる。たとえば自分の家にいながら非日常的世界を体験してもこれを観光とはいわない。観光というものが成り立つためには, 交通手段が要素の一つとして加わらなければならない。宿泊施設を使わない日帰り旅行の場合でも観光は成り立つ。しかし交通手段の利用なくして観光は成り立たない。徒歩で公園のバラを見に行く場合, 観光とはいわないのか。人間の徒歩は最も重要な交通手段である。

　観光とは英語でツーリングというように目的地まで行って帰ってくることで終結する。交通機関は, 目的地(観光対象)までの往路および復路, さらに観光地での手段ではあるが, 目的地が遠くなればなるほど, 交通手段が観光の目的となる。手段でもあり目的でもあると, 交通サービスの質的側面も重要な要素となってくる。

キーワード：規制緩和　ダブル・トラック　国鉄民営化　インターシティ輸送　一種空港

1 観光と交通の関係

　　観光交通の概念　　　交通手段を利用する目的ないし動機は，主として通勤，通学，買い物，業務，観光のためである。

　観光交通とは観光のために利用される交通手段である。しかし観光交通のためにだけ利用される交通手段は限られる。スイスの山岳鉄道，クルージングのための旅客船，チャーターした航空機は，これらを利用する人びとのほとんどは観光客である。

　しかし新幹線，国際定期航空輸送の利用者はすべて観光客であろうか。業務，訪問その他の利用者もいる。輸送距離の比較的短い都市交通，ローカル交通においては観光目的よりもその他の目的による利用者，そこに住む人びとの，たとえば通勤，通学，買い物等の利用が圧倒的に多いであろう。このように見ると観光だけの交通手段というものはきわめて限定されたものになる。

　観光のための交通手段は，アーバン・ツーリズムのように都市交通を利用した観光もあるが，どちらかといえば長距離の都市間輸送，国際輸送で多く利用される。

　　観光交通の対象と分析　　観光と交通の関係を分析する上で手がか
　　手段　　　　　　　　　りとなる観光基本法の関係箇所を見てみよう。基本法第2章第8条に次のような部分がある。

　「国は，国際観光地及び国際観光ルートの総合的形成を図るため，外国人観光旅客の観光地及びその観光地間を連絡する経路につき，空港，港湾，鉄道，道路，駐車場，旅客船その他の観光の

基盤となる施設（以下「観光基盤施設」という。）及び外国人観光旅客の利用に適する旅行関係施設の総合的整備等に必要な施策を講ずるものとする」。しかし，空港，港湾，道路，旅客船は観光の基盤施設であるが，観光だけに使われるのではない。

WTO（世界観光機関）の観光客についての概念を見ると，観光客とは余暇あるいは商用を目的として1国に24時間以上滞在する一時的訪問者とある。これは，商用目的が観光に含まる規定である。このような訪問者は交通経済学では都市間輸送あるいは国際輸送の需要者に該当する。

毎年発行される『観光白書』においては観光基盤施設という概念で観光交通のことが記載される。その対象は貨物を除いた旅客輸送のためのインフラの状況についての記述であり，観光交通を含めたすべての需要を賄う施設を観光基盤施設と定義する。

したがって純粋な体系としての観光交通学の体系化は困難なことになる。観光需要も含めたすべての交通需要が全体的に交通論の中で位置づけられる。交通論の方法は概して経済学であるから交通論はほぼ交通経済学と等しい。

交通経済学で取り扱われる対象を旅客交通論と貨物交通論とするならば，観光交通論はほぼ旅客交通論に等しい。観光交通論は観光を念頭に置いた旅客交通論ということになる。政府の交通政策も観光だけに限定されて策定されるものではない。

交通経済学という学問が成立しているように，交通論の主要な分析手段は経済学で，したがって観光交通論も経済学が主要な分析ツールとなる。交通経済論の分析対象は，ミクロ経済学と同じように次のようなものである。需要・供給論，市場構造論，価格論，投資政策論等である。

観光交通論に関する本格的な研究は日本においてはまだ少なく，

明確な方法論も確立していないように思われる。経済学，地理学，マーケティングが代表的な分析手段とされているが，経済学を主要なツールとしての分析を筆者は考えている。たとえば航空輸送分析において，交通地理学は，とくにハブ・アンド・スポークの分析に威力を発揮し，マーケティングは，航空論におけるCRS（コンピュータ予約システム）等の分析で威力を発揮している。

2 観光交通市場

観光交通サービスの特徴

観光交通サービスの特徴として以下が指摘できる。まず交通サービスは本源的な需要でなく派生需要であるということである。これを観光サービスについて考えてみると，観光行動において本来の目的は観光資源なり観光施設を見ること，あるいはこれを体験するのが本来の目的である。観光資源が非日常的なものであるためには日常生活を離れて，つまり交通手段（徒歩も交通手段である）を利用して観光資源にアプローチする必要がある。このとき本源的な需要は観光資源の観察ないし体験であるが，この需要が発生することによって派生的に発生するのが観光交通サービスに対する需要である。

供給側からいえば観光サービスという生産物の生産要素の一つが交通サービスということになる。交通サービスの高速化はこの交通サービスの生産要素的特徴を見れば理解される。上で述べたように交通手段が観光対象の場合は高速化はそれほど求められないかもしれない。つまりスイスの山岳鉄道はそれほどのスピードは要求されない。19世紀の鉄道の創業から1960年代からの航空

機のジェット化は交通手段の高速化，つまりは目的地への到達を一刻も早く願う交通サービスに対する需要というものは，派生的，生産要素的特徴を有している。

次に交通サービスの非貯蔵性である。普通の財のように買いだめをしておいて，無いときにこれを提供するというわけにはいかない。このことはピーク時の需要量と閑散時の需要量の著しい差異をもたらす。1日を通じ，1年を通じ，ピーク時の需要量に合わせて交通施設を用意すれば当然のことながら閑散時に大きな余剰の施設が発生する。航空輸送においてこの余剰空間を埋めるために正規の運賃・料金よりも安い運賃・料金で空いた空間を満たしたいのが供給サイドの方針である。

また観光交通市場は，マイカーのような自家生産による交通手段が大きな位置を占める。自家発電，家庭用菜園といった市場を通過しない財の供給はあるが，自家用自動車に代表される自家用輸送の割合が非常に大きい。これも交通旅客市場の大きな特徴である。

電気，水道，ガスのように公益的事業である点では交通サービスも同じであるが，公益事業のように供給施設で各家庭とつながっている完全独占体制とは違い，交通には代替手段が存在する。混雑の通勤電車を嫌ってマイカー出勤という代替手段が用意されている。

上下，つまり輸送サービスとインフラ・サービスが結合して交通サービスが成立する点にも注目する必要がある。マイカーといえども道路が無くては成立しない。航空輸送の規制緩和がどんなに進んでも空港の容量が十分無くては自由な競争もできない。輸送サービスとインフラ・サービスの上下の結合によってのみサービスが提供できるということは重要な特徴である。

供給の方法,コストに大きな差があることにも注目すべきである。鉄道サービス,空港,道路サービスを供給するには莫大な投資,長期の建設期間を要する。

観光交通市場の構造と価格形成

各種交通機関で構成される総合的な観光交通市場においては生産性を向上させ,価格を引き下げるために競争が必要である。市場で観光交通サービスを提供する企業の自由度を高い順から見ると,以下のように市場が分類される。完全競争市場,コンテスタブル・マーケット,独占的競争市場,寡占市場,独占市場。これらに市場においてどのように価格形成がなされるかといった問題が重要となる。

観光交通市場を全体的に見てみると,各種交通手段の競争ということになる。東京・大阪間では新幹線が有利,東京〜福岡では航空機が有利,東京・広島間では競争が拮抗しているように,輸送距離の差異によってシェア争いも異なる。昔は船舶,今は航空機が主役となる国際旅客市場,鉄道,航空,高速道路の競合となる500キロ以上の都市間旅客市場がある。たとえば東京・広島間の新幹線と航空機の競争,こまち号の秋田新幹線導入による航空機と鉄道の競争,つまりこれら2機関の争いは興味をそそられる問題である。観光交通市場は,国際市場,都市間市場で問題となることが多いが,他に公共交通機関,マイカーが主役となるローカル交通市場,都市交通市場がある

また個別市場つまり,輸送機関別の市場が考えられる。たとえば東京・福岡間の航空市場において新規の航空会社がどのように既存の航空会社に影響を与えるか,といった問題である。

市場のシェアを決める要素は何であろうか。価格と時間,快適性,等である。

需要の価格弾力性の問題については，価格の１％の増加は観光需要の場合，通勤通学需要よりは，需要の変化率（％）に大きな影響を与える。

　交通市場は，旅客交通市場のほかに貨物交通市場がある。観光交通市場は旅客市場であるが，貨物市場も注目される。競争の激しい海運市場は供給過剰でコストの削減化が極限まで進んだ市場である。便宜置籍船，外国人船員の問題は航空市場の行く末を暗示しており見逃せない問題となっている。

　市場行動を導く価格については交通サービスの運賃・料金は，公益事業で多く採用されている原価主義を採用する。原価主義とは，適正な原価に適正な利潤を上乗せした価格の設定である。価格がコストから大幅に乖離するようではよくないとの思想である。このようなことで価格は，ピーク時でも閑散時で変わらない，さらに往復でも変わらない。このような制度の下では運賃・料金の割引制度もうまく進展しない。

　このような線的な運賃に対するものして，上限と下限のある幅運賃が出現した。さらに下限を撤廃した航空運賃のように需要にマッチする割引制度の導入が現在の課題である。

　また交通サービスは公共的色彩が強く，市場の失敗を招きやすい。つまり利用者の受益と供給者の負担が完全にマッチする価格機構のみで交通サービスを提供することは難しい。公共財，外部性等の問題である。観光交通市場ではとくにこれらの点に注目する必要がある。

3　観光と交通政策

> 交通政策の歴史

国ないし地方政府の交通政策といった場合，観光だけの交通政策よりも，観光を含めた交通政策ということである。

ルネッサンス時代の1500年頃から1840年頃までは交通機関といえば馬車と帆船である。これら両交通手段を平均した速度は時速16キロぐらいだったといわれている。

1850年から1930年にかけての蒸気機関車，電気機関車の陸上における登場により人類は高速化時代を迎える。陸上交通の担い手である列車の平均速度が，時速100キロ，海上交通でも蒸気汽船の速度は，時速が25キロとなる。

1950年代は，プロペラ機で480キロから640キロの時速となる時代となる。そして1960年代からは，ジェット機の到来により，時速800キロから1120キロの達成が可能となり，観光旅行も海外に向けて大きな展望が開かれる。

このような高速化の進展，政府と運輸業者の関係，つまり規制の緩和という視点から見た交通政策，とくにそれが観光に与えた影響を以下で見てみよう。

19世紀はまさに鉄道の時代である。産業革命をいち早く成し遂げたイギリスは，莫大な資本を要する鉄道建設において民間資金が潤沢で，民設民営で鉄道の建設と運営を行うことができた。これに続くドイツ，フランスはそれほど資金が無く，軌道をはじめとするインフラ部門は官設が多かった。フランスなどはこの19世紀においてすでに鉄道軌道を道路と同じように税金で賄う

社会資本との考えが強かった。先進国の中では一番遅れて1870年代に鉄道建設をした日本においても資金が乏しく、インフラ部門については国に依存することが多かった。

政府と鉄道会社の関係は、ある地域についてある鉄道会社に独占権を与えるが、鉄道の価格は政府が規制するという方式であった。ある地域に限定すれば交通手段の供給者として1社に独占権を与え、政府が市場に介入し運賃の高騰を押さえたのである。このようにして一般大衆も鉄道を利用することができるようになった。イギリスにおいては1870年代、鉄道の発達によってそれまで観光というものにそれほど縁のなかった一般大衆に安い価格での鉄道利用が可能となり、彼らは海岸部に押しかけ大衆観光の始まりとなった。同じようなことが各国に生じたことは容易に想像がつく。鉄道による運賃・料金の安さはまさに画期的なものであった。また旅行時間の短縮も大きな出来事であったことはいうまでもない。

1920年代と30年代は自動車の出現を見た。そしてこの出現が鉄道の経営に重大な影響を与えるようになった。モータリゼーションという概念は日本では1960年代であるが、欧米においてはこれよりも40年早く始まった。この時代の欧米における交通政策は、鉄道以外の交通機関の数を減らす、つまりバスやトラックに免許を交付することによってその活動を抑制し鉄道を助けようとした。しかし免許を取得したバス会社は、大きな利益を受けることになった。アメリカにおけるグレイハウンド・バス会社がこの例である。1935年自動車運送事業者法は、この会社に都市間バス輸送の独占的営業権を与えた。

第2次大戦後は、まさにマイカーが、観光、レクリエーション活動の担い手として大きく出現してくる。1950年代、60年代は、

都市の成長,拡大が見られたが,これを担う交通機関,つまり都市の公共交通機関が猛烈なモータリゼーションの影響で困窮し,政府が助成に乗り出すことになった。アメリカ合衆国においてさえ 1962 年都市大量交通法により公共交通プロジェクトの 3 分の 2 に連邦補助金を導入するような事態となった。日本においても 1964 年から日本国有鉄道の赤字が始まる。

　この時代以降は,観光,レクリエーションにおいて自動車の活動が世界的に普及する時代である。自動車の観光に与える影響は非常に大きく,鉄道輸送が線的な輸送であるのに対して,自動車は面的輸送が可能である。線的な鉄道輸送の場合,観光地に向かう際,まず自宅から最寄りの駅まで鉄道以外の交通手段でアクセスし,鉄道を利用して観光地に近い駅に行かねばならない。そしてこの駅からさらに観光目的地に行く場合が多い。しかし自動車の場合は,ドアー・ツー・ドアー輸送といわれるように観光地に 1 つの輸送手段で行くことができる。時間の節約はもとより快適性,便利さ,柔軟性など,いろいろな側面で自動車の威力が証明される。

　1960 年代からのジェット機の利用,1970 年代からのジャンボ・ジェット機の導入は観光にさらに大きな展望を与えるものであった。時速 1000 キロ以上の大量輸送は,海外旅行をそれまでの船舶から航空機に移行させた。最近における国際航空旅客輸送量の伸び率は非常に大きく,海外を身近な観光対象国とさせた。

　しかし観光旅行に一般大衆がアクセスできるためには,その料金の安さが問題となる。この先陣をきったのが 1978 年のアメリカにおける航空規制緩和法である。初期の頃,郵便輸送に使われた航空機はまだ幼稚産業ということで政府がこの産業に介入し,規制は 1940 年に設立された民間航空委員会によって制度化され

た。つまり路線への参入規制，運賃決定に関する規制があった。

ジェット機時代の1960年代に入って路線参入権を有する航空会社の超過利潤に対して批判が集中するようになり，民間航空委員会はこの超過利潤を保護しているとの批判が目立ってきた。アメリカにおいては州を越えない州内の航空輸送運賃は，民間航空委員会の規制を受けないため規制を受ける距離がほぼ等しい州際航空運賃よりもずっと安いという事態も目立ってきた。

このような事態を理論づけるコンテスタビリティの理論も出現し，いち早く航空輸送の規制緩和に乗り出した。アメリカの航空規制の緩和は，観光客にとって航空券の獲得を安価で容易にするコンピュータ予約システム，旅行を繰り返す人に有利なフリークエント・フライアー・サービス，航空会社のコストを低下させることによって価格を引き下げるハブ・アンド・スポーク等の新たな顧客獲得手段によってさらに拡大し，観光客の航空機へのアプローチをより容易にした。

ヨーロッパもこの動きを受けて航空の規制緩和に乗り出した。EUの共通運輸政策は足並みが揃わず，なかなか進展しなかったが，1998年からはEU免許を有する航空事業者は，EU域内の航空路線のどこにでも参入でき，つまりイギリス籍の航空会社といえどもEU免許があればフランス国内のパリ・マルセイユ間に参入でき，カボタージュ権（国内の貨客輸送を自国の事業者に限る権利）の開放がなされた。

日本においては1970年の閣議了解と72年の大臣示達によって事業分野が割り当てられた。しかし世界の体制には抗せず2000年2月から航空輸送規制の全面的緩和が実現した。運賃は許可制から届出制に移行し，参入規制となっていた需給調整政策は廃止されることになった。航空の場合は空港のスロット（離発着時間

帯）の問題があるため直ちに規制緩和の効果が現れないが，それにしても大きな成果である。

規制緩和　先進国の中で日本ほどアウトバウンドの観光客とインバウンドの観光客のアンバランスが大きな国はあるまい。この理由としてよく内外価格差の問題が指摘される。

内外価格差とは，競争にさらされない消費財（サービスを含む）の価格が，欧米先進工業国に比べて割高で，諸外国の消費財の価格と日本の消費財の価格に差があるということである。

国際競争力のある製造業部門は，競争にさらされているため生産性の拡大，つまり価格の低下に大いなる努力を払う。これに比べて，国内の消費財部門の生産性は，規制に保護され，競争にさらされないため，生産性の改善や，価格の低下に努めなくてもやっていける。規制によって，これらの部門の最も効率の低い産業もなるべくつぶさないという政策，行政が行われてきた。最も効率の低い産業も脱落しないように政策が運営されてきたのである。

最も効率の低い産業のコストが消費者物価を決めるならば，消費者物価が高くなるのは当然である。つまり日本では国際競争にさらされる貿易財である自動車や家電の価格に比べて家賃，光熱費，交通費が欧米先進国に比べて割高であるということである。

効率の低い産業企業といえば農業，運輸・通信業，電気・ガス・水道，金融・保険・不動産，卸・小売業である。この中でも運輸業は農業に次いで生産性が低い部門といわれている。

規制緩和といっても規制には経済的規制と社会的規制がある。社会的規制とは，航空機の安全性の問題とか財・サービスの品質に関わる規制である。市場に参入する前の資格条件と考えればよい。

これに対し経済的規制は，市場の構造を左右する規制であり，まず市場に自由に参入・退出ができるのかという，参入，退出規制がある。1社に限れば独占市場ということになる。誰でも自由に参入できれば自由競争市場ということになる。

　市場の中での行動の指標となるのが価格規制である。消費者の需要量と企業の供給量だけで自由に価格が決まれば価格規制は無いことになる。しかし先にも述べたように政府が市場に介入することが交通市場の場合には多い。

　日本においても20世紀の末から21世紀にかけては各種交通機関でこれら経済的規制の緩和が急がれている。旅客の運賃，鉄道，バスの公共交通機関の運賃は，上限があって下限のない上限価格制へ移行しつつある。鉄道といえども従来の全国一律運賃に代表される線的運賃から，上限だけは決められているが下限のない運賃へと移行しつつある。

　航空については2000年の2月からほぼ完全な規制緩和が達成されたが，たとえば運賃が届出制といっても，従来の認可制に比べれば規制は弱くなったが，規制があることには変わりはない。国土交通省の介入の余地はまだ残る。たとえば極端に低い運賃を届け出た場合には，当然のことながら国土交通省は変更命令を出す。しかし参入規制として悪名の高かった国土交通省の行う需給調整政策は無くなり，ある航空会社が，ある路線に参入を望む場合これからは企業の判断によって参入を果たすことができる。もっとも空港の容量の問題があるため，参入には依然として大きな制約条件がある。空港のスロットの配分という問題である。

| 国内航空輸送の規制緩和過程 |

　観光交通サービスの供給において重要な役割を果たす航空輸送サービスの規制緩和化の過程は，日本における参入規制

(路線の需給調整政策)，価格規制の具体的な緩和過程の状況を把握する一助となろう。

航空憲法といわれた昭和45年，47年体制は，航空輸送を実施できる航空会社を3社に限った。この体制は1970年代初めのこととはいえ，アメリカでは1970年代後半に本格的な規制緩和が始まっている。さらにこの3社の営業分野が政府によって決められた。つまり日本航空は国際線と国内の幹線輸送，全日空は国内の幹線と支線輸送，日本エアシステムは国内支線輸送というように営業分野を政府がはっきりと決めた。

しかし1980年代後半頃から，航空輸送量の増大，アメリカの規制緩和の影響を受けて規制緩和へと向かわざるをえなくなってきた。1986年「今後の航空企業の運営体制のあり方について」を運輸政策審議会が答申し，新航空政策を実施する機運は盛り上がってきた。この答申の中身は，国際線の複数体制，日本航空の民営化，国内線の競争の促進であった。

1986年以降それまで1路線1社主義が原則であった航空路線に2社（ダブル・トラック）3社（トリプル・トラック）を導入させて競争させることが多くなった。1986年からは需要量が70万人ある路線には2社参入でき，100万人の需要量がある路線では3社が参入できた。これが1992年10月には，ダブル・トラックが，40万人，トリプルが70万人となる。さらに1996年4月にはダブル・トラックが20万人，トリプルが35万人となる。この過程を見るといかにこの基準が便宜的で，恣意的なものかが分かろう。

1997年にはこの基準が廃止され，路線参入は原則として航空会社の判断に任されて自由となった。以上が参入規制緩和の過程である。

次に価格規制緩和の過程を見ると，1994年12月に50％以内の営業政策的割引運賃が届出制となり，95年5月には事前購入割引運賃導入が導入される。さらに1996年には幅運賃制の導入となり，2000年2月からは運賃の認可制が事前届出制に移行し，欧米なみの水準となった。

新規航空会社2社が，1998年に免許申請を行い，この年から東京・福岡間をスカイマークが，東京〜札幌を北海道国際航空が営業することになった。改正航空法により免許制から許可制となり，需給調整策は廃止されることになったが，観光地を多く抱える採算の合わない離島路線の問題がクローズアップされてきた。

2000年時点で生産性の拡大，コスト競争力という点で日本の航空会社もかなり改善に努力している。7，8年前と比べると，運航コストは3割下がり，人件費についても，賃金制度の見直しや契約制客室乗務員の採用などに取り組んできたため，4割以上下がったといわれている。運賃のほうは3割下がったとしたら，コストダウンがそのまま利益に結びつかないところが苦しい現状である。

4　観光基盤施設の諸問題

生産性が低いということは，それだけコストが高いということである。その上その高いコストを日本においては利用者が負担することが多い。以下鉄道，道路，空港の日本的な現状を見てみたい。

他国との比較で日本の特徴を大まかに述べると，規制と利用者負担により交通サービス価格が高くなり，依然として内外価格差

はある。観光資源の開発・発展のためにはこれにアプローチするための運賃の安さがどうしても必要である。ここにおいては欧米先進国との比較で日本の観光基盤施設の問題点を指摘してみよう。

> **鉄道**

20世紀の初めにいち早く全国的な鉄道網を有する国鉄を出現させた日本の鉄道は、ローカルな部分や都市鉄道の部分を民営にゆだねた。このことが欧米諸国とは違った鉄道網を形成させるに至った。民営鉄道には特別な援助を与え、また関連事業を大々的に許した。第1次大戦後のフランスにおける首都圏鉄道は、独立採算性を達成できず、利用者負担は19世紀末までのこととされ、国および地方公共団体の莫大な助成がつぎ込まれた。首都圏のような大都市圏を他の鉄道網から独立させ首都圏交通を一元化した。ここには民営鉄道の概念は発生しなかった。

第1次大戦後の国有幹線に、国の一般財源を投入して収支を償ってきたのが欧米の鉄道である。ところが日本の場合は、モータリゼーションの発達が西欧に比べて40年遅れたので、国鉄が赤字になるのは第2次世界大戦後の1964年である。

第2次世界大戦後の国鉄は公共企業体という企業性と公共性の両方の使命を果たさなければならない曖昧な立場となった。運賃は硬直的で国会が決めていた。地域開発の観点から運賃は全国一律運賃であった。西欧のように大都市圏は全く別の運賃水準、運賃構造という発想はなかった。もっとも1980年代初めにこの発想は多少なりとも出現する。

西欧に遅れること40年、1964年に国鉄は始めて赤字に転落し、以後赤字を累積していくことになる。1960年代の末から日本の国鉄は何回かの財政再建を模索したが、鉄道建設公団の無駄な鉄道建設は債務を拡大させるばかりで、すべて失敗に終わり、85

年の分割民営化を迎える。

　同じ頃西欧各国もEUの共通鉄道政策を受けて財政再建，正当に助成されるべき公共サービスに対する援助を受けて自立採算を目指すが，失敗を繰り返し1990年代の初め上下分離政策を取り入れる。インフラの赤字は，国の財源で負担し，上部の輸送サービスに対して鉄道企業が責任を持とうというものである。このようにインフラに国の財源をつぎ込む考えはドイツ，フランスが取った立場で，イギリスは逆にインフラの独立採算を優先した。高い線路使用料を支払うために鉄道輸送会社は国から助成金をもらうことになる。

　EUのこの考えは，たとえば観光に役立つ国際列車が，自由に国境を越えて他の国の鉄道網にアクセスできるためのオープン・アクセスに大いに役立つ。

　日本における1987年の国鉄民営化でも上下分離的発想はあった。新幹線保有機構，新しい鉄道営業法におけるインフラだけを運営・管理する鉄道会社の出現等である。たとえば成田空港高速鉄道がそれである。JR貨物鉄道の場合はインフラを持たない二種営業鉄道である。さらに新旅客鉄道のJR各社，JR貨物が自己の莫大な負債を，国民の税金にゆだねた。

　日本における上下分離の考え方は，その後常磐新線に，また新幹線の建設に見られる。新幹線の建設費に対する国と地方公共団体の従来よりも大きな貢献である。上下分離の考え方はインフラを引きずらない輸送部門が自己の自由な発想において営業的運賃を設定することにも役立つ。

　　　道　路　　　観光の発展にとって重要な高速道路サービスはどうしてこんなに高いのであろうか。

観光に大いに関係するインターシティ輸送を担う高速道路を，1万4000キロ建設しようというのが現在の目標であるが，高規格幹線道路，一般道の自動車専用道路，本州と四国との連絡橋によって構成される。これらの建設主体は日本道路公団と本州四国連絡橋公団である。

　フランスのように都市の高速道路は無料というのとは違って，日本においては都市の高速道路も有料であり，首都圏の首都高速道路公団，京阪神の阪神高速道路公団がこれを担う。

　第2次大戦後の日本において一般道，高速道路とも他の先進国に比べて著しく整備が遅れた。このために戦後まもなく一般道に関しては特定財源制度，高速道路については有料道路制度という強固な2つの制度により財源を確保し，5か年計画により道路を整備してきた。

　英，独，米においては，国の税金で建設され高速道路は原則として無料である。高速道路の後進国，フランス，日本，スペイン，イタリアにおいては高速道路の財源が無いので利用者の料金を充てる，利用者負担ということになった。建設費，維持管理費のための資金は日本の場合，財政投融資という借りやすい公的資金であった。これを償還期限内，たとえば30年で返済するという仕組みである。高速道路料金が高いのは，住宅ローンと同じように一定の期限内に莫大な借入金を返済しなければならないような形で料金が決められているからである。さらに利用者負担が原則ということで税金の入る余地が少ない。

　当初，高速道路の路線ごとに収支を計算し，建設資金，維持管理費用を償還済みの路線から無料開放していくというのが法律にも規定された原則であった。したがって1965年7月1日に全線開通した名神高速道路は，すでに無料走行ができなければおかし

い。ところが1972年にできた料金プール制により交通量の多い，したがって料金収入が大きな路線と交通量がきわめて小さい採算の悪い路線，つまりすべての路線のコストを償うような全国一律料制度が導入され，高速道路料金は安くならなかった。

　日本と同じ頃から建設を始め，全国的には同じ延長キロをねらうフランスの高速道路の状況はどのようなものであろうか。まずインターシティ高速道路については，初めから全国をカバーする日本道路公団のような会社があったわけではなく，全国で8つの高速道路会社が，それぞれ別々の会社形態，別々の料金で会社を運営してきた。資金調達も日本ほど簡単ではなく，長期債務もそれほど大きくない。また都市の高速道路は原則として，無料つまり税金で建設し，また都市間の高速道路についても山岳地帯のコストの高い高速道路は，税金で建設することも多い。また日本と同じ頃に設立した全国的な料金プール制も90年代に入り解消した。このように高速道路の制度自体の変更によっても高速道路の料金は下がる余地はある。

空港

日本の空港使用料はロンドンのヒースロー空港の10倍といわれるほど高い。また航空機燃料税は世界でも日本とアメリカにあるだけで，それもアメリカに比べて日本の税金は比べものにならないくらい高い。日本の航空会社は，自己努力ではどうしようもないこれらの公租公課の問題がある。そしてこの公租公課を最終的に負担するのは利用者である。

　まずこの公租公課が，繰り入れられる空港整備特別会計を，とくに収支の状況を見てみよう。まず収入としては，上記財源，つまり空港使用料と航空機燃料税が空港整備特別会計の大きな財源である。一種空港の羽田空港と大阪国際空港の空港使用料，さら

に国が整備・管理する二種A空港と，国が整備し地方公共団体が管理する二種B空港の空港使用料がこの特別会計に組み入れられる。つまりここで注意しなければならないのは地方公共団体が整備，管理する三種空港の空港使用料は，この空港整備特別会計の収入とはならないことである。これらが空港整備特別会計の財政投融資という借入金以外の主要な財源となる。収入としてはさらに国の一般会計からの繰入れとその他収入，それにほんのわずかな地方公共団体工事費負担金（これは二種Aについて地方公共団体が負担する負担金である）がある。

　次にこの特別会計の支出項目であるが，上記一種の2空港，すべての二種空港，すべての三種空港の整備，維持費に回される。つまりこの財源は空港財源が全国プール制になっており羽田空港で稼いだ金が地方の採算のとれない空港に回されることになる。羽田空港使用料は羽田空港の沖合展開については配分されず，これは財政投融資で賄い，後の世代に債務が繰り越される。

　さらに空港に対する一般財源はこの航空時代にもかかわらずわずかで，利用者負担が原則である。特別会計に繰り入れられるわずかな一般財源はあるが，ここ20年間，国家予算の中で，空港のための一般財源に占める割合は変わらず漁港に対する金額よりも低いといわれる。つまりは最終的には利用者が負担する，上記2つの財源が大きなものとなる。このように空港整備のための財源が少ない上に，その配分にも問題がある。

　欧米では空港の社会資本的性質のため税金もかなり投入されている。さらに日本に比べての用地の安さもある。欧米空港の使用料の安さの原因は空港の関連事業であるともいわれるが，日本は空港の関連事業はかなり規制されている。

　現在，欧米の航空会社の大きな関心事は，着陸料の他に空港で

かかるその他費用をいかに削減するかということである

また航空輸送の自由化は，航空輸送のインフラ部分である空港のスロットの配分に大きく左右される。たとえば新規参入会社のスカイマークに与えられたスロットの割当ては少なく，これでは競争市場は成り立たない。

混雑空港のスロットが増加していく場合にこれをどのように配分して，航空市場の競争条件を整えていくかは重要な問題である。EUの場合においては新規のスロットの半分は，新規参入会社に割り当てられる。

フランスにおいて航空自由化が叫ばれたとき，エール・リベルテ社は，ドル箱路線のパリ・マルセイユ路線に新規参入が許されて，大手航空会社のエールフランスに対抗して価格も引き下げたが，増大する輸送量を賄うために，最終的に制約となったのはパリのオルリー空港のスロット問題だった。既存の大手エールフランスが大きな支配力を持つスロット制約のためこの会社は倒産の憂き目にあう。空港の問題こそが航空の規制緩和を左右する大きな要因である。

観光の基盤となるインフラについては，公的負担になるべく依存せず，その分過大な利用者負担となっている。交通サービスの生産性の改善，価格の低下に結びつくための政府の政策の欠如等問題は多い。

演 習 問 題
① 観光客はどのような基準（料金，所要時間，その他）で，交通手段を選択するのであろうか。
② 国際競争に打ち勝つために，日本の航空会社はどのようにコストの削減に努力しているか。

③　なぜ大きな資本を持つ鉄道会社は，その系列下に，ホテル，旅行社，遊園地等を持っているのか。
④　日本の高速道路は，なぜ無料でないのか，また，なぜこれほど高いのか。

読 書 案 内

　藤井彌太郎・中条潮編［1992］**『現代交通政策』**，東京大学出版会，は内容は経済学を使って高度であるが，標準的な教科書である。伊藤元重＋伊藤研究室［1998］**『日本のサービス価格はどう決まるのか』**NTT出版，は交通サービスを含めた種々のサービスの質を考える際に重要である。各年度の**『運輸白書』**運輸省（現・国土交通省），は種々の交通サービスの問題点がよくわかる。川口満［2000］**『現代航空政策論』**成山堂書店，は観光と関係の深い航空輸送についてわかりやすく，便利な著作である。Page, Stephen［1999］*Transport and Tourism*, Longman，は観光交通を扱った初歩的な洋書のテキストである。

Column ⑤　80日間世界一周

　『80日間世界一周』が雑誌に発表された1872（明治5）年は，日本に初めて鉄道が敷設された年である。「確かに地球は小さくなった。今日では，100年前よりも10倍も早く地球をひとまわりできるから」。小説中の人物はこんなことをつぶやくが，ボーイング社の747 SP機は，1988年，乗客141人を乗せてアメリカのシアトルを出発し，ギリシャのアテネと台湾の台北で給油しただけで世界一周を果した。時間は36時間54分15秒であった。

　ジュール・ベルヌは19世紀後半から盛んになるパック旅行（小説の主人公は，ブラッドショー社の「大陸の時刻表と案内記」を常に携えている）や，1969年のスエズ運河開通に刺激されてこの本を書いたという。この80日間のルートは，ロンドン→カレー→モン・スニ峠→トリノ→スエズ→アデン→ボンベイ→カルカッタ→シンガポール→香港→上海→横浜→サンフランシスコ→シカゴ→ニューヨーク→ダブリン→ロンドンである。この時代の最速の交通手段は鉄道であった。この本によると鉄道でインド大陸を3日，アメリカ大陸を10日で横断する。交通手段として鉄道のほかには汽船，象，ソリ等が登場する。アメリカ合衆国，インドにおいてはこの時点ですでに鉄道はネットワークをなしている。乗り継ぎが不便な時代，鉄道，汽船の定期便をうまく乗り継いでこの旅行を成功すると賭けた人はごく少数であった。そのからくりは，今でいえばチャーター便，自家用の交通手段を法外な価格で利用することによる。

　20世紀に入ってからの航空機の発達は，ジュール・ベルヌも予測だにしなかったテンポの速さである。誰でも世界一周旅行を夢見ることができるようになった。とくに1960年代のジェット機，70年代のジャンボ・ジェット機の出現で，航空輸送における大量高速輸送時代を迎えることができた。国際航空輸送の伸びは驚くほど高い。航空の分野では最高3万9000マイルを周遊する商品も出現している。

第6章　観光地と観光資源

マッターホルンと，車の締出しを図り，静寂なリゾートを保つツェルマット（著者撮影）。

　旅行は個人の随意によって行われるが，個人の行動がある一定量に達し，同種の行動ごとにまとめ分析していくと，そこに一定の法則が見出されて，理論となる。理論は，つねに現実の現象とのやりとりをしながら，修正を加えつつ，その精度を高めていくものである。したがって，観光事業を展開するときに，あるいは観光地において当該観光地の市場を見きわめたり，旅行者の行動に対応するといった，マーケティングを実施するときには，観光の基本原則を忠実に実行しなければならない。本章では，観光対象となる観光資源の特性から観光地を3区分に細分化して，観光地の成立条件，対象市場，誘致力，地域経済効果の関係を明らかにしている。

キーワード：観光地　レクリエーション地　宿泊地　自然観光資源
　　　　　　人文観光資源　複合観光資源

1 観光資源とは

　観光対象については，第1章第3節で述べているが，ここで観光資源と観光対象，観光施設との関連を明らかにする。結論を先に言えば，3者の関係は図6-1になる。

　観光対象とは，広義の観光に属する観光・レクリエーション，ないしは旅行対象を意味するものである。すなわち，観光者の誘致力となるものである。

　観光対象は観光資源と観光施設Ⅱに分けられている。ここでは，後述する狭義の観光「見る・学ぶ」に対応する資源を観光資源と定義する。観光対象の中の，「泊まる」「遊ぶ」に対応する施設は観光施設Ⅱとして区別する。観光施設の中で，テーマパークや博

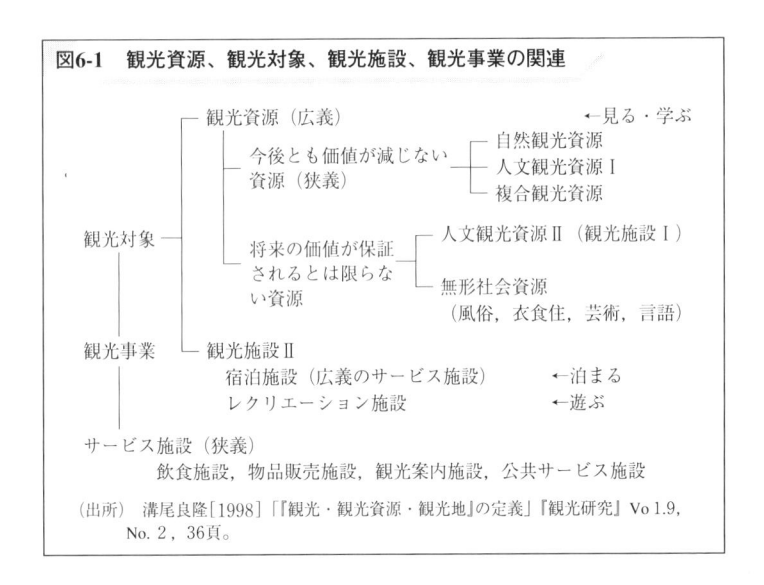

図6-1　観光資源、観光対象、観光施設、観光事業の関連

```
                    ┌ 観光資源（広義）                    ←見る・学ぶ
                    │  ┌ 今後とも価値が減じない ┌ 自然観光資源
                    │  │ 資源（狭義）           ├ 人文観光資源Ⅰ
                    │  │                        └ 複合観光資源
  観光対象 ────┤  │
                    │  │ 将来の価値が保証      ┌ 人文観光資源Ⅱ（観光施設Ⅰ）
                    │  └ されるとは限らな     │
                    │    い資源                └ 無形社会資源
                    │                            （風俗，衣食住，芸術，言語）

  観光事業 ──── 観光施設Ⅱ
                    宿泊施設（広義のサービス施設）        ←泊まる
                    レクリエーション施設                  ←遊ぶ

  サービス施設（狭義）
       飲食施設，物品販売施設，観光案内施設，公共サービス施設
```

（出所）　溝尾良隆[1998]「『観光・観光資源・観光地』の定義」『観光研究』Vol.9, No.2, 36頁。

表 6-1　観光資源の種類

自然観光資源	人文観光資源Ⅰ	人文観光資源Ⅱ	複合型観光資源
山　　　　　岳 高　　　　　原 原　　　　　野 湿　　　　　原 湖　　　　　沼 峡　　　　　谷 　　　滝 河　　　　　川 海　　　　　岸 　　　岬 島　　　　　嶼 岩　石　・　洞　窟 動　　　　　物 植　　　　　物 自　然　現　象	史　　　　　跡 社　　　　　寺 城跡・城郭 庭園・公園 年　中　行　事 碑　　・　　像	橋 近　代　公　園 建　造　物　＊1 観覧施設Ⅰ　＊2 観覧施設Ⅱ　＊3 観覧施設Ⅲ　＊4 テーマパーク・遊園地	歴　史　景　観 田　園　景　観 郷　土　景　観 都　市　景　観

＊1　建　造　物―都市建造物, 産業観光施設, その他建造物
＊2　観覧施設Ⅰ―動物園, 植物園
＊3　観覧施設Ⅱ―博物館, 美術館
＊4　観覧施設Ⅲ―水族館

（出所）　日本交通公社調査部編［1994］『観光読本』東洋経済新報社, 38頁を一部修正。

物館, 文学碑, 近代建築物のような施設を, 観光施設Ⅰとして, これを人文観光資源Ⅱと呼び, 広義の観光資源に含めている。狭義の観光資源に含まれている人文観光資源Ⅰとの相違は, 「長い時間の経過を経て, 価値が出た資源で, 今後とも, その魅力が減じないもの」が人文観光資源Ⅰであり, それに対して, 人文観光資源Ⅱとは, 「現在は, 魅力があり, 多くの観光者を集めているが, その魅力が将来にわたって保証されるとは限らないもの」である。近代建築物や近代公園は, それらの評価が定まってきたときには, 人文観光資源Ⅰになる可能性も秘めている。しかし, 現在, 珍しさ, 新しさから人気があっても, その人気を持続しているテーマパークと, 年々利用者を減じているテーマパークにみるように, 将来にわたって現在の評価が変わらないとは限らない,

誘致力も減ずるおそれのあるもの、これが人文資源Ⅱの位置付けである。

広義の観光資源には、先の人文観光資源Ⅱのほかに、無形の社会資源が含まれる。民俗舞踊、言語、風俗等であるが、これらも変容したり、模倣されるおそれがあり、人文観光資源Ⅱと同様の性格をもつ。ここに言語が存在するのは、たとえば英語の世界であるイギリスに、短期学習に出かけたり、英文学者の跡をたどったり、英語による演劇を鑑賞したりするゆえに、言語が誘致力をもつからである。狭義の観光資源は、「人間の力では、創造できない」自然観光資源と、先に定義した人文観光資源Ⅱ、それに自然と人文が複合されている郷土景観、農村景観、歴史景観などの複合型観光資源である（表6-1）。

宿泊施設はサービス施設に含まれるが、誘致力の強さから観光施設Ⅱに分類し、ここでのサービス施設は、狭義にとらえ、訪れた観光者を円滑に誘導し、快適にする観光施設を意味する。

2 観光地の種類と特性

観光地とは

一口に観光地というが、たとえば長崎、箱根、日光の範囲はどのようになっているかとなると、必ずしも定かではない。規模ランクから一般的に、観光地は観光資源（あるいは観光ユニット）と観光地域の間に位置する（図6-2）。しかし観光地と呼ばれているところが、それより下位ランク規模の観光資源であったり、もっと大規模な観光地域であったりする。北海道の摩周湖は湖単体の観光資源で観光地と呼ばれ、日光、秩父は観光地より広範囲の観光地域が観光

図 6-2　観光地の位置づけ

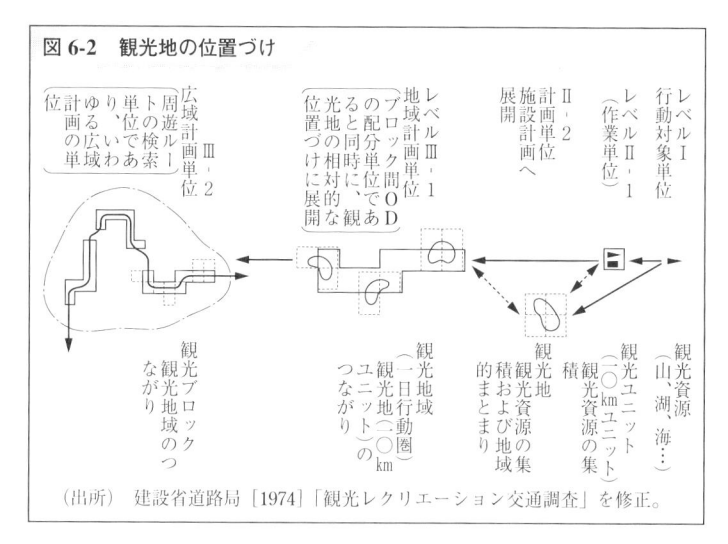

レベル I
行動対象単位
（計画単位）

レベル II-1
施設計画単位へ
展開

レベル II-2
（作業単位）

レベル III-1
地域計画単位
光のと同時に、
の配分ODあ
地域的まとまりに対し
位置づけ観展開な

レベル III-2
広域計画単位
位置ゆりトー周遊ルー
計画で検索
るの広い単域わあ

観光資源
（山、湖、海…）

観光ユニット
（○km ユニット）
観光資源の集積

観光資源の地域
積および
的まとまり

観光地
（観光地ユニットの
つながり）

観光地域
（一日行動圏
○km）

観光ブロック
観光地域のつ
ながり

（出所）　建設省道路局［1974］「観光レクリエーション交通調査」を修正。

と呼ばれている。たとえば日光に存在する種々の観光資源を徒歩区域でまとめると，杉並木，神橋・東照宮・二荒山神社・輪王寺，中禅寺湖・華厳滝，戦場ヶ原・湯ノ湖，霧降高原・霧降の滝の組合わせができる。このような徒歩区間の近接の観光資源で一括りした範囲が観光地であり，観光地間の移動が車の範囲になり1日で行動が終了する範囲を観光地域と考えるのがよいだろう。しかしふつうはここで述べた観光資源，観光地すべてを含めて日光という。日光駅から戦場ヶ原へ行くよりも，隣町の足尾の方が近いが，行政が異なる足尾が観光地日光に含まれることはない。このようにふつう行政の境界が観光地の範囲を規定している。そのため観光地の範囲は人為的に決めていく以外にない。しかし，観光地の資源の魅力や観光客数など，観光地間の比較が必要であるため，都道府県で観光地名称の統一とその範囲を明確にすることが望まれる。

> 観光地の3区分

　資源特性に関連する旅行者の行動の相違から，観光地をさらに狭義の観光地，レクリエーション地，宿泊地に3区分すると，観光地の特性が明確になり，観光マーケティング，観光事業を展開するうえで役に立つ。リゾートはそれら3タイプの観光地が総合されたものである（図6-3）。

　すなわち，狭義の観光地は，見る・学ぶ目的で訪れる場所であり，その目的には観光資源が対応して，観光対象となる。自然風景地，寺社観光地が観光地の代表である。レクリエーション地は，レクリエーション活動をする目的にふさわしい場所で，スキー場，ゴルフ場，海水浴場などであり，それぞれの活動に対応するレクリエーション資源がなければならない。それに対して宿泊地の成立には，日本の場合は温泉資源の存在が重要になる。温泉資源のない地域でも，レクリエーション地や軽井沢のようなリゾートに宿泊機能が付加されたりして，宿泊地となり得る。

　次に旅行者の行動特性から3者の相違をみることにする。見る・学ぶ目的の観光は，次々に観光対象を見て回る周遊型行動をとる。それに対して，レクリエーション行動は，市場と対象地とは往復同一路で，対象地では1か所に滞在してレクリエーション活動を楽しむ（図6-4）。宿泊地の行動は滞在であるが，観光やレクリエーション，他の活動目的をさらに充実するための手段であったり，あるいは宿泊だけを目的とする場合がある。

　このような行動特性から，地域経済との関係をみると，観光は，周遊型の形態をとるため旅行者の観光地での滞在時間は短く，観光地に観光資源が少ないときはすぐ次の目的地へ移動するために，地域への経済効果が少なくなる。レクリエーション活動は，1か所に長時間滞在し，ときには宿泊を伴うこともあり，地域への経

```
図6-3  観光地の種類と分類

観光地 ─┬─ 観光地 ─────────┬─ 町並み観光地
        │                  ├─ 都市観光地
        │                  ├─ 寺社観光地
        │                  └─ 自然風景地
        │
        ├─ レクリエーション地 ─┬─ スキー場  ──┐
        │                      ├─ 海水浴場  ──┼─ リゾート
        │                      └─ 農山村地  ──┘
        │
        └─ 宿泊地 ─────────── 温泉地
```

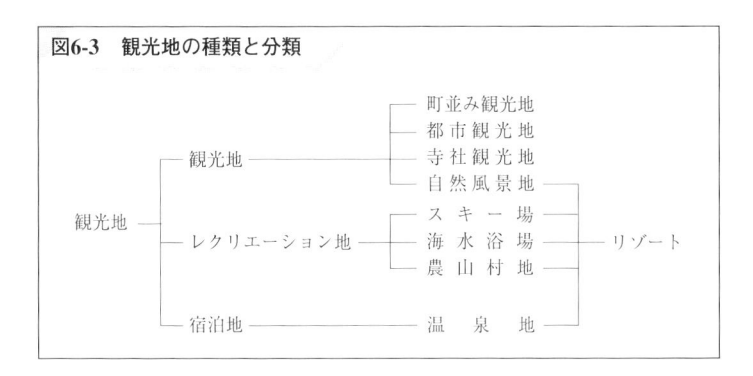

```
図6-4  観光・レクリエーションの行動特性
```

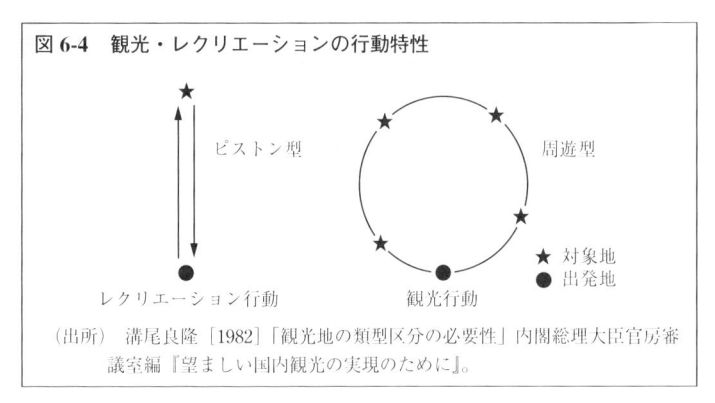

ピストン型　　　　　周遊型

レクリエーション行動　　観光行動

★ 対象地
● 出発地

(出所) 溝尾良隆[1982]「観光地の類型区分の必要性」内閣総理大臣官房審議室編『望ましい国内観光の実現のために』。

済効果は大きい。宿泊地が旅行者の滞在時間が長く消費も大きいことから，地域経済効果は最も大きくなる。

　第3に，資源の特性と誘致圏との関係をみると（図6-5），観光資源は代替性が少なく，居住者の近くでは見られない資源であるから，わざわざ遠くまで出掛けて見に行く価値があるため，誘致圏が大きくなる。しかし，観光資源には魅力度の相違があり，魅力度の相違により誘致圏の大小は決定される。誘致力の強い観光資源を有する観光地においては，観光資源をつねに良好な状態に維持・管理しておくならば，いつの時代にも旅行者を誘致する

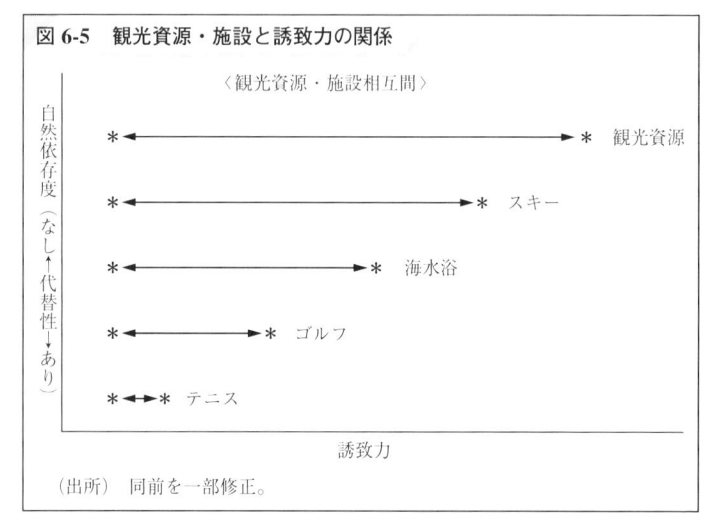

図 6-5 観光資源・施設と誘致力の関係

〈観光資源・施設相互間〉

縦軸:自然依存度(なし←代替性→あり)
横軸:誘致力

* ←——————————→ * 観光資源
* ←——————————→ * スキー
* ←————————→ * 海水浴
* ←————→ * ゴルフ
* ←→ * テニス

(出所) 同前を一部修正。

ことが可能である。

　これに対してレクリエーション地は，ゴルフ場やスキー場のように自然に人の手が加わり人工的に開発されたもので，資源の代替性があるため誘致圏が狭い。代替性があり，市場との移動が同一路になると，移動時間を費やさず，現地でのレクリエーション活動に多くの時間を費やすのが望ましい行動になるから，市場との近接性，市場との移動時間が短いことが，レクリエーション地の成立条件に重要になる。

　宿泊地は，観光ルート上に位置したり，レクリエーション地と併存するときは，観光地とレクリエーション地との誘致力に左右される。単独で成立しているときは，レクリエーション地同様のピストン型になり，市場との時間距離が重要になる。

　以上のように，ふつういわれる観光地を3区分別にその強弱を分析して，弱い部分を強化することによって，観光とレクリエーションと宿泊の3機能が充実した，魅力ある総合観光地を目指す

ことが必要である。総合観光地になったときに、リゾートと呼ばれる。リゾートでは、旅行者が長期に滞在しており、長期滞在者を飽きさせることなく、各種活動が可能な施設が、観光地内にあるいは周辺に用意されている。

3 観光地の動向と課題

本節では、一般にいわれる観光地を、観光・レクリエーション資源の観点から分類し、観光地タイプ別に現状と課題を提示する。前節の3区分をここでは図6-3にみるように細分する。

<自然資源ベース型観光地>

◆ 自然風景地

日本の事例では、陸中海岸の北山崎、摩周湖、秋芳洞、外国ではナイアガラ滝、グランドキャニオン、長江などがこれにあたる。

自然風景地では、観光対象となる観光資源をよりよく見せることはあっても、景観の破壊を慎むことが肝要である。しかしこの基本が意外に守られていない。日本では自分の土地、民有地の開発は自由であるという私権が強いこと、あるいは経営上、最も良い立地を得ようとする行動から、一部の観光事業者が風景を独占し、風景を壊してしまい、旅行者に不快感を与えているところが数多く見られる。すばらしい景観には多くの人びとが等しく享受するという公共性がある。優れた景観に接することを求めてきた旅行者には、本来、観光対象地には施設は必要ない。しかし、トイレ、休憩所、売店など最低限の施設が必要なときは、それら施設は見えない場所に設置する。どうしても宿泊、飲食、土産物店などの観光施設を作るときも、観光対象資源の背後に控えめにす

るとか，前面に出るときでも，自然や周辺の景観との調和を図る，あるいは施設がアクセントとなりかえって自然景観に輝きを増すという景観に配慮した建築デザインにすべきである。

　見せ方の問題も大切である。観光対象をよりよく見せるよう展望所の位置を選定する。見せ方も一点から見せるのか，移動を伴いながら見せるのかという問題もある。長江の三峡下りや秋芳洞見物は必然的に移動を伴うことで魅力がある。ナイアガラ滝は，展望所から見ても迫力があるが，船で滝に接近すると，その迫力は数倍になり，感動も大きく印象深くなる。それに対して，日本の代表的海岸景観である陸中海岸の北山崎は，陸地側からの眺望でも美しいが，一点からの静的風景になる。船を利用して海側からの景観を動的に見せるならば迫力が倍増する。陸中海岸はこうした海側からの見せ方を主力にすべきである。

◆ スキー場

　1911（明治44）年，オーストリアのレルヒ少佐によって，日本のスキーは初めて上越市高田に紹介された。当初，軍隊での使用目的であったが，学校の授業に採用されて，たちまち新潟県，長野県の各地に広まった。しかし，日本においてリフトが導入される1957年までの間は，傾斜の緩い草原状地形の場所や宿泊施設のある温泉地周辺が，スキー場の立地として選択された。いずれも小規模なスキー場であった。

　スキーの大衆化は，1960年代以降になる。当初は，鉄道沿線の立地，そして次第にスキー場への利用交通機関が車に変わるにつれて，道路沿線の立地となった。すでに述べたように，大都市からの移動時間がスキー場成立の決定要因になるので，その後の，高速道路，新幹線，航空の高速交通機関の整備とともに，日本のスキー場は中部地方を中心にしつつも，北海道から中国地方まで，

広範囲に分布することになった。近年のスノー・マシンの導入は，寒冷少雪地域にもスキー場の開設を可能にしている。

スキー事業を展開するには，スキー場成立の必須要件としての積雪期間が，90〜120日は必要である。とくに年末から年始にかけた正月休みの期間に積雪があることが望ましい。また雪質の良さも積雪の要件に加味される。

もう一つの自然条件として土地の傾斜と地貌がある。傾斜の度合いとコース距離によって，上級者用，中級者用，初級者用のコースが設計される。それぞれの級に応じたコースがバランスよく用意されているのがスキー場としては好ましい。地貌とは，土地の表面が岩石か，草地か，森林かということである。以上の資源が組み合わされてスキー場の適否・規模が決定される。事業化の最後の決め手は市場条件である。日帰り可能圏に大都市が存在するかどうかが，日本ではスキー事業の鍵になる。

スキー場ではオフ・シーズンはふつう「グリーン・シーズン」と呼ばれ，オフ・シーズン対策が課題になっている。しかしオフ・シーズン問題は，開発段階から分かることで，夏涼しいか，景観的に素晴らしいかどうかによって，通年型の事業が展開できるか，オフ・シーズンが存在するかが判明する。通年型の地域が後述するリゾートになりうるわけで，オフ・シーズンがあらかじめ存在するときは，過大な投資をせずに，グリーン・シーズンは農林業やゴルフ場のような，他の事業との連携を組み込んでおくことである。

スキー場の地域経済効果は大きい。レクリエーションの行動特性から，1か所に滞在するために，食事や宿泊の機能が要請され，これまで宿泊機能のなかった地域に一季型の宿泊施設として民宿やペンションが登場している。さらに農山村の積雪地域では，冬

期に農林業ができないため出稼ぎに都会へ出掛けていたが、スキー場での雇用機会が生まれたことによって、出稼ぎが不要になるという効果が大きい。

◆ 海水浴場

　四方海に囲まれている日本は昔から潮湯治などで海に親しんできた。健康上から海水浴の必要性が陸軍軍医総監松本順らによって唱えられ、1885（明治18）年、神奈川県大磯に海水浴場が開設された。海中に立てた杭につかまりながら、潮を体にぶつけることで皮膚に刺激を与えるという、当時の海水浴のスタイルに大磯が適地だった。したがって、海水浴には浜よりも磯が適地として選ばれた。

　大磯から始まった日本の海水浴は、すぐに今日のような海水浴のスタイルに変わり大衆化された。鉄道の発達とともに、東京周辺では鎌倉、逗子の湘南海岸で、大阪周辺では淡輪、浜寺、二色の浜に海水浴場が開設された。

　海水浴場の成立には、砂浜と海の存在が必須条件である。砂浜は大規模かつ粒子の細かい砂質が望ましい。海水は汚染されていなく、海水温度が23度C以上で、潮流が激しくないこと。海底は遠浅であり砂地であること。以上が海水浴場の適地になるところである。

　そのほかに、海水浴場の周辺環境と海の家・宿泊施設の施設水準、駐車場の規模が海水浴場の快適性を決定する。周辺に工場や住宅が接近しないことが望ましく、松林など白砂青松の景観が昔から日本人には好まれている。日本では沖縄を除いては、シーズンが7月下旬から8月中旬までと短いことから、恒久施設の投資ができず、夏のシーズンだけの簡易な浜茶屋とか海の家、民宿で対応している。

日本の大都市周辺でもかつては身近に海水浴場が存在していたが，東京湾，伊勢湾，大阪湾，瀬戸内海などで海水が汚染されたため，大都市圏民，たとえば京阪神地域の人たちは，若狭湾まで遠出しなければならなくなっている。しかしそのことで若狭湾一帯に民宿地域が出現することになり，海水浴者の増大が地域振興に寄与している。

人文資源ベース型観光地

◆ テーマパーク

　単体の観光施設であるテーマパークは観光地とはいえないが，アメリカのディズニーワールドをみるまでもなく，日本の東京ディズニーランド，ハウステンボスにおいては，数多くの宿泊施設を立地させており，観光地としての体裁を成している。

　日本で遊園地とは別のイメージとしてテーマパークが登場したのは，1983年の東京ディズニーランドの開園からである。続いて長崎オランダ村が成功すると，日本全国にテーマパークは広がった。ここでテーマパークを，「特定のテーマをもって，施設，運営ともにそのテーマに基づいていること」，その結果「一定の空間が非日常的雰囲気を醸し出しているところ」と定義する。

　近年各地でテーマパークの経営不振，廃業が目立っている。その理由をいくつか整理してみる。

　①立地条件が悪い。テーマパークを事業化するときに，企業が所有していた遊休地の活用や，地域の基幹産業の衰退等から，将来の有望産業としてのテーマパーク事業に着手した。全国的な視野からみて好立地かどうかではなく，すでに土地の有効利用が先行していた。テーマパークの近くに大都市や集客力の強い観光地がない，あるいは冬期の気象条件が悪いなど，このような立地が悪条件であることを理解していなかった。

②テーマパークとはいえないコンセプト，楽しさのないテーマパークであった。このようなことが生じたのは，企画段階から寄り合い所帯でコンセプトを考えたり，テーマパークの専門家が少なかったりしたからである。テーマパークは，テーマを考える人，テーマを作り上げる企業のレベルで，その水準は決定される。

③年々の追加投資で，つねに新鮮味のある話題を提供できなかったこと。訪れても面白くない，アトラクションに変化がないので，リピーターが増えない。その間に施設の陳腐化が進んでいき，訪れても満足のできないテーマパークとなっていくのである。

しかし将来において，日本のテーマパーク産業は規模を拡大していくだろう。2001年3月に大阪にユニバーサル・スタジオ・ジャパンがオープンし，今後，東京周辺にロッテワールド，レゴランド，手塚治虫ワールド，東京ディズニーシーと，大規模なテーマパークの開業が予定されているからである。これから進出するテーマパークは，これまでの成功例，失敗例を学んでいるだけに，規模は大きく，質は高いものとなると予想される。

◆ 町並み観光地

日本の伝統のある町並みが脚光を浴びてきたのは，日本が高度経済成長を遂げ，大量・大衆観光時代に突入した1970年代からである。1970年，大阪での日本万国博覧会の終了後，国鉄（当時）が展開したディスカバー・ジャパンのキャンペーンの影響が強い。キャンペーンの目的は，万博後の旅行者減を憂慮した国鉄が，古き良き日本を再発見する旅を提案した国内旅行の需要喚起策にあった。このキャンペーンにより，萩・津和野，高山，白川郷，妻籠など昔の町並みをほうふつさせる地域へ多数の旅行者が訪れることになった。その後1975年に，文化庁により「重要伝統的建造物群保存地区」（略称，重伝建）の制度が導入され，全国

各地から優れた町並みが選定された。

　重伝建の指定を受けた地区の一部を町の発達過程からタイプ別に分けてみると，次のとおりである。
①武家町　　　角館町角館，萩市堀内地区，萩市平安古地区，知覧町知覧
②宿場町　　　南木曾町妻籠宿，楢川村奈良井，東部町海野宿
③門前町　　　京都市嵯峨鳥居本，京都市産寧坂，大津市坂本
④港　町　　　函館市元町末広町，小木町宿根木，日向市美々津
⑤鉱山町　　　大田市大森銀山，成羽町吹屋
⑥商家町　　　佐原市佐原，川越市川越，脇町南町

　この制度の導入により，町並み地区の人びとには税の減免や建物の修復に補助金が交付されるなどの恩典があるうえに，町並みが全国に知れ渡ることにより，旅行者が訪れ消費が生じる経済効果もあり，町並みの整備は進展している。

　しかし，多数の旅行者が訪れても，食事も買い物もしない，まして宿泊に結びつかないという問題も抱えている重伝建地区もある。その背景について町並み観光地の一形態である寺社観光地を例にして考察してみる。

◆ 寺社観光地

　神社仏閣への参詣は，古来から温泉入浴とともに日本人の最も人気のある旅行目的であった。現在でも寺社の参詣は盛んであるが，門前町を歩く人が減り，衰退しているという問題がある。かつて徒歩・鉄道の時代は，門前町を楽しみながら寺社を参詣した。しかし現在は，車主流の旅行時代で，高速道路の発達により旅行が広域になっている。そのために，まず宿泊地間競争で量・質ともに優れている温泉地との競争（平泉など）に敗れ，都市においてはホテルとの競争（長野市など）に門前町の旅館は敗退した。

次に門前町自体が車時代に対応しようと，駐車場を拡大したために，門前町の景観を破壊して，歩いて楽しい雰囲気を喪失してしまった（琴平など）。さらに参拝に便利なように寺社に接近して駐車場を設置したり（大社など），寺社への自動車道を建設したりして（羽黒山など），門前町を避けてしまった。以上が門前町が衰退した原因である。

寺社観光地，あるいは町並み観光地は，「観光地」であるから，観光対象である寺社あるいは町並みを観る・参拝するのが目的で，買い物，食事，宿泊というサービス機能をその地で求めるかどうかは別問題である。その地にそれら機能がなければ，旅行者は他の地で代替するということである。

門前町はどのようにして失地を回復できるのか。第1は伊勢神宮前の「おかげ横丁」にみられるように，門前町の一角に中核となる立ち寄り施設を新設することで，門前町への集客を高めること。第2は，鎌倉の鶴岡八幡宮の「若宮大路」のように，しっかりとした魅力ある参道と商店街の組合せを図ること。第3は，浅草の浅草寺の参道「仲見世」のように，車を締め出して歩いて楽しい雰囲気の門前町にすることである。

◆ **都市観光地**

都市には，純然とした観光目的以外に，ビジネスや会議，友人や知人との会合，さらにはスポーツ見物や芸術，演劇の鑑賞，先進的な建築物や商業施設，都市の再開発などの視察，買い物など，都市らしさを求めて，さまざまな目的で数多くの人びとが集まっている。このように都市の斬新的な機能の魅力に引かれて，多数の人びとが集まる都市が都市観光地である。

都市には行政や市民が意識しなくても，もともと観光目的で多くの人が集まっていた。近年になって，行政が観光や文化を重視

するようになったのは，人びとの交流，情報の交流の重要さが認識され，魅力ある，訪れてみたい都市を目指すことが，都市の発展につながることが理解されてきたからである。

都市はその発達が古いだけに，もともと歴史・文化が集積しており観光地としての機能を有している。人口が集積すると，さまざまな産業や新しい文化が生まれ，都市はつねに時代の先進地としての役割を担ってきた。芸術の都パリ，演劇・芸術のメッカとしてのニューヨーク，歴史・文化の遺産が集積するローマなど，都市観光地の代表といえる。

近年，都市間競争も激しく，都市の魅力の有無によって，都市の盛衰が左右されるだけに，都市再生へ向けての都市再開発も活発になってきた。札幌の札幌ファクトリー，東京の恵比寿ガーデンプレイス，福岡のキャナル・シティはその例である。臨海部の再開発と新たな人工島の埋立てによって，ウォーター・フロント地区の開発も盛んになっている。東京の臨海副都心地域，横浜のみなとみらい21地区，神戸のポートアイランド，六甲アイランドはその例である。

留意すべきは，テーマパークと同様に，目新しさ，先進性というのは，後続の新しい都市開発が起きると，やがて陳腐化する。そのときにそのような施設や再開発地は観光対象ではなく，日常的なまちとなっていくのである。

近年，日本の都市で新しい取組みとして，コンベンション事業がある。日本のコンベンション事業はヨーロッパに比較して100年遅れで出発した。欧米では，コンベンションを重視しない都市は衰える。パリ，ロンドン，ハノーバー，ベルリン，フランクフルト，ニューヨーク，アトランタ，そしてアジアのシンガポールなどが，代表的なコンベンション都市である。コンベンションが

盛んになるには，都市の総合的な魅力のほかに，コンベンション施設のハード・ソフト両面の充実と事業を推進するコンベンション・ビューローの力量が問われる。

海外旅行の目的地の多くが都市であるように，日本においても観光の目的地として都市が台頭してくるにつれ，既存の観光地に影響を与えている。とくに隣接する温泉地と都市観光地との間に宿泊地の選択で競合状況を呈してきている（例：札幌市と定山渓温泉，長崎市と小浜温泉）。

| 総合資源型観光地：リゾート |

◆ リゾートの歴史

日本においてリゾート開発に着手したのは外国人であった。明治時代のイギリス人宣教師ショー（A. C. Shaw）によって軽井沢が開発された。続いて神戸市内の在留外国人によって六甲山が，中国在住外国人が訪れる保養地として雲仙が整備されていった。日本においては，外国人用に日光に金谷ホテル，箱根に富士屋ホテルが整備されて，日光，箱根がリゾートの様相を見せるに至った。第2次世界大戦以前にすでに外国人の受入れ施設として，支笏湖，十和田湖，赤倉温泉，志賀高原，阿蘇山，雲仙温泉に，いまも存在するリゾート・ホテルが建設された。

ヨーロッパでは，温泉地が保養地として王侯貴族によって開発され，利用された。彼らがとくに夏期に長期間滞在するときに，各地から，音楽家，文学者などが集まり，リゾートは上流階級のサロンとなっていくのである。チェコのカルロビバリ，オーストリアのバート・イシュール，ドイツのバーデンバーデン，イギリスのバースなどがその例である。

ヨーロッパのリゾートの大衆化はイギリスに始まる。19世紀の半ば，イギリスは産業革命を達成して，国力が最も充実してい

たときであった。鉄道の発達とともに，各地の海水浴場が海浜リゾートとして整備された。ブライトン，ブラックプール，サウスポートなどがその代表である。

イギリス人は，冬期の避寒地のリゾートとして，フランスのニースを「発見」し，さらにイギリスにはない避暑，登山，スキーを目的としてサンモリッツ，ツェルマット，シャモニーを訪れて，その地がリゾートとして成立していくのであった。イギリス人は，ヨーロッパ以外でも，イギリスが植民地としたスリランカにはヌアラエリア，インドにはダージリン，マレーシアにはカメロンハイランドと，リゾート適地を探し整備していったのである。

◆ リゾートの成立条件と代替性，盛衰

今後，日本に本格的なリゾートが成立するには，長期休暇制度の導入が必須の要件である。フランスではすでに1936年にバカンス法が制定され，長期休暇制度が整ってきた。現在，フランスやドイツには，年に6〜8週間の長期休暇があり，リゾート・ライフを過ごす条件が整っている。

山岳や高原などの内陸リゾートにおいては，景観が優れ，夏期に冷涼な気候であることが必要要件であり，冬期に積雪があるとスキー・リゾートに成りうる。海浜リゾートは先述の海水浴場の成立条件が基本であるが，海水浴の期間が長く，冬期でも暖かいことがリゾートには必要である。エーゲ海地域においては，冬期には地中海が荒れ，クルーズの運行も思うようにいかないために，リゾート施設は冬期には閉鎖される。イギリスやドイツの海浜リゾートがスペインやギリシャのリゾートに敗れたのは，チャーター機の発達による低廉な航空運賃の導入と滞在費の安さ，それに気象条件の差とによる。海浜リゾートは，3Sの，太陽（sun），海（sea），砂（sand）があれば成立するといわれ，代替性が強い。

以上のように，一般的にはリゾートは代替性が強いが，アルプス山麓，タヒチ，ロッキー山麓などのリゾートのように，観光的資源性が強いリゾートは，代替性が少ないため，旅行費用の影響は受けにくい。

◆ **タイプ別リゾートの日本と外国との相違**

　①温泉リゾート　　第2次大戦後の医学の進歩により，結核などの治療目的で訪れる宿泊者で栄えていたアメリカ，イギリスの温泉地は衰退した。ドイツやオーストリアの温泉地は，医学の一部として温泉療養を認め，社会保険を適用した長期の滞在が可能であるため，依然として温泉地は健在である。しかし近年，社会保険の適用範囲が狭まったり，個人の社会保険の負担額が高くなってきたため，療養目的の宿泊者が減少してきている。そのため，温泉地ではエステを取り入れた美容を売り物にしたり，健康人がふだんから健康を維持する病気予防の観点からの温泉活用を図っている。これに対し，日本では医療よりも入浴によるストレス解消，歴史的に歓楽指向の温泉地，1泊主流の旅行という現状から，湯治場は存在しても，一般旅行者が滞在する温泉リゾートは発達していない。

　②スキー・リゾート　　フランスのスキー場では，かつては自然に不調和な大規模開発やスキー場と集落との一体性のない開発であったが，近年は自然と調和したスキー場やスキー集落を形成する方向に変わってきている。新たに都市づくりとしての大規模なリゾート開発として，アメリカ・コロラド州のヴェイルとアスペン，カナダのウィスラーがあげられる。スキー場の利用には，日本が日帰り型，週末型の利用指向があるのに対して，欧米では月曜日から土曜日までという平日・1週間型利用が強いという相違があるため，スキー場の立地は欧米の資源指向と日本の市場指

向と異なる。

　③海浜リゾート　気象条件の関係から，日本では沖縄を除いては，海浜リゾートは成立しにくい。沖縄もハワイと比較すると，文化的歴史的資源に恵まれているものの，湿度の高さ，台風など降水量の多さが，リゾートとしての快適さを欠く。外国では大規模な国際的海浜リゾートが整備されている。バリのヌサドア，カリブ海の島々，フロリダ，スペインのコスタ・デル・ソル，マヨルカ島，カナリー諸島，フランスのラングドック・ルシオン，そしてハワイの島々などはその例である。ゴールド・コーストは，1960年頃から開発に着手し，いまでは年間に400万人近い来訪者があり，人口も25万人の都市に成長している。ラングドック・ルシオンは1959年から計画し，63年に開発に着手，1980年代後半に完成という長期的かつ大規模なリゾートとして整備された。

　④農村リゾート　グリーン・ツーリズムの名のもとにドイツ南部やオーストリア・チロル地方に農村リゾートが発達している。自然環境，景観ともに優れている地の農家に滞在して，長期間過ごす旅行形態である。朝食のみの低廉な宿泊施設を基本として，自炊設備も用意されているところがある。山村地域ではハイキングやドライブ，冬期にはスキーを楽しむ。日本でもグリーン・ツーリズムの考えが導入されたが，農家に宿泊することが少なく，体験農業が主となり，滞在日数も短いなど，ヨーロッパとは異なる形態である。

4 観光資源の保護と利用

日本の行政施策による観光資源の保護と利用

◆ 自然観光レクリエーション資源：自然風景地

　優れた自然風景地を選定し，その保護と利用の増進および国民の保健，休養，教化に資する目的で制定されている法律が自然公園法である。環境省が所管する。

　1872年，アメリカに設置された国立公園の考え方が日本にも導入されて，1931年に国立公園法が制定され，初めての国立公園が，34年から36年にかけて選定された。同法は1957年に自然公園法として公布された。1999年現在，国立公園は28か所，面積にして海域を除いて204.6万ha，海中公園が114 haになっている。自然公園とは，国立公園，国定公園，都道府県立公園をいう。国立公園，国定公園ともに，環境大臣が指定する。これに対して，都道府県立公園は，都道府県知事が指定するものである。1970年より，国立公園と国定公園の区域に海中公園を指定するようになった。

　国民の利用に供するものの，過度の利用は資源の破壊につながるので，上高地のように乗用車の乗入れ禁止や，尾瀬ヶ原のように一定区域までしか車を入れないなど，車に対して一定の制御をしている。そのほかに，自然公園内に有料駐車場を整備して，利用料金を園内のゴミ収集など環境美化や遊歩道の設置に充当して，自然公園の整備に努めている。

　国立公園内では，公園計画に基づいて，集団施設地区，普通地区，特別地区，特別保護地区，海中公園地区を指定して，それぞ

れの地区での利用と保護の基準を定めている。日本の制度は，自然公園内に民有地を含める「地域制公園」として管理運営されているために，しばしば自然公園の利用と保護との間に問題が生じる。アメリカでは，民有地を含めない「営造物公園」制度を採用している。国立公園管理員（パーク・レンジャー）が不足しているのも，日本の自然公園を管理運営するうえでの問題である。アメリカでは日本の30倍以上というパーク・レンジャー数の多さのほかに，パーク・レンジャーが司法権もって自然公園内での不法者の取締りにあたっているのが特徴である。

　自然公園以外に，文化財保護法の中で，名勝天然記念物が指定されている。名勝天然記念物は，峡谷，海浜，山岳の名勝地で，わが国にとって観賞上価値の高いもの，動物，植物および地質鉱物で，わが国にとって学術上価値の高いものが選定される。名勝天然記念物のうち，とくに重要なものを特別名勝または特別天然記念物に指定できる。

◆ レクリエーション開発と開発規制

　スキー場，ゴルフ場などの開発や，海洋レクリエーションの利用にあたっては，種々の開発規制の法律を遵守しなければならない。たとえばスキー場のように山岳地域を開発するときに直面する法律は，自然公園法と森林法の中のとくに保安林地帯，鳥獣保護及び狩猟に関する法律で設定されている鳥獣保護区などが関係してくる。平地の開発には，農地法や農業振興地域整備法が関係する。海洋レクリエーションの利用の際には，陸域と海域の接点では保安林の指定区域，海洋においては漁業権と港湾法があるので，こうした関係者や関連法規との対応を図り，利用の認可を受けなくてはいけない。

◆ 温泉資源

　温泉を保護し，その利用の適正を図り，公共の福祉の増進に寄与することを目的とした温泉法がある。環境省でこの法律を所管するが，温泉の掘削にあたっては，各都道府県に設置されている自然環境保全審議会の審議を経て，知事の承認を得なければならない。温泉とは，水温25度C以上であるが，25度C未満の場合でも，特定成分が一定量あればよい。

　環境省では，保健的機能のある温泉地を「国民保養温泉地」，自然環境を積極的に活用した温泉地を「ふれあい・やすらぎ温泉地」として選定している。1998年3月末現在，日本の温泉地数は2615か所で，北海道，長野県，新潟県，福島県，青森県が上位の5道県である。温泉利用宿泊者数になると，北海道，静岡県，長野県，栃木県，群馬県が上位の5道県になる。

◆ 人文観光資源

　文化庁が所管する文化財保護法で，文化的財産や文化遺産が保護されている。この指定を受けると，保護の規制が強まるが，ある一定の評価をされることで観光者の誘致につながる利点がある。文化財は，次のように分類されている。

　①有形文化財　　建造物，絵画，彫刻など有形の文化的所産で，わが国にとって歴史上または芸術上価値の高いもの。

　②無形文化財　　演劇，音楽，工芸技術など，無形の文化的所産で，わが国にとって歴史上，または芸術上価値の高いもの。

　③民俗文化財　　衣食住，年中行事などに関する風俗慣習，民俗芸能およびこれらに用いられる物件で，わが国民の生活の推移の理解に欠くことのできないもの。

　④記念物　　古墳，都城跡，城跡，旧宅その他の遺跡および庭園，橋梁などの名勝地でわが国にとって芸術上または観賞上価値

の高いもの，ならびに動物植物（生息地，自生地を含む）地質鉱物で学術上価値の高いもの。

⑤伝統的建造物群　　周囲の環境と一体をなして歴史的風致を形成している伝統的な建造物群で価値の高いもの。

ここで「わが国にとって歴史上価値の高いもの」とは，わが国の歴史を解明する上において価値の高いものであり，「わが国にとって芸術上価値の高いもの」とは，日本人の創造加工になるもの，または他国民の手により創造され輸入されたものであっても，わが国の芸術の発展に大きな影響を与えた秀れた芸術品である。

以上の指定は，文部科学大臣によってされるが，重点的保護対象とするものは，それぞれに「重要」がかぶせられ重要文化財，重要無形文化財などと呼ぶ。重要文化財のうち，世界文化の見地から価値の高いもので，類いない国民の宝たるものは国宝に指定する。その他に人文観光資源では学術上価値の高いものは，特別史跡，特別名勝に指定される。

◆ 複合観光資源

周囲の環境と一体をなして歴史的風致を形成している伝統的な建造物群で価値の高いものに対しては，文化庁管轄の文化財の分類の中に含まれている伝統的建造物群保存地区として選定される。そして文部科学大臣の指定を受けると，重要伝統的建造物群保存地区として選定される。地区の選定には，町並みが秀れていても，文化庁が一方的にすることはない。1つの物件の選定と違って，指定が線的・面的に広範囲に及ぶため，その地区に生活する住民が指定に賛同して，将来にわたっても十分な計画のもとに，町並みを守っていく姿勢があるのが前提である。市町村，県の承認を経て文部科学大臣に申請する。それを文化財保護審議会が審議し，文部科学大臣に答申して選定されるのである。

国土交通省においては歴史的風土保存区域の制度がある。通称「古都保存法」といわれる法によって，わが国の歴史上意義のある建造物や遺跡などが，周囲の自然的環境と一体をなすように，古都における文化と伝統を具現し，および形成している歴史的風土を保存するものである。古都とは，京都市，奈良市，鎌倉市および政令で定めるその他の市町村をいう。その他の市町村として，斑鳩町，天理市・橿原市・桜井市の2区域が定められており，5区域，28地区が古都法の指定を受けている。奈良県明日香村については，同じく国土交通省で別途「明日香村特別措置法」に基づいて，地区を定めて保存をしている。

| 世界的資源の保護とイギリス，アメリカの保護団体の活動 |

　世界的資源の保護に関しては，7章で詳述するので，ここではイギリスとアメリカの代表的な自然保護団体の活動を紹介する。

◆ ナショナル・トラスト（イギリス）

　美しい田園風景が失われ，都市では新しい建築物が無秩序に建てられ，歴史的建造物は破壊の危機にさらされていたイギリスの状況を憂えた，ローンスリー（Hadwicke Rawnsley），ヒル（Octavia Hill），ハンター（Robert Hunter）の3氏によって1895年にナショナル・トラストが創立された。正式名称は「歴史的名勝及び自然的景勝地のためのナショナル・トラスト」という。1907年に「ナショナル・トラスト法」が成立して，ナショナル・トラストの目的は「美しい，あるいは歴史的に重要な土地や建物を国民の利益のために永久に保存する」と位置付けられ，取得した資産は，譲渡不能であり，抵当に入れることもできなくなり，寄贈者は安心してその財産をナショナル・トラストに託すことができるようになった。その後，領主館とそれに付随する庭園

や産業記念物もナショナル・トラストが保存できる対象となった。

さらにナショナル・トラストは，イギリスの全海岸線の3分の1を保存する計画で，1965年から「ネプチューン計画」を打ち出して，99年に580マイルの海岸線を所有している。1999年現在，会員は256万人，98年度の収入は1億8240万ポンド，ほぼ神奈川県と同じ面積の約25万haを所有し，公開している建築物・庭園・名勝地は291か所となっている。

◆ **シエラ・クラブ（アメリカ）**

アメリカには，民間の環境保護団体が400以上もあり，それぞれの会員・予算の規模が，日本とは比較にならないほど大きい。これらの組織が連携しあいながら，アメリカの自然景観や歴史的建造物が守られてきている。アメリカに多くの自然保護団体が存在するのは，歴史が最も古く，アメリカの環境保護団体の先鞭をなしたシエラ・クラブの活動に負うところが大きい。ヨセミテ国立公園設立の原動力となり，国立公園の誕生や用地の獲得には，政府に協力して，自然保護の活動を展開している。1892年，アメリカ自然保護の父といわれるミューア（John Muir）によってシエラ・クラブは創設される。サンフランシスコに本部を置く。全米には350を越える支部があり，150人以上の専従職員が働いている。

演習問題

① 観光地をさらに狭義の観光地，レクリエーション，宿泊地に分ける意味を，観光マーケティングの観点から述べなさい。
② たとえば十和田湖のような同一資源において，観光とレクリエーションの利用が競合したときに，どちらの利用を優先すべきか。その理由をあげなさい。

③ テーマパークは，どのようなところに立地するのが望ましいか。また，テーマパーク事業を持続発展させるには，どのような点に気をつけなければいけないか。
④ 優れた自然風景地に宿泊施設などの建物を建設するときには，どのような点に配慮しなければいけないか。
⑤ 自然公園の指定における地域制公園と営造物公園の相違を述べなさい。

読書案内

世界的な観光資源を紹介するユネスコ世界遺産センター監修［1996-］『**ユネスコ世界遺産**』講談社，は全13巻におよぶ写真集である。本書により，世界の観光資源の規模の大きさ，質の高さを十分に味わえる。加藤則芳［1995］『**森の聖者**』山と渓谷社，はアメリカの自然保護の父，ヨセミテの国立公園の設立に尽力を注いだジョン・ミューアの生涯を描いた書である。現在でも，アメリカ自然保護運動の中心的役割を果たしているシエラ・クラブの設立者でもある。本書を読むことにより，アメリカの自然保護運動の歴史や理念も明らかになる。アメリカのシエラ・クラブに対して，イギリスは藤田治彦［1994］『**ナショナル・トラストの国**』淡交社，は100年以上にわたるナショナル・トラストの理念と活動を，多様なプロパティ（所有地，所有物）を通して，多数の写真により，その自然と文化を紹介している。小疇尚［1991］『**山を読む**』岩波書店，は地殻変動，山の新旧，川，雪，温度などの変化要因から，どうして現在の山の姿になったかを分析する。芦原義信［1990］『**街並みの美学**』岩波書店，は美しい街並みとは何か，いかにして美しい街並みは創造できるかを，世界各地の街並みを比較しながら，それを構成する建築，空間に理論的考察を加えている。

Column ⑥ 産業観光

　産業観光とは，産業が観光資源となるような観光現象，あるいは産業を観光資源とするような観光事業のことである。観光資源とは，観光現象を生起させる素材のことであるから，産業観光とは産業が観光現象の素材となるような観光のことである。「国の光を観る」，「国の光を示す」といった，観光の語源的な意味合いに引き寄せていえば，国や地域に固有の産業を観たり，示したりすることである。産業観光の素材としての産業は，過去，現在，未来のそれぞれに関わるものがある。産業の過去を観たり示したりする場合の素材は「産業遺産」である。雑誌『太陽』（平凡社刊）は1999年11月号で「産業遺産の旅」を特集している。グラビアでは，「パイオニアたちの夢を歩く」と題して，三井三池炭鉱，富国製紙場，小野田セメント，碓氷峠旧線，佐渡鉱山，ホフマン式輪窯，豊稔池ダム，琵琶湖疎水，横須賀造船所ドライ・ドック，八幡製鉄所などを取り上げている。これらの事例から推察されるように，産業遺産とは，現代の豊かな社会をもたらす原動力となった産業革命以降の華々しい産業活動を振り返ることができるような工場・倉庫などの建造物，交通機関，土木施設などのことである。

　産業の現在を観たり示したりする場合の素材は実際に機能している産業活動であり，そのような場合，物づくりへの関心が高いわが国では「工場観光」と呼ばれる。米国フロリダ州にあるNASAケネディ宇宙センターは宇宙開発産業の現状を見学できる場所として世界各国の観光客を誘引している。産業の未来を見たり示したりする産業観光もあって，一般的に博覧会や展示会は部分的にせよそのような性格を持つ。テーマパークの中にもそのような性格を持つものがあって，ディズニー・プロダクションが米国フロリダ州で経営するエプコット・センターがそれである。

　わが国では産業観光に対する認識が観光一般に対する認識同様希薄である。専門家の間でもそうであって，たとえば，日本観光協会が1998年から99年にかけて編集・刊行した『観光地づくりの実践』（全3巻）には国内における最新の観光地づくりの事例が収められているが，巻末の内容別分類を見ると，産業観光というカテゴリーそのものが存在しない。

第7章　観光と環境

ガイドシステムと国立公園によって管理されているガラパゴス諸島のエコツアー（エクアドル）（写真提供，海津ゆりえ）。

　　自然保護のためには「人間の排除」に勝るものはないという議論がある一方で，「人間の関与」なくしては資源は保護しえないとの議論もある。われわれはその両者の間で揺れている。「資源を持続させていくことによって観光を成立させ，地域振興に貢献する観光」としてのエコツーリズムが各国でもてはやされているのも，その現れのひとつである。ところ番地のない「環境」は存在せず，環境問題の解決のあり方に一律的な模範解答はない。観光と環境の調和のあり方も地域に固有である。あなたならどう考えるだろうか。

キーワード：自然公園制度　世界遺産条約　トラスト運動　エコツーリズム　持続可能な観光

1 自然環境保全の系譜

> 自然環境保全の近年の動き:ストックホルム会議からリオ会議へ

1970年前後は先進諸国で公害等が頻発し,環境問題には国境がないことを世界が認識しはじめた時期であった。1972年にストックホルム(スウェーデン)で開かれた「国連人間環境会議」(通称「ストックホルム会議」)は,その後の世界的な自然環境や野生生物の保護への動きの出発点となった会議である。この会議では「人間環境を保護し改善させることは,……すべての政府の義務である」とする人間環境宣言が採択され,「世界遺産条約」や「ワシントン条約」が誕生する契機ともなった。また国連の諸機関が行っている環境保護関係の諸活動を調整する機関として「国連環境計画」(UNEP)が創設されたのも,この会議によってであった。

1980年にUNEP,国際自然保護連合(IUCN),世界野生生物基金(WWF)の3者は,自然保護の戦略に関する報告書の中で,「持続可能な開発」(sustainable development)の理念を提唱した。この理念は,1987年にUNEPによって設けられた「環境と開発に関する世界委員会」によって,21世紀までに世界がめざすべき方向として明確に示され,ストックホルム会議の20周年にあたる1992年にリオ・デジャネイロ(ブラジル)で開催された「環境と開発に関する国連会議」(通称「地球サミット」,「リオ会議」)での中心テーマとして取り上げられることとなった。人類と自然の共存と相互依存の認識,国際協調の必要性などが唱えられたリオ会議では,持続可能な開発を実現するための諸原則を規定

した「環境と開発に関するリオデジャネイロ宣言」が採択され，21世紀に向けた人類の行動計画を示す「アジェンダ21」が合意された。現在の地球環境保全への取組みは，ストックホルム会議とリオ会議が重要な役割を果たし，その後，国際間から国家，さらには地域レベルでの協力や努力に引き継がれている。日本でも，地球サミットを契機として，都市型の公害や地球環境問題などの解決へ向けて国際協力が欠かせないという機運が高まった。1993年11月に公布された「環境基本法」はこのような流れの中で誕生したものである。

◆ 自然公園制度

保護地域を指定することによって自然を守る

日本の「公園」には，都市公園法に基づく「都市公園」と自然公園法に基づく「自然公園」とがあるが，そもそもは1873年の公園に関する「太政官布達」に起源をもつ。これは，名勝や社寺境内などの国有地を公園とするというもので，都市公園を主体としたものであった。その前年の1872年にはアメリカで世界初の国立公園，イエローストーン国立公園が誕生していたが，明治末期になると，欧米の自然公園や天然記念物の考え方が日本にも移入され，国立公園を指定しようとする動きが国会内で高まっていった。そして，1931年に国立公園法が成立し，1934年3月に瀬戸内海，雲仙天草，霧島屋久地域が，日本初の国立公園として指定された。国立公園法は1957年に自然公園法となり，現在に至っている。

自然公園法では，自然公園の目的として，「優れた自然の風景地を保護するとともに，その利用増進を図り，国民の保健・休養および教化に資する」ことがあげられている。自然公園には，日本の風景を代表する傑出した風景地を指定する「国立公園」，国立公園に準ずるすぐれた自然風景地を指定する「国定公園」，都

道府県の風景を代表する「都道府県立自然公園」の3種類がある。「風景地」という言葉が表すように，当初は国内外の観光客誘致を意識したものであったが，次第に自然環境の保護地域としての性格を強めてきた。とくに希少な野生生物が生息する自然公園は，保護増殖事業の拠点としても重要な役割を果たすようになってきている。

◆ 世界遺産条約

　世界遺産条約（「世界の文化遺産及び自然遺産の保護に関する条約」）は，普遍的な価値をもつかけがえのない人類共通の遺産である文化財や自然を守り，次の世代に残してゆくために国際協力を推進することを目的としている。この条約は1972年のストックホルム会議で締結が勧告されたのち，同年10月に開催された第17回ユネスコ総会において採択され，75年に20か国の批准を得て発効した。登録の対象には，普遍的価値を有する「文化遺産」（建築物群や遺跡等）と国際的価値を有する「自然遺産」，さらには両要素を兼ね備えた「複合遺産」の3種類がある。日本はこの条約に92年に加入し，93年に白神山地と屋久島の一部が自然遺産に，法隆寺地域と姫路城が文化遺産に登録された。日本では自然遺産は環境省，文化遺産は文化庁が登録窓口となっている。

◆ ラムサール条約

　1971年に採択されたラムサール条約（「特に水鳥の生息地として国際的に重要な湿地に関する条約」）は，国境を越えて移動する水鳥をはじめ，多様な生物相を育む湿地の賢明な利用と適切な保護・管理を目的とした条約である。締約国は自国のもつ「国際的重要な湿地」を少なくとも1か所以上指定することが義務づけられている。日本は同条約に1980年に加入し，釧路湿原，伊豆沼・内沼，琵琶湖，谷津干潟などが指定されているが，先進国の

表 7-1　日本の世界遺産 (2006年8月現在)

名　　称	都道府県	種　類	登録年
白神山地	青森県, 秋田県	自然遺産	1993年
屋久島	鹿児島県	自然遺産	1993年
法隆寺地域の仏教建造物	奈良県	文化遺産	1993年
姫路城	兵庫県	文化遺産	1993年
古都京都の文化財 (京都市, 宇治市, 大津市)	京都府, 滋賀県	文化遺産	1994年
白川郷・五箇山の合掌造り集落	岐阜県, 富山県	文化遺産	1995年
原爆ドーム	広島県	文化遺産	1996年
厳島神社	広島県	文化遺産	1996年
古都奈良の文化財	奈良県	文化遺産	1998年
日光の社寺	栃木県	文化遺産	1999年
琉球王国のグスクおよび関連遺産群	沖縄県	文化遺産	2000年
紀伊山地の霊場と参詣道	奈良県,和歌山県,三重県	文化遺産	2004年
知　床	北海道	自然遺産	2005年

中では指定数, 面積ともに少なく, 指定地域内でも開発計画が進められている場所が少なくない。

野生生物を守る

◆ 生物多様性条約

1987年, UNEPは野生生物の保護に関する包括的な枠組みをつくる作業を開始した際,「生物多様性」という概念をキーワードとした。その5年後の1992年に「生物多様性条約」が採択され, 同年6月の地球サミットで157か国がこれに署名した (日本は1993年6月に批准)。

「生物多様性」は生物学的多様性を短くした語であり, 遺伝子・種・生態系の3つのレベルでとらえられ, 熱帯林や珊瑚礁のような環境では生物多様性が高いことが明らかにされている。生物多様性の保全とは, 単に遺伝子や種を保つにとどまらず, 生態系を構成する多様な動植物の生息環境そのものを保全することが必須であり, 地球の自然環境を保全する上でも, 生物多様性を守

ることの重要性はきわめて高いといえる。

◆ **ワシントン条約**

　国際間の協力なしに野生動物の保護を徹底することは難しい。鳥や海洋生物など，移動性が高い動物の場合にはとくにそうである。1975年発効の「ワシントン条約」は，絶滅のおそれのある野生動植物の国際商業取引を禁止あるいは許可制にすることで，違法取引と乱獲を防止しようとする条約である。同条約では野生動植物を絶滅のおそれの程度に応じて3つのカテゴリーに分けており，現実に絶滅の恐れがある種（ランクⅠ）については商業目的の取引は全面的に禁止されている。取引規制の対象には動植物そのもののほか，毛皮，剝製，牙などの製品も含まれており，観光者に対しては，国際空港や国際港において，パンフレットやビデオを通じて注意が呼びかけられている。

> **市民生活の中で環境を守る：トラスト運動**

　市民レベルでの環境保全への取組みも盛んに行われている。そのうち最も長い歴史をもち，広範な運動となっているものは「ナショナル・トラスト」である。

　1895年，イギリスで3人の設立者によって始められたナショナル・トラストは，買いとりや寄贈などによって，住民自らの手で貴重な自然地域や歴史的遺産を入手し，保全しようとする運動で，ピーター・ラビットの故郷で有名な湖水地方の美しい景観が守られているのもナショナル・トラストの存在によるところが大きい。ナショナル・トラストの理念は海外にも波及し，今や世界的に広く普及しているが，日本では，1964年に神奈川県鎌倉市の鶴岡八幡宮の裏山を宅地開発から守るために（財）鎌倉風致保存会が設立され，募金により土地取得を行ったのが最初である。その後，和歌山県田辺市の「天神崎の自然を大切にする住民の

会」，北海道斜里町の「知床100平方メートル運動」などをはじめ，住民や自治体等が中心となった運動が各地で展開されている。

なおイギリスでは，1957年に都市部の環境保全・改善を目的として「シビック・トラスト」が開始され，80年代には都市近郊での環境整備を目的とした「グラウンド・ワーク・トラスト」が始められるなど，市民の生活に根ざした環境保全活動が活発である。近年，日本でもこれらの理念に沿った特色ある運動がみられるようになってきた。

2 自然にふれる観光

自然を愛でる

◆湯治と森林浴

江戸時代になると，湯治が庶民層にも普及してゆく。湯治場の多くは山間部に位置しており，また2, 3週間程度滞在するのが通常であったため，湯治客は滞在中に森林を散策したり，湯治客どうしで交流するなどして心身を癒していた。近年になって森林が発する化学物質（フィトンチッド）がもたらす健康増進機能が注目され，森林浴の効果が広く認識されるようになったが，江戸時代の日本人はすでに森林がもつこのような機能を活用していたことになる。

◆江戸期のレクリエーション活動

人が自然とどのような関わりをしてきたかについては，詩歌や文学，絵図，芸能などを通してたどることができる。四季の変化に富み，海と山とが居住地に迫る緑豊かな日本で，人びとは自然の恵みを得ながら生活し，季節の移り変わりの中で動植物を愛でる文化を育んできた。たとえば，1838年に刊行された斎藤月岑

の『東都歳時記』には，正月の鶯の初音にはじまり，季節の花見，釣りや船遊び，蛍狩り，虫聞き，雪見など，季節ごとの多彩な「遊び」が紹介されている。中世までは主に宮廷や貴族たちの楽しみであったものが，江戸時代には庶民に欠かせないレクリエーション活動として位置づけられるようになったのである。

◆ **近代のアウトドア・レクリエーションと自然観**

信仰や療養などを目的とした旅のあり方が大きく変わったのは，明治に入って庶民が自由に国内旅行ができるようになってからのことであった。鉄道網が敷かれ，行楽地への回遊列車（観光地まで往復する貸切列車）が走るようになり，庶民も行楽に訪れる機会が増えた。1885年には大磯に海水浴場ができ，短期間のうちに湘南一帯から房総半島にまで広がった。それまで潮干狩りや釣りなどに限られていた海との関わり方に，海水浴という新たなレクリエーションが加わったのである。

また，明治の初期，居留地の外国人たちは避暑のために高原で夏の休暇を過ごすことが多かった。そのことが，日本の自然観に新たな視点を導入し，新しいアウトドア・レクリエーションを誕生させることになる。避暑地としての軽井沢が誕生する契機となったのは，カナダ生まれのイギリス人宣教師ショウ（A. C. Shaw）が故郷に似た景観であるとしてこの地を好み，別荘を建てたことであった。関西では，イギリス人貿易商グルーム（A. H. Groom）が六甲山に日本で初めてのゴルフ場を開き，レクリエーション地として賑わうこととなった。

1896年，イギリス人宣教師で登山家でもあったウェストン（W. Weston）が著作 *Japanese Alps* を通じて日本アルプスを世界に紹介したことをきっかけに，それまで山岳崇拝の対象として神聖視されていた山岳が自然美の対象とみなされるようになり，

「登山」が日本に導入された。そして，志賀重昂の『日本風景論』(1894年)や小島烏水の『日本アルプス』(1910年)などの著作が山水ブームや国立公園運動につながってゆく。さらに大町桂月や田山花袋らが紀行文を相次いで著し，自然風景を探勝することの楽しみが知れ渡っていった。1931年に制定された国立公園法は，日本が誇るべき美しい自然景観を評価し，広く国民のレクリエーションの場に提供しようというもので，当時の自然観に立脚した法律であったといえる。

> 自然を楽しみ，自然に学ぶ

◆ 動物とのふれあい

バード・ウォッチング(野鳥観察)は18世紀初頭にドイツではじまり，その後ヨーロッパで急速に広まった活動である。日本でも海辺で千鳥を眺めるような楽しみ方は江戸時代から行われていたが，森や林，水辺や海岸などへ「鳥を観察するために遠出する」という形態は，1934年に「日本野鳥の会」を設立した中西悟堂が，その前年に富士須走で行った探鳥会が最初といわれている。設立当時は一部の文化人愛鳥家の自然趣味として行われていたにすぎなかったが，その後，探鳥会は各地で開催されるようになった。「日本野鳥の会」は今では大規模な全国組織となり，また個人で趣味とする人びとも増え，バード・ウォッチングは人気のあるアウトドア・レクリエーションのひとつとなっている。

ホエール・ウォッチングは，地球上で最大の海洋哺乳類であるクジラを船で追い，観察する活動である。イルカやクジラのコミュニケーション能力やイルカの知的能力が研究者によって次第に明らかにされるにしたがって，オーストラリアやニュージーランド，ハワイなどでイルカやクジラのウォッチングが行われるようになっていった。日本では1988年に東京都小笠原村で，有志に

よって漁船を使って行われたことが，ホエール・ウォッチングの始まりといわれている。

◆インタープリテーション

　自然と人との間に立って自然が発するメッセージを分かりやすく伝えることをインタープリテーションと呼び，そうした活動を行う人をインタープリターと呼んでいる。彼らは自然のメッセージを人に伝える「通訳」とみなすことができる。インタープリテーションは，1920年代にアメリカの国立公園で利用者サービスのひとつとして行われた活動がその始まりとされているが，今では人びとに分かりやすく意味を伝える活動として，自然だけではなく文化や歴史などを対象とした解説についても用いられるようになった。案内役を果たすいわゆる「ガイド」とは異なり，紹介する対象の地域での価値や意味，解釈の仕方などをも伝え，利用者の関心を引き出すことをねらいとしている。したがってインタープリテーションには，知識だけでなく，対象の面白さを伝える技術や，人びとの興味を把握する能力などもあわせて必要とされる。

　日本でも，国立公園管理官や各種施設の解説員などのように，実際にインタープリターの役割を果たしている人材は数多く活動している。(財)日本自然保護協会による自然観察指導員や(財)全国森林レクリエーション協会の森林インストラクター，(社)ネイチャーゲーム協会のネイチャーゲーム指導員などは，インタープリターの資格認定制度とみなすことができる。

自然に癒される

◆癒しの旅

　「癒し」は人が自然から享受しうる重要な効能のひとつである。「病は気から」というように，精神の健康は肉体の健康と密接に結びついており，自然に触れることで，

人間の体に本来備わっている、自らを治そうとする治癒力が復活するのである。

◆ **自然を活用した療法**

海水浴も温泉も当初は、自然がもたらす治癒力を医療に活用しようとするものであったが、大衆化とともにレクリエーションとしての目的性が高まり、その多くは歓楽地へと変貌していった。近年、健康や自然志向のブームとあいまって、再び自然を活用した療法が注目されるようになってきた。ハーブを活用したアロマテラピーや、海洋を活用したタラソテラピー、温泉療法の現代版であるクアハウスは、今に受け継がれた自然療法である。

動物療法（アニマル・セラピー）は、欧米を中心に広まりつつある比較的新しい医療法である。イルカを介した療法はドルフィン・セラピーと呼ばれ、日本でも研究が進められている。イルカは大変好奇心が強く、何にでも関心を示し、コミュニケーションをとろうとする。この「人なつっこさ」が、人に対して心を開くことができない自閉症患者や言語障害を持つ患者の感情を刺激し、コミュニケーションを促すと考えられている。

3 観光と自然環境保全

観光による自然環境へのインパクト

今や地球を舞台に人びとが移動する、グローバルな産業となった観光産業は、観光者に日常生活では味わうことのできない多くの効果をもたらす反面、訪問先の自然環境や文化、社会などにマイナスのインパクトを及ぼす場合も少なくない。観光によって生じる自然環境へのインパクトとはどのようなものなのだろ

うか。

　観光と最も関わりが深いのはゴミの問題である。自然地域に放置されたゴミは景観上マイナスとなるだけでなく，残飯によって野生動物の生態系が乱されるなど，深刻な問題となっている。

　動植物に対する最も直接的な問題は，希少な植物の盗掘や動物の密猟などである。観光者が盗掘や密猟を行うことは少なくても，それらを土産物として購入する観光者が存在することが，住民によるこうした行為を誘発し，これらの問題を根絶できない大きな理由となっている。

　また野生動植物が生息し続けるには，生息環境が保たれ，食物連鎖が断ち切られないことが必須条件であるが，観光者によって生息地が踏み荒らされたり，清流，静けさ，暗闇など，生息に必要な条件が保てなくなったり，食物連鎖を構成する特定の生物が失われたりすることによって種の存続が左右されることがある。たとえば海鳥の繁殖地では，観光者が巣に近づきすぎるために途中で抱卵を放棄したり，翌年繁殖地を移してしまうなどの影響が生じている。旅行に同行したペットが訪問先の動物に伝染病をうつしたり，観光者の衣服に付着した植物の種やキャンプ時に捨てた果物の種などによって，それまで保たれていた生態系が乱される場合もある。

持続可能な観光

◆ **持続可能な開発と観光事業**

　現在の観光関連業界は，他の産業に比べて環境との調和に向けて真摯な取組み姿勢を示しているといわれているが，その背景にはこれまでの観光のあり方に対する反省があった。19世紀後半にヨーロッパに端を発するマス・ツーリズムは，1世紀の間に交通手段や情報網が飛躍的に発達するに伴い，途上国や自然地域にも多くの観光者を送り込むようになった。そ

れとともに，前項に示したような環境へのインパクトが少なからず指摘されるようになり，さらに近年の世界的な環境問題への意識のたかまりが，業界としての取組みを後押ししたのである。

第1節で述べた「持続可能な開発」への国際世論の動きを受け，1983年に「観光と環境に関する共同宣言」に署名した世界観光機関（WTO）とUNEPは，1992年に共著で『ガイドライン──観光を目的とした国立公園と保護地域の開発』を出版し，いち早く自然保護への歩み寄りを明らかにした。

その一方で，自然保護サイドからも，自然破壊の促進に手を貸しているとして敵視しがちであった観光事業に対して歩み寄りを見せている。自然保護を実践するには保護資金を得たり地域の経済を支える手段が必要である。それを確保するためには，自然に関心をもつ人びとから「観光」を通じて資金の還元をはかることが，実効性の高い手段であると判断したためである。

◆ エコツーリズム

エコツーリズムは，自然や文化や歴史などの地域の資源の魅力を活かしながら，持続的に利用することを前提とした観光を行い，地域振興に貢献していくことをめざす観光の考えかたである。従来の観光では忘れられがちであった「資源の持続的な利用」という視点と「地域振興」とを必須の条件とするエコツーリズムは，ストックホルム会議以降の国際世論がたどり着いた新たな観光の概念であるといえる。

◆ 日本におけるエコツーリズムの動向

日本でエコツーリズムへの取組みが活発化したのは1980年代の末以降のことである。環境庁（現・環境省）は1990年から国内外のエコツーリズムに関する調査研究を開始し，（社）日本旅行業協会（JATA）は93年に「地球にやさしい旅人宣言」を発表

した。運輸省（現・国土交通省）も1995年にエコツーリズム・ワーキンググループを設置し，モデル地域における振興方策の検討を開始した。1998年には全国組織のNGO「エコツーリズム推進協議会」が発足した。

世界的にみると，絶滅の危機にある野生動植物を有する地域が，それらを保護するために有効であるとの認識にたってエコツーリズムの考えを導入している場合が多い。しかし日本では，居住地と自然地域が近接し，古くから生活や文化の基盤として自然が位置づけられてきたため，人との関わりを排除して自然環境の保全を考えることはできない。日本におけるエコツーリズムは，人が関わってきた歴史を含めた自然や文化の資源の魅力を，地域自体が再認識しながら観光に役立て，地域振興に結びつけてゆく手段とみなすことができる。

地域の資源を掘り起こし，それを魅力あるものとして観光者に伝え，資源の保護に協力してもらうためには，計画的・継続的に資源を保全するシステムが必要となる。このシステムは，地域住民の理解，インタープリテーションを含めた旅行業者による旅行商品の提供，研究者による調査，行政による調整と協力などに支えられてはじめて成立するものである。エコツーリズムを実践していくためには，「観光者」「地域住民」「旅行業者」（ガイドやインタープリターを含む）「研究者」「行政」の5者が，それぞれの役割を果たしつつ参画し続けることが不可欠となるのである。

<u>観光を通じた自然環境保全への貢献</u>

◆ **地域への還元を通じた自然環境の保全**

密猟が絶えない開発途上国において野生生物を保護するためには，観光が密猟による収入を上回ることを住民に理解してもらうことが肝要となる。事実，観光によってライオンが一生に稼ぐ外貨は，狩猟や毛皮と

して稼ぐ外貨よりもはるかに多い。野生生物を守り，生態系を維持することが観光者を呼び，それによって地域経済もまた持続的に潤うのである。

　また，観光事業を導入すれば人材需要が発生する。とくにエコツーリズムにおいては，その地域の自然や文化を熟知したインタープリターが求められるため，地域住民を雇用する機会が必然的に多くなる。しかしインタープリターはそれまで地域に存在しなかったタイプの職種であり，最初から安定した収入も得られにくいことから，職業として定着するまでには時間を要する。マレーシアやガラパゴス諸島（エクアドル）などではガイドの職能を国が認定するシステムを設け，資格を与えることによって身分を保障し，人材の確保と育成につとめている。

　資源管理という面においても，新たな雇用を発生させることが可能である。中米のコスタリカは，熱帯雨林や雲霧林など多様な環境を有し，生命の宝庫といわれている。同国の最大の資源は，生息する多種多様な動植物であり，資源の管理なくして観光も存続しえない。そこで国は「生物多様性研究所」（INBio）を設立し，生物多様性の調査を続け，常に現状を把握する活動を行っている。同研究所は地域住民に生物種についての専門知識を教え，データ収集の専門家として雇用している。自然の保護と地域住民の生活とは対立的にとらえられることが多いが，その解決方法としても参考になる試みである。

◆ **資源の再評価による地域の誇りの復活**

　新しく観光事業を導入しようとする場合，地域のもつ資源を見いだし，その魅力を評価することがその出発点となる。たとえば中山間地域を擁する自治体には，これまで農業を主体としてきていたが，後継者不足からまちおこしの方策に苦心しているところ

も多い。しかしそのような地域は，自然と密接な関わりを保ちつつ暮らしてきた長い歴史をもっている場合が少なくない。資源の「掘り起こし」は，ともすればそのまま埋もれがちになる一昔前の生活の知恵や技術，住民にとっては当たり前のものとして見過ごされてきた身近な自然などに，異なった視点から光を当てることであり，そこには思わぬ「宝もの」が見いだされる可能性が秘められている。このような活動を「宝探し」や「エコミュージアムづくり」などと呼んで，住民を主体に行政がバックアップしながら展開している地域が増えてきた。宝探しを続けながら，住民は地域の良さを再発見し，自らの誇りを取り戻していく。自分たちが生まれ育ってきた場所に誇りをもつことができ，外から訪れる人びとに自慢ができることは住民にとって大きな喜びであり，生きがいともなる。このような形の観光事業の導入であれば，住民が豊かに暮らすための重要な社会的役割を果たすことになる。

◆ **環境教育の機会としての観光**

観光は環境教育の機会としても重要な役割を果たしうる。都市に住み，日頃自然と接することの少ない観光者は，観光を通して自然の素晴らしさや楽しさ，美しさ，自然と関わってきた人びとの知恵や工夫に出会うことにより，環境保全の大切さを学び，自分たちにできることを考える。とくにこれからの時代を担う子供たちが，このような環境教育を受けることは，人格形成の上でも重要な意味を持つ。

その一方で，観光者受入れ側にとっても，観光者にどんなことを理解してほしいか，そのためには彼らにいかにしてメッセージを伝えるかなどについて考えてゆく過程で，さまざまなレベルで地域の資源についての理解が深められる。このように，観光は，参加する観光者にとっても，受入れ側にとっても，環境への意識

を育てる機会となりうるのである。

　観光は国境を越えて人びとが移動するグローバルな産業である。人が動くことによって環境に与えるインパクトは正負の両面をもちあわせているが，観光に関わるすべての人びとがこの問題に対して現状と課題を認識し，観光が地球環境をよりよく保つ活動となるよう努力を行うことが求められる。

　演習問題
① 岡島［1990］等を参考に，アメリカで最初に国立公園が誕生することとなった経緯について調べてみなさい。
② 観光と自然環境保全との両立のためにインタープリターがなぜ必要か，その理由を考えてみなさい。
③ エコツーリズムにおいて，計画的・継続的に資源を保全するシステムを推進するためには，5者（「観光者」，「地域住民」，「旅行業者」，「研究者」，「行政」）の参画が不可欠となる。5者はそれぞれどのような役割を果たしうるか考えてみなさい。
④ 旅行会社のパンフレットを集め，実際に「エコツアー」と称されているツアーにはどのようなものがあるか，タイプ分けしてみなさい。

　読書案内
　自然保護やエコツーリズムに関する代表的な書物をあげる。沼田眞編［1998］**『自然保護ハンドブック』**朝倉書店，は日本の自然保護に関する官・民の取組みや，自然保護思想の系譜および自然保護に関する問題点と対策を網羅的に収録したハンドブックである。ジョン・マコーミック［1998］**『地球環境運動全史』**石弘之・山口裕司訳，岩波書店（原著第2版，1995），は1950年代から現在に至る

までの地球各地で起こった環境運動の系譜と流れを取り上げ，今日におけるそれらの運動の意味を解き明かし，展望を見渡した本で，とくに 1972 年のストックホルム会議の意義とエポック性に関する洞察は鋭い。岡島成行［1990］『**アメリカの環境保護運動**』岩波新書，はアメリカの自然保護思想の芽生えから環境保護運動の発展に至るまでをわかりやすくまとめている。木原啓吉［1998］『**ナショナル・トラスト〔新版〕**』三省堂，は，イギリスでの同運動の芽生えから日本への導入の経緯，そして運動のひろがり等について知るには格好である。エコツーリズム推進協議会編・発行［1998］『**エコツーリズムの世紀へ**』，は日本国内外の 40 人にのぼる執筆者による，エコツーリズムに関するテキスト。エコツーリズムの定義，背景，国内外の先進事例やコンタクト先などを網羅している。編集・発行の「エコツーリズム推進協議会」はエコツーリズムの推進を目的とした日本初の全国組織である。

Column ⑦ ガイドライン

　自然や文化など地域の資源を対象にする観光を行うとき，資源を傷つけたり損なったりしないよう，配慮をすることが必要である。そのために，観光者自身や観光業者，インタープリターなどが配慮するべき事項，守るべきマナー，ルールなどを設けることがある。このような約束事をガイドラインと呼んでいる。

　東京都小笠原村では，小笠原ホエール・ウォッチング協会が主体となり，ホエール・ウォッチングに際してのガイドラインを設けている。ルールは小型船，大型船，飛行機・ヘリコプターの3つの乗り物別に設けられ，ルールの適用範囲を小笠原諸島沿岸20マイルとしている。小型船によるホエール・ウォッチングにおいては，

　①適用海域全域について，海中にクジラ類の鳴音および疑似音を発しないこと，鯨類の行動を攪乱させるような人工音を発しないこと。

　②対象鯨より300 m以内の水域を減速水域とし，ホエール・ウォッチング船は減速して接近すること，対象鯨の進行方向での操船をしないこと，その他現在進行している行動を妨げるような操船をしないこと。

　③ヒゲクジラ亜目の鯨類については100 m以内，マッコウクジラについては50 m以内を進入禁止水域とすること，対象鯨から近づいた場合は低速で離れるか停船状態とし，進入禁止水域から脱するまでこの行動をとること，

などをルールとしている（小笠原ホエールウォッチング協会「Megaptera」〔2000年〕より抜粋）。

　このようなルールの作成には，地域内で観光に関わる業者だけでなく，住民や行政を含む幅広い立場の人びとの参加により，合意をとりながら進めていくことが必要である。

　またルールは皆で守ることによって実効性があるものとなり，環境の保全につながるものである。観光客や近隣自治体の住民にも呼びかけ，より多くの人びとに知ってもらう努力を行うことが重要である。さらには，ルールそのものも，時代を経る中で見直しを行い，改訂を繰り返して，より現実的なものにしていくことが大切である。

第8章　観光と文化

観光における模型文化展示施設の代表例：ポリネシア文化センター（アメリカ・ハワイ）（写真提供，JTBフォト）。

　グローバル化の進展する現代社会において，それぞれの文化は世界的なシステムの中に組み込まれながら存在し，その文化を取り巻く外部世界との交渉，相互作用の過程で不断に再構成，再創造されている。観光という現象は，このような「グローバル」なるものと「ローカル」なるものが出会い，せめぎあう場として展開している。観光は，単なる経済的な現象にとどまらず，現代社会においてすぐれて文化的な現象なのである。文化という観点からの観光への接近は，文化のもつ動態的な性格を明らかにする作業でもある。

キーワード：文化の商品化　文化の真正性　伝統の発明　文化観光
　　　　　　模型文化　観光芸術

1 文化現象としての観光

文化の現在　現代社会における文化をめぐる状況を大きく特徴づける動きとして，ボーダーレス化，グローバル化の進展があげられよう。今日，交通や情報通信の技術がこれまでになく発達することによって，地球規模での交流が飛躍的に拡大するとともに，固定的な社会の境界（ボーダー）は薄れ，既存の社会の境界を越えた文化の享受が展開している。このような動きのなかで，地球上のそれぞれの社会や文化のありかたは，地球規模での変化の流れのなかに置かれている。

このような地球規模での変化の動きは，ひとつの側面としては，ある特定の文化要素が地球規模で流通し，共有されていく過程として展開するが，他方，そのような世界の一体化への反応として，さまざまな文化がその固有性を主張しながら，差異が生み出されていく過程としても展開している。グローバル化とは，このような現代世界の動向をトータルに表現する際に用いられる言葉であるが，実際には，前者にみられるような「グローバル」へ向かうベクトルと，後者にみられるような「ローカル」へ向かうベクトルという2つの側面をもっており，現代社会における文化は，これら両者のせめぎあいというきわめてダイナミックな過程のなかに観察されるものである。

プロセスとしての文化　このような現代社会における文化をめぐる状況は，従来の固定的な文化のとらえかた，認識のありかたの更新を迫っている。

これまでの文化認識のありかたに支配的であったのは，文化を

本質的に地域的なものととらえ，そのような明確な境界の内部で機能する，整合的な体系とする見方である。このような文化のとらえかたに基づけば，外部からの影響，また，その影響の下に変質してしまったものは，「純粋なる文化」をとらえる際のノイズとして排除されてしまうことになる。しかしながら，すでにみたように，今日の世界において外部世界との接触をもたない，まったくの真空状態にある文化を想定することは不可能である。むしろ，現代社会における文化は，それを取り巻く外部との接触のなかで，いずれも多かれ少なかれ雑種化，混淆化しているのである。このような状況にあって，従来の文化認識論が想定していた自己完結的な小宇宙としての文化の姿は有効性を失うことになる。

　観光と文化という文脈において，このことを考えてみよう。観光は，このような外部からの影響のひとつと考えることができるが，なぜ文化人類学者は伝統的に彼らの研究対象地において観光客を避けてきたのだろうか。なぜ人びとは観光客の多い場所を避け，より観光化の進んでいない場所の文化を観光の対象としようとするのだろうか。いずれの場合も，文化人類学者がある文化を研究対象にすること自体，観光客がある文化を観光の対象とすること自体，すでにその文化と外部世界との接触，相互作用の過程であるにもかかわらず，そこでは一方的に「純粋なる文化」像が投影され，その文化像にそぐわないものは排除，回避されていく，あるいは，それに合致するものは「貴重な伝統文化」として賞賛されるのである。ここには外部世界との相互作用を前提とする動態的な文化の姿は見いだせない。

　観光と文化との関わりを考えることは，単に観光の対象としての文化を静態的にとらえることではない。むしろ，観光というグローバルなシステムとそれぞれの文化を支える個別の社会のロー

カルなシステムがせめぎあう場面において，その相互作用の過程のなかでどのような文化が生み出されていくのかを考えていくことである。このようなとらえかたにおいて，重要なポイントとなるのは文化をプロセスとしてとらえるという発想である。文化は所与のもの，自明のものではない。不断に再構成，再創造される動態的なものである。そして観光は，現代社会においてこのような文化の再構成，再創造を促す重要な機会のひとつとなっている。

観光を通した文化研究の可能性

現代社会における文化が世界的なシステムのなかに組み込まれながら存在し，それを取り巻く外部世界との交渉，相互作用の過程で文化として再構成されていくととらえるならば，「グローバル」と「ローカル」が出会う場こそが文化の生成の現場として，今日の文化研究にとっての最も重要なフィールドとなる。

観光という現象は，まさにそのような「グローバル」と「ローカル」が出会う場として展開している。そして，この現象は，現代社会においてますます巨大化している現象である。それは，以前にも増してより多くの人びとが，より容易に，安価に観光をするようになったということだけにとどまらず，そのような巨大化する観光を前提として社会や文化のありようが再編成されていくという点においても大きな影響力をもつ現象である。今日，世界の多くの国家や地域が，経済開発の一環に観光を位置づけ，その振興を図っているが，観光は経済政策と同時に文化政策のありかたにも大きな影響を与えている。観光市場のなかで，自らを外部に対してどのようにアピールし，提示していくか。この課題は，それぞれの国家や地域に対して，観光という回路を通したアイデンティティや文化の再構築を要請する。観光の文脈において，文化は操作され，演出される。観光は，単なる経済的な現象にとど

まらず，現代社会においてすぐれて文化的な現象なのである。

以下では，「グローバル」と「ローカル」が出会う場としての観光という現象において，文化の再構築，再編成，あるいは再創造がどのように展開するかを考える際，参考となるいくつかの論点を紹介しつつ，観光という現象を文化現象として理解するための考え方を示していく。

2 観光の文化的インパクトと文化の動態

文化の商品化　商品化とは，モノや活動が主としてそれらの交換価値において評価され，商業的文脈において商品となるプロセスであり，また，そのようなモノや活動の交換価値が価格というかたちで表現される交換システムの発達が市場を形成するプロセスである。モノや活動に価格が付けられ，商品となって市場を形成する傾向は，現代の社会全体に拡大しており，商品化は，きわめて広い領域のありとあらゆるモノや活動に及んでいる。

観光の文脈において，文化が観光客の消費の対象となるという現象もこのような商品化のひとつ，文化の商品化ととらえることができる。すなわち，観光化の進展に伴って，文化が観光の資源として利用され，さまざまな文化要素に価格が付けられ，観光商品として観光客の消費の対象となるのである。

このようなプロセスを文化の問題としてとらえる場合，提起されるひとつの重要な問題は，観光のインパクトによって文化が商品化される際に生じる文化の意味の変容をめぐる問題である。

観光化に伴う文化の商品化に関するひとつの代表的なとらえか

たは，アメリカの文化人類学者グリーンウッド (D. J. Greenwood) の指摘のなかにみることができる。グリーンウッドは，スペイン・バスク地方の祝祭儀礼が観光のアトラクションとなっていく状況を文化の商品化ととらえ，この過程で，儀礼の担い手である地元の人びとに対してこの儀礼がもっていた本来の意味や重要性は失われ，また，人びとの祝祭儀礼に対する情熱も失われていったと説明した。グリーンウッドの立場は，文化の商品化を文化の本来の意味の変容，喪失，破壊の過程ととらえるものである。さらに，文化の商品化の過程は，その文化を担う地域外の観光業者らによって進められることが多いので，地域の文化の担い手やその文化が外部から搾取される可能性のあること，観光客や観光業者といった外部の意向や好みに合わせて文化的生産物そのものが変わってしまうことなども指摘している。

一方で，このようなとらえかたに対して，いったん文化が商品化されるとその意味は消失するという見解を過度な一般化とするとらえかたも存在する。すなわち，観光化に伴う文化の商品化は，文化を形骸化したり，破壊するばかりでなく，むしろ，衰退化しつつある伝統文化の保存や改革，再創造を促す作用もあるとする主張である。観光という機会がなければ消滅するであろう文化が保存され，喪失するであろう地域や民族のアイデンティティが維持されるという作用も指摘されている。

文化の商品化が議論される際，最も一般的なパターンは，グリーンウッドの指摘に代表されるように，観光の文化的なインパクトをネガティブなものとしてとらえ，観光化に伴う文化の解体を告発するというものである。しかしながら，前節においてみたように，文化のもつ動態的な性格を考えるならば，このような議論のみで観光化に伴う文化の商品化を論じるだけでは不十分と言わ

ざるをえない。文化がもつ意味は、決して固定的なものではなく、観光化、商品化の過程において、観光客や観光業者といった外部の者と文化の担い手である内部の者との間で展開する相互作用を経ながら、そこに新たな意味が生み出されていくのである。

文化の真正性

観光化による文化の商品化の過程において、その文化が本来もっていた意味が失われるとする議論は、観光という文脈における文化の真正性という問題を提起する。観光の文脈における文化の真正性の問題とは、観光者が観光対象となる文化的事象や人びとに対して「本来の姿」を求めるということから生じる問題である。

一方で、たとえばブーアスティン（D. J. Boorstin）が指摘したように、観光を「疑似イベント」の一種としてとらえ、複製メディアの社会への浸透によって、現実によってイメージを確かめるのではなく、イメージによって現実を確かめるために旅行をするようになったと近代の観光を批判する立場に立てば、観光とは偽物の経験であり、観光者は、皮相的な、仕組まれた経験を求めているにすぎないということになる。

しかしながら、ここで重要な問題は、観光経験は、そもそも本物か偽物かという本質論的な議論ではなく、観光において文化が対象とされる場合、文化の真正性の追求や真正性の提供ということをひとつの前提としながら観光が展開しているということなのである。その意味においては、観光という文脈における真正性は、実際には多かれ少なかれ「演出された真正性」としての性格を帯びていることになる。

一般に、観光対象としての文化には、演出されていない本来の文化であることが期待され、また、そのような文化が観光の対象とされてきた。他方、観光の対象となる文化を担う人びとの中に

は，観光対象となった彼らの文化を，演出されたものではない，より正確な本来の姿に戻そうという動きもみられる。ここには，観光という文脈において反対の立場にいる者が共に相矛盾するかたちで，それぞれ真正性を求めようとしている姿がみられる。

このような現象を理解するためには，文化というものが言説として発言されるという状況を考慮しなければならない。観光という文脈において，観光対象としての文化は主として観光者によって半ば一方的に語られることが多かった。しかし，このような状況に対して，観光対象となる文化の担い手も自らの文化を語るようになった。そして，時には，観光者が語る文化に対する極端な反発として文化がイデオロギー的に創出されることもある。このような言説としての文化における重要なポイントは，誰が誰に対してどのような立場からその文化を語るのかという問題である。文化の真正性という問題に関しても，その真正性を誰が誰に対してどのように主張するのかが問題なのであり，そして，そのように主張された言説としての真正性が，観光化の過程において保持されるのか否かが問題となるのである。

しかし，繰り返しになるが，文化現象として観光を考える際，より重要なのは，本質的な意味での真正性の真偽の問題ではなく，何よりも文化というものが観光という文脈において，さまざまな言説として観光者と被観光者との相互作用過程において語られるという状況なのであり，そのような状況の中にみられる文化の動態的な性格ということなのである。真正性という問題は，文化をめぐるこのようなダイナミックな相互作用過程におけるきわめて重要な争点として存在している。

伝統の発明

観光対象としての文化の中でも，各地の「伝統」とされるものは，しばしば観光

の重要なアトラクションとして位置付けられることが多い。そのようにして観光の対象となる「伝統」的な文化は，一般に太古の昔から脈々と続いてきたものととらえられ，観光対象となる文化の真正性を保証するものと考えられている。

　しかしながら，「伝統」と呼ばれているものの多くは，近代になってから人工的に創出されたものであり，「伝統」とは，近代の発明であるとの指摘が，イギリスの歴史家ホブズボウム（E. Hobsbawm）らによってなされている。彼らの研究によれば，このような「伝統」の創出は，近代における「国家」やナショナリズム，帝国主義イデオロギーなどの構築に重要な役割を果たしたとされ，「伝統」がきわめて政治的な意図をもって創られることが明らかにされている。このことは，「伝統」とされる文化が，ある社会的，経済的，政治的文脈において構築されることを意味している。

　観光の文脈において対象とされる「伝統」もまた，そのような近代において新たに構築されたもの，創出されたものとして存在している。観光の文脈において「伝統」の創出を考える際，その具体例としてしばしば示されるのは，インドネシアのバリの事例である。

　バリは，インドネシアを代表する観光地であるが，その観光アトラクションの重要な柱に「伝統芸能」がある。観光ガイドブックやパンフレットにおいても，バリは「神々と芸能の島」などのキャッチ・コピーによって語られ，そのようなバリにおける「伝統」は，バリの観光化の進展にもかかわらず，衰退することなく，ますます盛んになっていることが特徴として強調されている。

　しかしながら，バリにおける「伝統」は，むしろ観光化という近代の「発明」として創造されたものであることが明らかにされ

ている。たとえば，「ケチャ」と呼ばれる芸能は，元来は神憑かり儀礼の際に歌われていたコーラスを，ドイツ人芸術家がラーマーヤナ物語と結び付けスペクタクルに仕立て直したものであり，また，「バロン・ダンス」と呼ばれる芸能も，悪魔払い儀礼のための儀礼劇を観光客向けに抜粋，単純化したものであり，ともに1930年代に上演されるようになったものだという。バリにおける近代は，植民地化と観光化に大きく特徴づけられているが，1920，30年代にオランダの植民地体制の下で観光地化が進むなか，西洋の芸術家や観光客たちの視線を経由して新たな「伝統」として「ケチャ」や「バロン・ダンス」といった今日においてもバリ観光の目玉となっている「伝統芸能」が創り出されていったのである。つまり，バリにおける「伝統」は，観光化をはじめとする近代化との対立的構図においてとらえられるものというより，まさに，近代の所産としての「伝統」というとらえかたによって理解されるべきものなのである。

「伝統」は新たに創り出されるものである。観光は，そのような「伝統」の創造，発明の重要な機会となっていると同時に，観光という現象を通して，われわれは「伝統」が創り出され，操作され，消費される過程を観察することができるのである。

3 文化観光と観光文化

文化観光　　前節においては，現代の社会において文化というもののもつ性格に照らしつつ，観光という文化現象を観察するいくつかの重要な観点を指摘した。本節では，それらを踏まえた上で，文化を動機，対象とする観光

の性格と，観光によって生み出される文化の性格について触れることにする。

　文化を動機とする観光活動の形態を総称して「文化観光」と呼ぶが，それが含む内容は，学習，芸術鑑賞，祝祭・文化イベント，遺跡訪問など広範である。

　アメリカの文化人類学者グレーバーン（N. H. H. Graburn）の行った観光活動の類型化作業において，「文化観光」は「自然観光」と並んで観光活動の重要な類型のひとつとされ，さらに「文化観光」の下位類型には，歴史遺跡，博物館の訪問などの「歴史観光」，自らとは異なる民族の文化を鑑賞する「エスニック・ツーリズム」が位置付けられている。さらに，「文化観光」「歴史観光」「エスニック・ツーリズム」の3者の関係について，アメリカの文化人類学・社会学者ウッド（R. E. Wood）は，「歴史観光」においては過去の文化が，「文化観光」および「エスニック・ツーリズム」においては生きた文化が，その対象となる点に違いがあるとし，「文化観光」と「エスニック・ツーリズム」との間には，前者では建築物，衣装など人工物を介して間接的な文化的要素の体験がなされるのに対し，後者では直接的であるところに違いがあると整理している。

　グレーバーンによれば，ヨーロッパにおける観光旅行の原型には，精神の啓発や宗教的真理の追究としての巡礼があったが，これがルネッサンス期に歴史的・地理的・科学的真理の追究に変わっていくなかで「文化観光」が生まれ，当時の貴族や富豪たちの間では，各地の歴史遺跡や博物館，教会堂を訪れ，文化的交流を深める活動がさかんであったという。このような歴史遺跡，博物館，さらには，美術館，歴史的建造物などは，今日においても観光における主要なアトラクションとなっている。単に主要なアト

ラクションであるばかりか，むしろ各観光地では，観光現象のグローバル化に伴って，積極的に他の観光地との差別化を図るために，これらが急速に整備されている状況がある。ここには，観光化の進展に伴って，「文化」が観光対象として新たにかたちづくられていく過程をみることができる。このようななかで，「文化観光」は，観光現象におけるその重要性を増している。

観光文化

文化の観光対象化の展開は，さらに，観光用，観光客向けの文化を生み出していく。観光客向けのパフォーマンス・ショー，観光土産用の工芸品などがこれに当たる。このような観光が生み出す文化を「観光文化」と呼ぶ。「観光文化」は，観光客の存在を想定して新たに創り出された文化を意味する。ここで注意すべきは，「観光文化」は，単なる観光対象というレベルの文化を越えた概念であるという点である。すなわち，単に観光が既存の文化を使うという状況ではなく，観光を契機として新たな文化が創出されるという点が「観光文化」という概念の興味深い点である。

「観光文化」が生み出される背景には，観光という場における観光者と地元の人びと，つまりゲストとホストの間のコミュニケーションのプロセスという問題がある。観光をホストとゲストという２つの異なる文化コードをもった者どうしの出会いの場と考えると，そこでは，両者の間の文化コードのギャップを埋め，コミュニケーションの円滑化を図ることが求められる。異なる文化コードがどのように遭遇し，統合され，そして，いかなる新たなコードが生み出されるのか。観光というホストとゲストの出会いの場で成立した新たな文化コードに基づいて創出されたものとしての「観光文化」をめぐっては，この点が重要な論点となる。

「観光文化」をめぐるもうひとつの重要な論点は，そのように

して生み出された「観光文化」を,まがいもの,模造品ととらえるかどうかという問題である。

現代社会における文化の複合的性格を考慮し,文化をその生成のプロセスに着目してとらえようとする意味においては,観光という場面において新しい「観光文化」という文化がひとつの文化混淆の形態として創り出されるということは,一般に観光が文化を破壊するという議論によって一面的にしかとらえられていないことに対する批判として一定の有効性をもつ。

他方,観光を一時的な楽しみととらえ,その本質を本来の文脈から切り離されたところに求めようとする立場にとっては,まさに「観光文化」は,本来のホストの文化コードの文脈からは離れたところで作り上げられたものという意味で「まがいもの」としての性格を帯びたものということになる。

しかし,ここでの「まがいもの」的性格を単なる本物/偽物という価値評価を越えたレベルの文化の性格として考えるならば,両者の議論は,共にグローバル化する現代社会においてますます複合化,雑種化,混淆化する文化の姿を論じていることになる。

「観光文化」が提起する重要な論点は,現代社会における文化的雑種化,混淆化の一形態として観光が文化を生み出しているという点であろう。

模型文化

文化観光における文化の提示には,しばしば「模型文化」が取り入れられている。「模型文化」とは,わかりやすいようにモデル化して再現された文化である。ある文化をモデル化して提示する文化展示の方法は,観光の文脈のさまざまな場面でみられるが,その中には,過去の歴史の再現によって歴史的な文化モデルを提示するもの,ある民族の生活様式の再現によって民族学的な文化モデルを提示するも

の，さらには，ディズニーランドのように空想の世界をモデルとして提示するものなど，多様なモデルが含まれる。

このような模型文化の手法は，欧米における民俗博物館を中心とした過去の歴史の再現という作業の中で発展を遂げてきたものであるというが，模型文化は，観光による地域への社会的ストレスを回避する方法として，あるいは，世界規模で進展する文化の画一化への対策などとして導入される場合が多く，とくに，エスニック・ツーリズムの分野で民族文化の展示の方法として採用されるのが目立つ。

エスニック・ツーリズムにおける模型文化の導入の代表例としては，アメリカ・ハワイに1963年に創設された「ポリネシア文化センター」(Polynesian Cultural Center) がある。同センターは，ポリネシアの7地域の文化展示施設，劇場，レストラン，売店などから構成されており，民族文化の展示は，建築，工芸品，儀礼，芸能によって行われている。

同センターにおける民族文化の展示からは，模型文化をめぐるいくつかの基本的な問題が観察される。同センターにおける模型文化の基本姿勢は，急速な近代化によって消失しつつある，あるいは消失してしまった生活様式を取り戻し，伝統芸術の形態とその技術を保存し，それらを観光客に提示するというものである。そして，そのために行う文化のモデル化に際しては，実在のポリネシア諸島の典型例を示すのではなく，観光客が実感として納得できる文化的要素が選択され，モデル化されているという。モデル化の過程は，選択を伴った文化の再構成の過程であり，観光客の納得を前提にそれが行われているという点においては，この過程は，まさに「観光文化」の創出でもある。

同様の民族学的模型文化の展示施設は，世界の他の地域にも見

られるが，近年アジア地域における観光の発展に伴って，類似施設の建設が目立っている。たとえば，1975年にインドネシア・ジャカルタ郊外に建設された「"美しきインドネシア"ミニチュア・パーク」(Taman Mini "Indonesia Indah")，87年に台湾・屏東県に開園した「台湾山地文化園区」，91年に中国・深圳に開設された「中国民俗文化村」などはその一例である。

これらの施設は，基本的に観光施設としての性格をもった施設であるが，それぞれの国・地域の政府やそれに準じた機関が設立，運営の主体となっており，単に「観光文化」としての文化的モデルが展示される施設を越えて，それぞれの国・地域の民族政策のモデルが提示される場ともなっている。そして，そのような場合においても発見，承認，選択，濃縮，修正，統合などさまざまな操作を経て，文化はモデル化されているのである。

観光芸術

「観光芸術」とは，民族芸術を基礎としながら，さまざまな創意工夫を加え，観光客向けに生み出された芸術をさす。観光というホストとゲストの出会いの場で成立した新たな文化コードに基づいて創出されたものとして「観光文化」をとらえるならば，「観光芸術」は，そのような「観光文化」のひとつとして位置付けられる。

訪問先の音楽や舞踏などのパフォーマンスを鑑賞したり，絵画，彫刻，工芸などを土産品として購入する行為は，文化観光の活動の一環としてとらえられる。しかし，あるがままの民族芸術では，観光のスタイルに馴染まないという場合がある。たとえば，限られた時間しかない観光客にとって長時間にわたる舞踏や演劇の鑑賞がスケジュールの上で問題となったり，彫刻や工芸品のサイズが観光に伴う移動の持ち運びに適さないなどといった場合である。このような中で，観光客の好みや便宜を考慮して，クライマック

ス場面を中心に短縮化したパフォーマンスが考案されたり，本来のサイズを小型化したり，デザインを簡略化した工芸品が観光客向けに生み出されるのである。

このようにして生み出される「観光芸術」は，その成立の過程でいくつかの異なる性格を有する。「観光芸術」の成立の前提となるのは，それが観光客の存在を想定したものかどうかという点である。言うまでもなく，観光客のために特別に芸術が商品化されて，はじめて「観光芸術」は成立することになる。しかしながら，その前段階として，「観光芸術」成立以前においても，民族芸術が商品として観光客に販売される状況は存在する。

さて，観光客の存在を前提とした「観光芸術」が成立する場合，そこにはいくつかのバリエーションが存在することが指摘されている。石森秀三の整理によれば，まず，外来の影響の程度によって，民族芸術に重きが置かれる場合（伝統型）と，外来の芸術に重きが置かれる場合（近代型）がある。そして，民族芸術に重きが置かれる場合も，すでに消滅した芸術を復興させる場合（復興型）と，現存する芸術に工夫を加える場合（合理型）がある。外来の芸術に重きが置かれる場合は，先進諸国の芸術を模倣する場合（同化型）と，新たな発想によって生み出される場合（新奇型）がある。これらのバリエーションの存在は，何よりも観光というホストとゲストの相互作用が複雑な過程として展開していることを示すものであり，そこに生成する文化もまた複合化した性格を帯びることを示している。

演習問題
① 現代社会における文化状況から観光研究の重要性について論じなさい。

② 文化の商品化と文化の真正性との関係について論じなさい。
③ 観光現象における「伝統の発明」について具体例を挙げながら，その過程を論じなさい。
④ 「観光芸術」の具体例を挙げ，それを類型化するとともに，その成立の過程について論じなさい。

読書案内

観光現象への文化人類学からの接近を試みた初の論集としてバレーン・スミスによってまとめられた Smith, V. L. ed. [1977], *Hosts and Guests: The Anthropology of Tourism*, University of Pennsylvania Press, が挙げられる。本書には，グレーバーンによる観光活動の諸類型やグリーンウッドによる文化の商品化をめぐる議論などが収められているほか，模型文化，観光芸術などについても触れられている。アメリカにおいては，本書の刊行以後，文化人類学における観光のテーマ化が進んだというが，日本において観光が人類学者によって関心を集めるようになったのは，比較的最近のことである。石森秀三編 [1991]『観光と音楽』東京書籍，石森秀三編 [1996]『観光の二〇世紀』ドメス出版，はその中でも比較的早い時期における取組みを示している。また，山下晋司は，山下晋司 [1988]『儀礼の政治学——インドネシア・トラジャの動態的民族誌』弘文堂，において文化の動態性を論じる際に観光開発に着目した後，山下晋司編 [1996]『観光人類学』新曜社，山下晋司 [1999]『バリ 観光人類学のレッスン』東京大学出版会，などで観光と文化に関する議論を発展させている。さらに，人類学者による観光への関心の高まりの中で，橋本和也 [1999]『観光人類学の戦略——文化の売り方・売られ方』世界思想社，は従来の研究動向の再考を促し，有効な研究のための戦略の模索を試みている。

Column ⑧　観光と異文化コミュニケーション

　観光は，異文化コミュニケーションと表裏一体を成していると言って過言ではない。

　そもそも「観光」という言葉の語源は中国「易経」の一文にある「観国之光」とされ，「国の文化，政治，風俗をよく観察すること」「国の風光・文物を外部の人びとに示すこと」という意味を有していたようである。そうならば，観光は単なる余暇活動ではなく外国人との直接的な交流が本来の姿である。外国を知り，外国にわが国を理解してもらう相互理解がその主眼となる。国際的な相互理解に不可欠な要素は異なる文化に属する人びとがコミュニケーションを図ることである。異文化コミュニケーションが観光と密接な関係を有する所以である。

　観光という視点から異文化コミュニケーションを考えたときに，2つの点が指摘できる。1つは言葉であり，いま1つは文化である。

　言語に関しては言うまでもない。どこに出かけて行くにしても，その土地の言葉を学ぶことで，観光の成果は大きくあがる。楽しさも倍加する。さらに観光を生業とするならば，外国語でのコミュニケーション能力は必須である。多くの場合，国際語としての英語が必要条件となるし，通訳ガイドにしてもツアー・コンダクターにしても，これからは英語を含む2か国語以上が求められるであろう。

　そして観光の場合は，自らが楽しむ場合であろうと，それが職務であろうと，言葉の背景にある文化に対する正しい認識が求められる。異なる文化に対する開かれた心を持つことが観光に携わる者の基本であろうし，それはまた，観光の目的であるとも言える。

　最後に忘れてならないのは，観光とは単に外国へ出かけて行き，外国の文化に接することだけではなく，諸外国の人びとに日本を理解してもらうことをも含む点である。その意味では，海外へ出かける日本人が1636万人（1999年度）であるのに対し，訪日外国人旅行者が4分の1の約444万人にとどまっているというのは残念な数字である。通訳ガイド職等の受入れ体制の整備とともに，日本の魅力を発信していこうとする意欲，コミュニケーションを図ろうとする積極性の増進も，観光日本の21世紀への課題であろう。異文化コミュニケーションというのは，受身だけでなく能動的に発信し，積極的に相互理解を求めることにほかならず，観光はまさしくそれを実現するものだからである。

第9章　観光施設

関西における新たな集客施設としてオープンしたユニバーサル・スタジオ・ジャパン Universal Studios Japan™ & Ⓒ Universal Studios. All rights reserved.（写真提供，株式会社ユー・エス・ジェイ）。

　　観光が，湖や歴史的建造物などの観光対象だけで成立することはほとんどない。たとえば，湖を展望するための施設，飲食施設，宿泊施設，案内施設など，さまざまな施設が観光をより容易に，安全にするための役割を担っている。この場合，観光施設は円滑な観光のための補助的施設といえる。しかし，観光施設の役割はこれだけではない。テーマパークは，観光客がアトラクションを楽しむための施設であり，テーマパークそのものが観光の目的となる。このように，観光施設には目的的役割を果たす施設も数多く，じつに多様な様相を呈している。

キーワード：鑑賞・体験型観光施設　活動型観光施設　保養型観光施設　飲食施設　宿泊施設

1 観光施設の概念

観光施設の概念　　観光対象は観光資源（第6章参照）と観光施設の2つの要素から構成される。たとえば，山奥に美しい湖がある場合，その湖は観光の素材として観光資源になりうる。しかし，観光対象として実際に機能させるためには，人びとがそこへ移動する手段や展望するための施設が必要である。すなわち，湖を観賞できるポイントまで観光者を運ぶロープウェイ，美しい景色を楽しむための展望台，空腹を満たす飲食施設などが必要であり，湖での滞在が2日以上にわたる場合には宿泊施設も必要になる。今，ここで例示したロープウェイ，展望台，飲食施設，宿泊施設などのことを観光施設と呼ぶ（表9－1参照）。

　観光資源とは，自然，自然景観，歴史的建造物など観光の対象となりうる素質を備えた素材のことである。それらはもともと観光者のために存在しているわけではなく，それ自体では観光対象とはなりにくい。観光施設は観光資源を観光対象として機能させる役割を担う施設やサービスなのである。観光者が観光資源を利用するのを支援するだけでなく，観光資源に観光対象としての誘引力を発揮させる，つまり，観光者に対して豊かな観光体験を付与するのが観光施設（サービスを含む）である。なお，観光施設にはこのような補助的な役割のほかに，観光施設そのものが観光対象となるテーマパーク，スポーツ施設，ショッピング施設なども含まれる。

　観光施設について整理しておくと，①観光資源を観光対象とし

表 9-1 観光対象の分類

	資源・施設	例
観光資源	自然観光資源　　有形自然観光資源	山岳・高原,海洋・海岸,河川・湖沼,動・植物,温泉,気象(雪)
	無形自然観光資源	気象(暖かさ・涼しさ)
	人文観光資源	史跡,寺社,城跡・城郭,庭園,年中行事(祭り,催し物)
	複合観光資源	大都市,農山漁村,郷土景観,歴史景観
観光施設(含むサービス)	飲食提供施設	レストラン,食堂,ドライブイン
	宿泊施設	ホテル,旅館,キャンプ場
	物品販売施設	土産物店,ショッピング・センター
	レクリエーション施設	スキー場,遊歩道,テーマパーク,ボーリング場
	文化・教育施設	博物館,美術館,民俗資料館,動・植物園,劇場,工芸教室
	観光案内施設	観光案内所,表示板,案内板,説明板
	公共サービス施設	治安,上下水道,エネルギー,ゴミ処理

(出所) 岡本伸之・越塚宗孝［1978］「観光対象と観光資源」前田勇編『観光概論』学文社,45頁をもとに作成。

て機能させるために補助的な役割を果たす施設と,②観光施設自体が観光対象として目的的役割を果たす施設に大別することができる。ただし,同じ施設であっても,その施設を補助的に利用している観光者と,目的的に利用している観光者とが存在するため,完全に2分することはできない。その状態を図示すると,図9-1のように表すことができる。飲食施設および宿泊施設は補助的役割が強く,目的的役割の性格が薄いが,それでも両面をあわせ持つ。そして,物品販売施設は両方の側面を均等に持っている。レクリエーション施設と文化・教育施設は目的的役割が強く補助的役割はほとんどないが,観光案内施設には目的的役割がほとんど認められず,補助的役割が強い。そして,公共サービス施設の場合はもっぱら補助的役割に限定されるということができる。

図 9-1　観光施設の役割

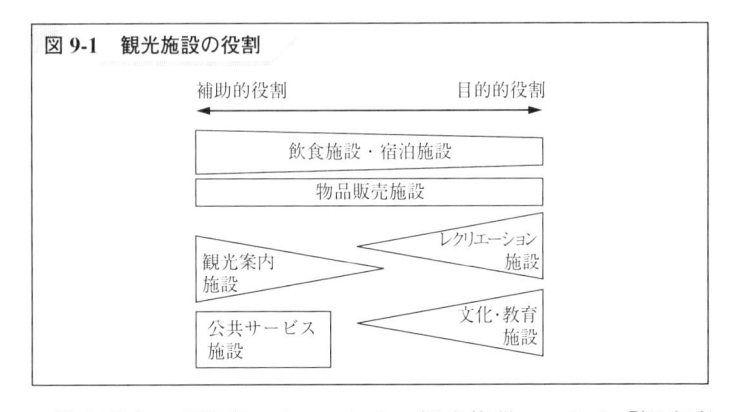

補助的役割　　　　　　　　　　目的的役割

- 飲食施設・宿泊施設
- 物品販売施設
- 観光案内施設　／　レクリエーション施設
- 公共サービス施設　／　文化・教育施設

　観光研究の専門書では，これまで観光施設のことを「観光事業」（tourism industry）の中で扱うことが多く，観光事業の歴史や経営の実態との関連で観光施設のあり方が論じられた。ここでは，観光施設を事業としてとらえるのではなく，観光施設が観光対象の中で果たしている機能・役割を中心に論じてみたい。観光施設という場合，タンジブル（tangible）な，有形であり目で見ることができる施設だけでなく，これらに加えて，インタンジブル（intangible）な，無形であり目に見えないサービスをも含む。これらの施設はサービスを切り離して考えることができないからである。

　なお，鉄道や道路，航空輸送施設などの交通関連施設も，広義の観光施設ではあるが，第5章で詳しく扱っているため本章では扱わないこととする。

観光施設の機能　　観光施設が観光対象の中で果たしている機能を考えてみると，次の7つに分類することができる。以下にそれぞれの機能について説明しよう。

　①飲食機能　　多くの現代人にとって1日3回程度の食事は必要不可欠の行為であり，観光者にとっても同様である。飲食機能

はすべての観光者に必要とされる機能なのである。観光における飲食機能は，観光者が必要な栄養を摂取するためだけでなく，同行者やその土地の人びととの交流，目的地固有の食材や調理法に出会う機会となることが期待される。

　一般に食事の形態は，内食・外食・中食の3つに分類できる。観光における食事の形態は，これまで主に外食であった。しかし，近年ではコンビニエンス・ストアの普及などを背景に，中食も増加しつつある。観光の際の飲食サービスは，郷土料理店，食堂，ドライブイン，西洋料理店，東洋料理店，地ビール・レストラン，コンビニエンス・ストア，宿泊施設内料飲施設，ファミリー・レストラン，ファストフード店などで提供される。

　②宿泊機能　　観光者が自宅を離れて夜を過ごす際に，安全かつ快適に宿泊し，休息するための機能が求められる。これを満たすのが宿泊機能である。とくに海外を旅行する際には，安全性が最も重要視される。宿泊機能を提供する施設には，ホテル，旅館，民宿，ペンション，ユースホステル，公的宿泊施設，キャンプ場などさまざまな形態があり，提供されるサービスも施設によって異なり，価格もそれに応じて変化する。一般的には，宿泊機能のほかに飲食機能を付帯する施設が多く，中には，宴会施設，スポーツ施設，美容施設など多様な機能を有する宿泊施設がみられる。

　③物品販売機能　　目的地に固有の名産品（工芸品や食料品など）やその他土産物をはじめとして，海外旅行では，酒やたばこ，化粧品などが通常より安く購入できる免税品，衣類，アクセサリー，旅先で必要とされる日用品など，観光者のあらゆる購買欲求を満たす機能を持つのが各種小売施設である。土産物店，ショッピング・センター，ブランド・ショップ，工房等に付属する直売所，生鮮品直売所，ミュージアム・ショップ，スーパーマーケッ

ト，コンビニエンス・ストアなど多彩な小売施設がある。

　④レクリエーション機能　　娯楽・運動・スポーツなどの活動を実現するための施設がレクリエーション施設であり，レクリエーション機能を有する。そのための施設としては，遊園地，テーマパーク，遊歩道，スポーツ施設（スキー場，海水浴場，プール，テニス場，ゴルフ場，スケート場，乗馬クラブ，サーキット，ボーリング場等），各種スポーツ教室（スキューバ・ダイビング，ゴルフ，テニス，水泳など），カジノなどがある。

　⑤文化・教育機能　　観光者が未知の文化を知り，理解を深める，それを文化活動や教育活動の一環として行う機能が文化・教育機能である。芸術作品や自然などを鑑（観）賞し，文化や社会などを理解するための文化的観光施設がこれらの機能を有する。たとえば，博物館，美術館，動物園，植物園，水族館，民俗資料館，文化教室（陶芸，伝統文化，音楽など），展望台，劇場，映画館，さらには，自動車工場など工場見学のための施設などがある。

　⑥観光案内機能　　観光者に対してその地域に関する情報（その土地の名勝，目的地までの道順，イベント情報など）を提供する機能は重要である。その役割を果たす施設には，政府や自治体による観光案内所（インフォメーション・センター），案内図・案内板・説明板などがある。従来からの観光ガイドのほか，周辺の自然に関する豊富な知識を持ち，それを観光客に対して説明するインタープリターなども，観光案内の役割を果たす。

　⑦公共サービス機能　　観光者は，移動中を含め，観光地で過ごす時間は，その場所での「生活」を営んでいる。生活をするには，上下水道，ガス，電気やそれを代替する施設などの基本的な生活インフラが必要である。また，公衆トイレ，休憩所，管理事務所，ガイド詰め所，観光交通施設（ケーブルカー，ロープウェ

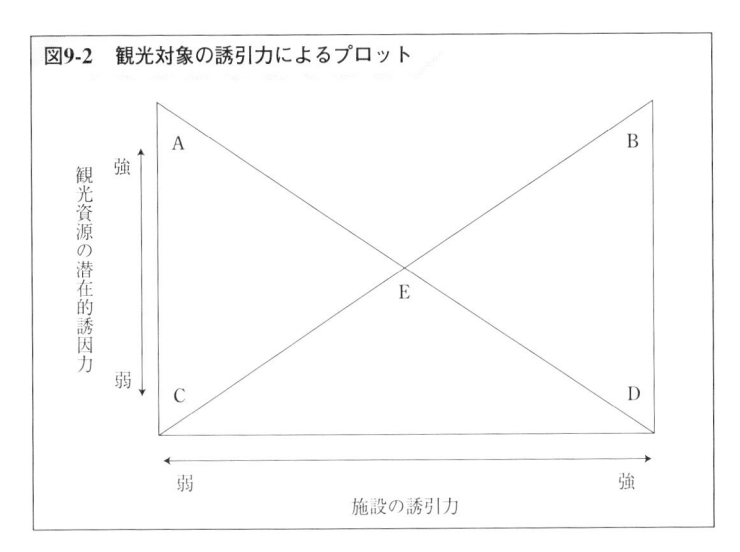

図9-2 観光対象の誘引力によるプロット

（縦軸：観光資源の潜在的誘因力　強⇔弱、横軸：施設の誘引力　弱⇔強、四隅にA・B・C・D、中央にE）

イ），ゴミ処理施設などが必要である。

　これらの機能をみると，観光施設とは，観光者の利便性および快適性を高めることによって観光資源の潜在的誘引力を顕在化させ，観光資源に観光対象としての役割を発揮させるための補助的役割を担うものであるといえる。また，その一方で，観光施設そのものの利用が観光の目的となるような施設もある。これに基づいて観光施設を観光資源の誘引力と観光施設そのものの誘引力との関係から図示すると次のとおりとなる（図9-2参照）。

　先の湖の例で説明すると，美しい自然景観が山奥に存在する場合，その自然景観は誘引力が強いものの，そのままでは観光者を迎え入れることができない。そこで，ロープウェイや展望台などの観光施設を整備し，観光者が容易に利用できるようにすると，その自然景観は観光対象となり，誘引力を顕在化させることが可能になる。

この場合は，観光施設そのものに観光者を誘引する力があるわけではなく，誘引力は観光資源（自然景観）の側に存在する。そこで，ロープウェイや展望台は図の左上，資源の潜在的誘引力が強く，施設自身の誘引力が弱い位置（A）にプロットできる。

　次に，図の右上，（B）の位置には他の者には模倣しにくい，地域特性の強い博物館や美術館，あるいは，泉質の優れた温泉施設などが当てはまる。たとえば，スペインのピカソ美術館は世界的に有名な画家であるピカソのゆかりの地にあり（観光資源としての誘引力が強い），ピカソの青年時代の作品を数多く展示しており，施設そのものの誘引力も強い。

　図の左下（C）は，資源の誘引力が低く，施設の誘引力も低いものであり，これに当てはまる施設は問題を抱えているといえる。観光対象として成立し得ないポジションである。

　そして，図の右下（D）に当てはまるのが，東京ディズニーランド（TDL）のような施設である。TDLとは，千葉県浦安市の埋立て地にあるウォルト・ディズニーのキャラクター，ミッキーマウスなどをモチーフとしたテーマパークである。この地には，元来は観光資源に該当するものはなかった。つまり，観光資源としての潜在的誘引力はないに等しいのである。しかし，TDLは，それ自身が誘引力の強い観光施設であるため，多くの観光客が利用しているのである。

　なお，中間の（E）に該当する観光施設もある。たとえば，「オルゴール博物館」は日本全国の各地にあり，独自性が高いとは言いがたいものがある。このような施設は，観光資源の誘引力が中程度の地域に多くみられる。

　こうしてみると，同じ種類の観光施設であっても，図の中での位置づけが変化する。ホテルを例にとってみると，さまざまな付

帯設備があるリゾート・ホテルであれば，そのものの誘引力が強いため図の右側に位置することがあり，簡単な宿泊機能だけをもつホテルであれば，図の左側に位置する場合もある。

観光施設の類型

観光施設の機能や誘引力について整理してきたが，次に観光施設を①鑑賞・体験型，②活動型，③保養型の3つに分類し，それぞれに該当する観光施設とその特徴を把握しておこう。この，①鑑賞・体験型，②活動型，③保養型という3つの分類は，総理府の観光政策審議会が1982年に公表した意見具申（「望ましい国内観光の実現のために」）の中で提唱された観光の態様に関わる分類概念である。本章では，この分類概念に基づいてそれぞれどのような観光施設が求められるのかを考えてみたい。

①鑑賞・体験型観光施設　鑑賞・体験型観光とは，すぐれた自然，風景，歴史的建造物・遺跡などの鑑賞を中心とした観光であり，「観る」観光である。「観る」というのは，見るあるいは触れるなど五官を駆使して非日常の世界を体験し体感することである。このタイプの観光は，より多くのものを見るために，出発地を出てから戻ってくるまで同じルートを通らずに複数の観光スポットを巡る周遊型観光（図9-3A）や，ある地点までの往復には同一ルートをとり，その地点をベースとして周遊する拠点型観光（図9-3B）といった移動様式がみられる。そして旅行の期間は比較的短期である（海外旅行の場合は長期の周遊のケースもあるが，いずれにしても1か所での滞在時間は短い）。こうした鑑賞・体験型観光のための観光施設としては，飲食・宿泊といった基盤的施設，文化・教育施設，物品販売施設，観光案内施設，公共サービス施設がある。とくに，文化・教育施設が重視される。

②活動型観光施設　活動型観光は，「遊ぶ」観光と言いかえ

図 9-3 観光の移動パターン

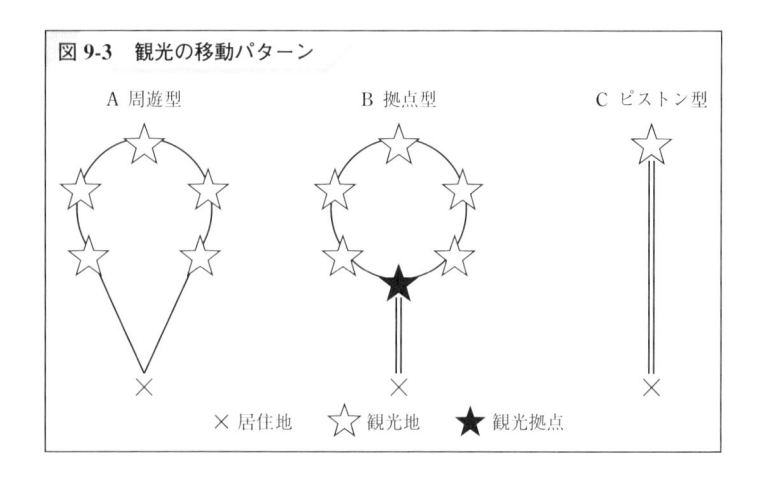

A 周遊型　　　B 拠点型　　　C ピストン型

× 居住地　☆ 観光地　★ 観光拠点

ることができる。観光者が自らスポーツなどに参加して「遊ぶ」観光なのである。たとえば、海水浴、ピクニック、釣り、ダイビング、ゴルフ、登山、各種文化的ワークショップ等への参加、カジノ、テーマパークなどが挙げられる。このタイプの観光では、多くの場合、目的地は1か所であり、出発地からの単純な往復の形態をとる。居住地を出発して目的地へ到着したら、そこで活動を行って同一経路で帰路につくのである。これをピストン型観光とも呼ぶ（図9-3C）。活動型観光で求められる施設は、スポーツ施設、娯楽施設などからなるレクリエーション施設である。このほか、飲食施設、宿泊施設、公共サービス施設が必要とされる。

③保養型観光施設　　保養型観光では、保養・休養に加えて、遊ぶための多様な観光資源が求められる。「休む」観光であるだけではなく、「休む」＋「遊ぶ」観光なのである。この場合、滞在期間は長く、拠点型観光、あるいはピストン型観光の行動形態となる。前述の鑑賞・体験型観光に保養という要素が加わった、あるいは活動型観光に保養という要素が加わったもの、またはこ

れらすべてが複合したものといえる。

　施設としては，鑑賞・体験型観光のための施設に加えて，保養のための施設（温泉，リゾート・ホテル，別荘など）が重視され，とくに長期滞在用の宿泊施設や日用品や食材を調達するための店舗などの需要に応えられる施設が必要である。

2　飲食と宿泊

　各種観光施設の中でも飲食施設と宿泊施設は基盤的な観光施設としての重要性を持つ。飲食と宿泊は，マズローの人間欲求5段階説のうち，最も基礎的な「生理的欲求」と「安全欲求」に対応しており（表3-1参照），観光施設の中でも必要不可欠な存在といえる。とくに飲食は，多くの人びとが1日3回必要とするわけで，とくに重要である。基盤的なものと述べたが，それ自体が観光の目的となる場合も多い。以下に，鑑賞・体験型，活動型，保養型の3つの区分それぞれについて概観しておこう。

鑑賞・体験型観光のための飲食と宿泊

◆ 鑑賞・体験型観光のための飲食

　鑑賞・体験型観光の場合，飲食には「たまの贅沢」の要素が強い。このタイプの観光は多くの場合日数が短いため，日常生活では体験できないような贅沢な食事が求められることが多い。とくに，気晴らしや気分転換が旅行の目的である場合，そうした傾向が強くなる。多くの観光旅館は料金設定が1泊2食付きであるが，これらの旅館で提供される夕食は，一食で提供される品数（皿数）が多く，食材や調理法も多岐にわたる豪華な食事である。ただし，1，2泊程度ならば，目新しく，贅沢な気分を満喫できるが，それ以上とな

ると敬遠されがちである。旅館の多くも連泊に耐え得るほどのメニューの品数は用意していない。観光地の旅館で出る食事は短期宿泊者のニーズに合致したものといえる。

　旅館のみならず、鑑賞・体験型の旅行では、郷土料理店、高級料理店などが選択されやすく、食事そのものが観光の目的となる場合も少なくない。たとえば、東京から1泊2日で北海道へ行き、カニの食べ放題がメインとなっている格安旅行プランに人気がある。こうした贅沢な地域産品を主体とした食事が求められるのである。

　近年の傾向としては、1994年に酒税法が改正され、地ビール・レストランが急増した。これまで最小の醸造量が2000キロリットルであったのが、大幅に引下げとなり、60キロリットルとなったため、小規模のビール醸造工場を作れるようになったのである。現在では、地ビール・メーカーの数は全国で約250にものぼり、地ビール・レストラン（ブルワリー・パブ）を併設しているところが多い。地ビール・レストランとは、地ビールとそれに合う料理を提供するレストランであり、観光スポットとして注目を集めている。

　これまでは、1泊から2泊程度の観光では、従来は食事付きの宿泊施設（旅館やペンション、民宿等）を利用し、夕食・朝食はこれらの施設内でとることが多かった。しかし、1990年代後半からは、旅先で好きな料理を選択したいという旅行者が増加し、宿泊と朝食のみのプランを提供する旅館が増えている。また、旅館での豪華な昼食と温泉、休憩を目当てとした日帰りプランが開発されるなど多様化が進んでいる。

◆ 鑑賞・体験型観光のための宿泊

　鑑賞・体験型観光のための宿泊としては、飲食同様、「たもの

贅沢」が求められることが多い。これは，旅行の日数が短いために，「たまには贅沢をしてみよう」という気持ちになりやすいためと推測できる。また，高級なホテルや旅館に宿泊すること自体が旅の目的（鑑賞・体験）となるケースが多くみられる。

現在の高級ホテルは，16世紀から18世紀頃にかけてのフランスの上流社会の生活様式を商業化したものである（岡本［1979］9-10頁参照）。そして，高級旅館の典型は，伝統的な日本家屋の様式を取り入れた施設であり，客室で食事ができて，温泉などの充実した入浴施設をもち，部屋ごとに担当者がつき，きめの細かいサービスを受けることができる。このような豪華さを強調した施設や手厚いもてなしが好まれるようである。

一方，近年では，「農村観光」，「アグリ・ツーリズム」などと呼ばれる旅行の形態が誕生し，注目を集めている。これらは，農山村の民家に宿泊し，その家の家業である農業や畜産業を体験する農畜産業体験と宿泊がセットになったものである。これらは，都市住民が都会を離れて田舎の体験をするという目的のほかに，都市と農山村の交流を促進する役割をも果たしている。

さらに，都市における鑑賞・体験型観光では，高級ホテルのほかに，宿泊機能に特化して廉価な価格を実現しているビジネス・ホテルが利用されるケースも多く，ビジネス・ホテルを利用したパッケージ・ツアーが各旅行会社などによって企画されている。

同じ鑑賞・体験型宿泊施設であっても，旅行する地域，旅行の目的によって，選択する施設のタイプが異なるのである。

活動型観光のための飲食と宿泊

◆ 活動型観光のための飲食

活動型観光では，スポーツ・レクリエーションなど明確な目的が別に存在するため，飲食は副次的であり，間に合わせ的である。したがって，観

光者は飲食について大きな期待を寄せない代わりに多額の金を支払う気持ちもないという場合が多い。ただし，キャンプ場などの野外活動では，食事は活動を構成する重要な要素の一つであり，バーベキューなどの自炊が重視される。

　活動型観光では，基本的に栄養の偏りがなく，問題のない味で，空腹が満たされればよいのであって，スポーツが関係する場合は，スポーツ活動に必要な栄養を摂取できる食事であれば人びとは満足するのである。そこで重視されるのは，贅沢ではなく，価格に見合うことと便利な場所で食事が提供されることである。

　宿泊を伴う活動型観光の場合，朝食・夕食は宿での食事（2食込みの宿泊料金）が求められ，昼食は，宿泊施設，地域の定食屋，チェーン・レストラン，コンビニエンス・ストアの弁当など何でもよいとされる場合が多い。何より，活動のための便の良い場所にある（たとえば，スキー場内の飲食施設など）ことが肝心である。

　このような観光パターンでは，チェーン・レストランやコンビニエンス・ストアのように日常的に利用している食事のための施設が利用されるケースがある。これらの施設は，どのような食事がどのようなサービスの下でどのような価格で提供されるかを，利用者がよく理解しているため，観光地など日常生活圏を離れた場所でも安心して利用されるという特性を持つ。

　チェーン・レストランは，従来，大都市近郊の郊外への出店が多かったが，1990年代後半より出店先を拡大しており，小規模都市の周辺や観光地内部にも進出している。つまり，観光者はチェーン・レストランを，観光地の周辺や観光地と自宅の移動途中で容易に見つけることができる。また，コンビニエンス・ストアは，急速な店舗展開を続け，早くから観光地内部に進出し，観光地で中食を提供している。コンビニエンス・ストアの中にはホテ

ルの内部に立地するものも現れている。なお，コンビニエンス・ストアで販売される中食商品（おにぎり，サンドウィッチ，弁当，惣菜など）は，持ち運びを前提とした商品であるため，スポーツやレクリエーションの際の食事としても簡便であり，人気が高まっている。

◆ **活動型観光のための宿泊**

次に，宿泊について見てみよう。活動型観光の場合は，観光の目的がスポーツなどの活動にあるため，宿泊施設には就寝，入浴，食事などのシンプルな機能のみが求められる傾向にある。

たとえば，スキー場に隣接する民宿，釣り宿，山小屋（山小屋についてはさらに機能が限定され，風呂付きは少なく，食事もないものもあり，寝るための機能に特化している施設が多い）などが該当する。スキーやスノーボード，釣り，登山といった活動をメインとした観光客のための「基地」としての役割が求められているのである。したがって，高額を支払わなければならない，豪華な食事や施設は歓迎されず，清潔で快適に過ごせるシンプルな施設が必要とされるのである。つまり，活動型観光では，「泊まること」は二義的である場合が多いのである。

近年では，こうした必要最小限の機能に加えて，スキー・リゾートなどでは，温泉施設（大浴場，スパ等）といったリラクゼーションのための施設を付帯する宿泊施設が増加する傾向にある。

> 保養型観光のための飲食と宿泊

◆ **保養型観光のための飲食**

目的地での滞在が短期であれば，食事のサービスは，自炊のための鍋釜を用意するのは不合理であるから，一般的に自炊の必要のないフル・サービス*が求められる。一方，保養などの長期滞在の場合には，内容的にも，価格的にも，日常生活に近いものが求められる。豪華

な食事が連続すると飽きてしまううえ，多くの人は長期旅行では食事に高額な料金を支払い続けるわけにはいかないため，費用を抑えるためにセルフ・サービス**の仕組みが求められる。そこで保養型観光には①多彩な外食施設，②中食施設，③自炊設備および食料品調達のためのシステムが求められる。

> *　外食産業の業態分類で一般的に用いられる，テーブルでの着席サービスという意味ではなく，他の人間の手を借りる度合いが高いという意味で用いている。
>
> **　外食産業の業態分類でいうセルフ・サービスではなく，出来合いのものを買ってくる，あるいは自分で調理するという意味で用いている。

①多彩な外食施設　　滞在が長期にわたる場合，高級レストランから低廉な食事施設まで，洋食店，和食店，エスニック料理店などさまざまな食事施設が求められることになる。チェーン経営のレストランや独立経営店もあらゆる形態のものが必要となる。保養型観光すなわち滞在型観光の目的地のことをリゾートと呼ぶが，リゾートでは全体として多彩な外食施設が求められる。

②中食施設　　コンビニエンス・ストアなどの中食施設は，手軽に安く食事を済ませるのに便利である。また，近年，日本では，農村地帯などでその土地でなければ育たない野菜（地野菜）を使用した惣菜の販売が増加しつつある。こうした施設を利用して，安く，しかもその土地でしか体験できない食事を楽しむことが可能となった。

さらに，都市観光の場合，大都市圏では，持ち帰り弁当やデリカテッセンなどが発達しており，こうした中食の利用も可能である。これらの施設は観光客だけをターゲットとしているわけではなく，地域住民への食事の提供が主な目的であるが，観光客にとっても便利な施設である。

③自炊設備および食料品調達のためのシステム　別荘，リゾート・マンション，キャンプ場などでは，自炊のための設備が必要である。厨房設備のほか，ガス，電気，上下水道などが必要となる。炊事設備付の宿泊施設は，個人所有のものだけでなく貸別荘，コンドミニアムも増加傾向にあり，厨房機器，食器，食具など一通りそろっているところもある。このような施設を利用すると，日常生活に近い食事を再現することができる。

そこで食材調達の問題が発生する。加工食品はある程度居住地で調達することが可能かもしれないが，飛行機で移動するような遠隔地へ運ぶことは容易でない上，肉，魚，野菜，乳製品などの生鮮食品に至っては，その都度購入しなければならない。もちろん，都市観光ではこのような問題は発生しない。地方の観光地を訪れた場合に，これらの食材を調達するための施設を探さなければならない。

日本国内に関していうと，近年，地方都市郊外での大型ショッピング・センターの開発が相次いでおり，車などの移送手段さえあれば生鮮食品を廉価に求めることが可能となった。

◆ 保養型観光のための宿泊

図9-4は，1泊2日から定住に至まで，滞在期間の長さによって，求められる人的サービスがフル・サービスからセルフ・サービスへと変化し，上げ膳据え膳の純和風高級旅館から定住のための住宅に至るまで，宿泊施設にはさまざまな形態がありうることを示したものである。

廉価な保養型宿泊施設として欧米で最も一般的に利用されている宿泊施設はオートキャンプ場（アメリカではキャンピング・グラウンドと呼ばれる）である。オートキャンプ場は，土地を除けば，多額の投資を伴うわけではなく，運営に必要な人的資源も限られ

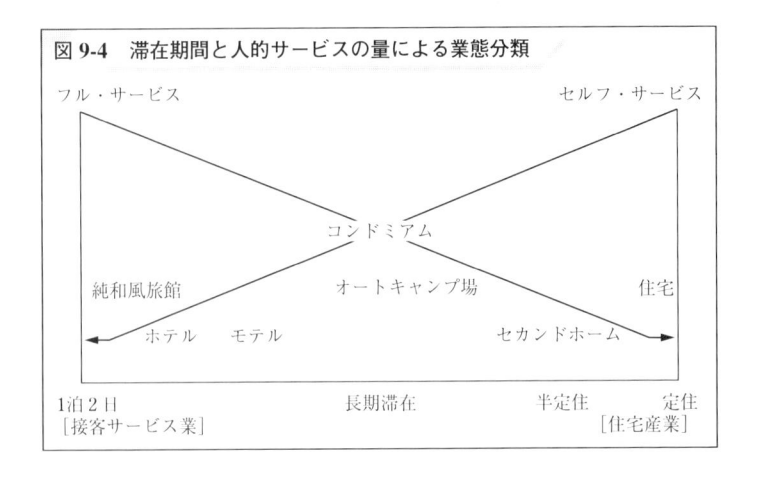

図 9-4　滞在期間と人的サービスの量による業態分類

```
フル・サービス                                    セルフ・サービス
              ＼                              ／
               ＼                            ／
                ＼                          ／
                 ＼     コンドミアム      ／
  純和風旅館       ＼                    ／       住宅
                   ＼  オートキャンプ場 ／
         ホテル   モテル            セカンドホーム
  ←─────────────────────────────────────→
  1泊2日             長期滞在      半定住    定住
  [接客サービス業]                      [住宅産業]
```

るため，料金が廉価である。わが国でもオートキャンプ場の整備が進んでいるものの，多くの人びとにとって長期休暇を取得することがきわめて困難であるため，オートキャンプ場が欧米のように保養型宿泊施設として本格的に利用されるには至っていない。

　一方，わが国でも JR 東日本が家族 4〜6 人で泊まれるミニキッチン付き廉価な宿泊施設（「ファミリーオ」）を開発するなど，保養型観光のための宿泊施設の整備も徐々にではあるが，進みつつある。アメリカで戦後急速に普及した自動車旅行者用のセルフ・サービス型宿泊施設であるモテルも開発されるようになった。既存の旅館やペンションなども，発想を転換して，たとえばイギリスから世界に普及しつつある朝食付きの宿泊施設である B＆B（ベッド・アンド・ブレックファスト）として運営されれば，保養型宿泊施設として生まれ変わる可能性がある。

3 その他の観光施設

本節では，上述してきた飲食・宿泊以外の観光施設について，鑑賞・体験型，活動型，保養型の3つの視点から整理する。

> 鑑賞・体験型観光のための観光施設

鑑賞・体験型観光の中でとくによく利用される施設には，文化・教育施設と物品販売施設がある。たとえば，博物館，美術館，動・植物園や土産物屋，ショッピング・センターなどである。

博物館，美術館等の定義は，博物館法の第2条によると，「歴史，芸術，民俗，産業，自然科学等に関する資料を収集し，保管し，展示して教育的配慮の下に一般公衆の利用に供し，その教養，調査研究，レクリエーション等に資するために必要な事業を行い，あわせてこれらの資料に関する調査研究をすることを目的とする機関」とされている。

日本国内の博物館（約3000），美術館（約500）のそれぞれ約70％が，1980年代以降に開設されている。近年，日本各地でオルゴール美術館やガラス工芸美術館，スターにまつわる美術館（博物館）など，多様な博物館，美術館が相次いで新設されている。

次にショッピングの事例をみていこう。観光者の心理の一般的特徴は，「緊張感と解放感という相反するものの同時の高まり」であると説明されている（前田勇）。このような心理状態では，購買行動が普段とは異なる。観光者は旅行のためにある程度まとまった金銭を所持していることもあり，一般に活発な購買意欲を示すのである。

そこで，いくつかの観光地にはショッピングモールやアウトレットなどの物品販売施設がみられる。軽井沢プリンスショッピングプラザ（長野・軽井沢）や御殿場プレミアムアウトレット（静岡・御殿場）の事例もそうである。

活動型観光のための観光施設

　観光における活動（＝する）分野を担うのが，スキー場，テニス場，ゴルフ場などのスポーツ施設，カジノ（賭博場），テーマパーク，遊園地などである。

　スポーツ施設とは，スポーツを行う際に必要とされる施設である。スキーであれば，滑走する場所であるゲレンデ，リフト，ゴンドラ，休憩所などがある。

　法律上許可されているカジノのうち現在でも隆盛を保っている場所のひとつに，ラスベガス（アメリカ・ネバダ州）がある。観光客は，カジノで，スロットマシーンやルーレット，カードゲームなどに興じる。これらの施設には，賭博のための施設のほかにショーなどのエンターテイメント施設やジェットコースターなどの遊戯施設が付帯することが多い。総合娯楽施設としてのあらゆる機能を内部，あるいは周辺に備えている。

　テーマパーク・遊園地には，東京ディズニーランド（千葉県・浦安市），ハウステンボス（長崎県・佐世保市），那須ハイランドパーク（栃木県・那須）などがある。遊園地とは，ジェットコースター，メリーゴーランド，観覧車などの遊戯施設の集積であり，テーマパークとは，遊園地にテーマ性を与えたものである（たとえば，ハウステンボスはオランダをテーマにしてオランダの町並みと遊戯施設を融合した施設である）。とくに，テーマパークにおける物販施設はいずれも好況であり，東京ディズニーランドでは，総売上（1729億7000万円）の35％にあたる612億5000万円が土産

物などの物販の売上となっている。

　このほかに，1990年代に入ってから建設され，人気を博している施設に，ジョイポリス（東京・お台場），ナンジャタウン（東京・池袋）などの都市型テータパークがある。2001年3月には大阪にユニバーサル・スタジオ・ジャパンがオープンした。

保養型観光のための観光施設

　保養のための観光は，既述のとおり，「休む」＋「遊ぶ」という要素を合わせ持つ観光である。したがって，施設は，前2項を複合してさらに休息や保養のための要素を加える必要がある。休息や保養のための観光施設には古くから湯治場がある。これは，リウマチや皮膚病などの病気の療養を主な目的として温泉地に長期滞在するもので，日本では2世紀頃にはすでに行われていたという記録が残されている。国外では，バース（イギリス）やバーデンバーデン（ドイツ）などが古くからの温泉地として有名である。こうした温泉地の多くは，当初，湯治を目的とした人びとが集い，しだいに観光地を形成していった。この過程で整備された温泉入浴にかかわる施設は，浴槽だけの簡単なものから，露天風呂，ジャグジー，サウナ，休憩所，エステティック・サロンを併設するものまで，じつに多様である。

　ただし現代では，このような温泉施設は鑑賞・体験型に代表される1泊旅行の目的地としての人気の方が高く，保養型観光に限ってみられる施設だとはいえない。このように，保養型観光に求められる観光施設は，鑑賞・体験型観光施設と活動型観光施設の集積であり，固有の施設といえるものはほとんどない。

　保養のための観光施設の特徴的なものを挙げるならば，長期滞在する観光者に日常生活物資を供給する商業施設や，廃棄物集積場など，セルフ・サービス化することによって観光者側に需要が

発生する,いわば日常生活に必要な施設と似通った施設となる。

　演習問題
①　観光施設が「目的的役割」,「補助的役割」の二面性を持つ理由について説明しなさい。
②　観光施設の具体例を一つ挙げ,その施設が図9‐2のどこにあてはまるか説明しなさい。
③　あなた自身の観光体験を一つ挙げ,その移動パターンを図9‐3にならって図示し,いずれの類型に当てはまるかを検討しなさい。
④　「保養型観光施設」の特徴について述べなさい。

　読書案内
　観光施設に関連する入門書をいくつか紹介しよう。茂木信太郎［1996］『**外食産業テキストブック**』日経BP出版センター,は外食産業についてはじめて体系的に解説された書といっても過言ではなかろう。外食の歴史,社会背景,市場の構成,チェーン理論などについて膨大な資料をもとにまとめられている。宿泊産業に関する本は多数刊行されているが,歴史研究に基づいて,経営の視点からまとめられている書に,岡本伸之［1979］『**現代ホテル経営の基礎理論**』柴田書店,がある。この書では,ホテルに限らず,宿泊産業の歴史を紹介し,日本の宿泊産業の位置付けを明らかにし,ホテルのマーケティングおよび費用管理について言及している。歴史研究は現代の仕組みを解き明かす重要な鍵となることを示した一冊である。博物館や美術館については,「博物館学」という学問領域が存在し,主に教育的見地からすでに多くの研究がなされ,その成果が発表されてきた。並木誠士ほか編［1998］『**現代美術館学**』昭和堂,があ

り美術館の具体例を豊富に取り上げながら，美術館を取り巻くさまざまな状況をあらゆる視点から解説している。栗田房穂・高成田享[1984]『**ディズニーランドの経済学**』朝日新聞社，では，最も成功しているテーマパークであるディズニーランドを取り上げ，施設概要，サービスの仕組み，経済波及効果などについて詳しく紹介している。同書ではさらに，現代人にとっての「遊び」の意味とレジャー産業の関わりについても考察を加えている。

Column ⑨ ソーシャル・ツーリズム

　ソーシャル・ツーリズム（social tourism）とは，OECD の定義によれば，「旅行資金に乏しいか，旅行になじんでいないか，あるいはそういう環境に育たず旅行事情に疎いなどのために，従来観光旅行の埒外にあった大きな国民層を，観光往来に参加させるために必要な状態をつくりあげること」とされる（日本交通公社編［1984］『現代観光用語事典』）。具体的には，国や地方自治体が，低所得，身体障害その他の理由によって観光を享受できない人びとを対象に，休暇手当の支給，各種割引措置，廉価な宿泊施設の整備，特別な情報提供などを行うことを指す。

　欧州におけるソーシャル・ツーリズムを象徴する事例としてよく知られているのがスイス旅行金庫（Schweizer Reisekasse, 略称：Reka）である。国民の休暇および余暇活動の容易化と促進を目的として 1939 年に設立された NPO（非営利法人）で，旅行小切手（Reka cheques）の取扱いと休暇用アパートの斡旋を主たる業務としている。旅行小切手は鉄道の駅やホテル，レストランなどスイス国内約 6000 か所で乗車券の購入や宿泊・飲食代の支払いに使用できる。2300 社を超える企業が差額を企業が負担することによって従業員に対して旅行小切手を額面の 1～2 割引で販売しており，従業員は低料金で旅行ができる仕組みとなっている。スイス旅行金庫は国内 140 か所で 2000 戸のアパートを確保しており，例年約 10 万人が利用している。母子家庭や低所得者は割引料金で利用できる。

　わが国でも，戦後，政府がソーシャル・ツーリズムを政策課題としたことがあった。1948（昭和 23）年，政府は内閣に観光政策審議会の前身である観光事業審議会を設置したが，55 年，同審議会の中にソーシャル・ツーリズム研究部会を設置した。同研究部会は，57 年，①各道府県に旅行事務所および旅行指導員の設置，②旅行資金の積立ておよび貸出しを行う旅行信用金庫の設置，③被雇用者以外の者にも休暇を付与する措置，④大衆旅行施設の建設および管理運営を行う旅行施設公団の設置を提言し，現在の国民宿舎，国立青年の家，公営ユースホステルは，この研究部会の提言がきっかけとなって建設されるようになったものである（内閣総理大臣官房審議室編［1980］『観光行政百年と観光政策審議会三十年の歩み』ぎょうせい）。

第10章 観光と経済

有珠山の噴火（2000年4月5日）（写真提供，毎日新聞社）。

　　観光が主たる生活の糧を獲得する手段になっているような地域や国において，自然（たとえば，写真にあるような火山の噴火・地震・台風・異常気象）による災害が観光地やその周辺で発生する場合，その地域の人びとや国民の多くに多大な経済的打撃を及ぼし，人びとの生活を根底から破壊するような場合すら存在する。潜在的観光客はそのような自然災害に見舞われた地域や国の観光地を選択対象から除外し，そこを訪れる人びとも激減し，それは当該観光地における観光客支出の減少へ導き，その結果，観光の経済的インパクトがマイナスの方向へ作用し，観光に直接関わりを持たない人びとの生活さえ疲弊させる。観光が安全性や経済と密接な関係を持っているとの証左であり，観光の経済的インパクトが重要であることの証拠でもある。本章では，まず観光と経済の関わりについて説明し，次に観光の経済的側面を分析するための基礎的な道具としての需要・供給の概念や弾力性の概念を紹介し，最後に，観光のマクロ的側面，とくに観光の経済効果について説明することにしたい。

キーワード：観光財・サービス　観光市場　弾力性　観光の経済効果
　　　　　　乗数効果

1 観光と経済および需要と供給

**観光と経済の関わりの
ミクロ経済的側面**

観光主体は，まず観光すべきかどうかの決定をし，仮に観光することに決定するならば，その観光にどのくらいの予算と時間が配分可能かを決定し，その範囲内で選択可能な観光地の決定し，どのような交通手段や宿泊施設を利用するかを決定しなければならない。さらに観光地においてどのような観光対象を見学しどのようなアクティビティをどの程度行うか，そして食事の決定，さらに土産物は何をどのくらい購入したらよいかといったことも決定しなければならない。

観光主体のこのような行動は，観光に必要な種々の財・サービスを購入する消費者と見なしうるということ，換言すれば，消費者としての観光主体は，自らが直面する制約に従って，種々の財・サービスを選択・購入し，それらの財・サービスから効用を最大化するように行動していると見なすことが可能であるということである。このような観光主体の経済行動によって観光（関連）財・サービスに対する需要が決定される。

他方，観光主体としての消費者の観光を支援するために，財・サービスを生産し供給するのが民間企業であり，観光に直接・間接に関わりを持つ企業が存在する。これらの企業は観光（関連）企業と呼ばれ，彼らはどのような財・サービスをどのような生産要素と技術的知識を投入してどのくらい生産し供給するかを決定しなければならない。

このような企業は民間企業であるから，観光主体に財・サービ

スを無償で供給することはしないであろう。むしろ民間の観光企業は、観光主体に財・サービスを販売し、それによって利潤を獲得することを意図して生産活動を行っていると見なすことができる。

観光主体と観光企業に共通していることは、たとえその目的は異なるとしても、いずれも選択を行っていることであり、選択という行為が経済との関わりをもつ点である。そして選択は市場を通じて行われ、市場では、消費主体としての観光者の種々の観光財・サービスに対する需要と企業による財・サービスの供給とによって観光財・サービスの価格と取引量が決定される。それを分析するのがミクロ経済学である。

観光と経済の関わりのマクロ経済的側面

観光と経済の関わりにはもう一つの側面、すなわちマクロ経済的側面と呼ばれるものが存在する。ミクロ的側面が個々の経済主体、たとえば、ある特定の消費者としての観光主体（貴方自身）やある特定の観光企業（ある特定のホテルや特定の旅行代理店）を扱うのに対して、マクロ的側面とは消費者としての観光主体の集計量と観光企業の集計量を分析の対象とする。

とくにマクロな分析において問題にされるのは、集計量としての観光主体の経済活動がある観光地や一国経済全体に何らかの経済的影響を及ぼすためであり、同時に観光主体に財・サービスを供給する観光企業全体の経済活動もまた、ある観光地の経済や一国経済全体に何らかの経済的影響を及ぼすと考えられるためである。たとえば、その代表的事例は、多くの観光主体がある観光地を訪れるような場合、当該観光地における観光財・サービスの総需要は増加し、したがって総需要の増加を満たすために、当該地域全体としての観光財・サービスの生産が増加される。それに

よって当該観光地の総売上高は増加し,それは,当該観光(関連)企業や産業に従事する人びとの所得を増加させ,人びとの所得の増加は彼らの消費支出を増加させる。それはさらに他の産業に従事する人びとの所得をも増加させ,生産を増加させるために企業は新たに人びとを雇用しようとするであろうし,新規雇用の増加はさらに所得を創出し,さらに雇用を増加させるという具合に,観光需要の増加から始まった一連の連鎖を通じて,当該地域経済の活動水準を拡大していくであろう。経済活動規模の拡大に伴って,他方では税収が増加していくであろう。このような効果は,観光の経済効果と呼ばれているものであり,しばしば観光が地域経済や一国経済の活性化の手段と見なされるのは観光の経済的効果が比較的大きいと考えられているためである。

観光と経済の関わりの公的側面

次に取り上げなければならないことは,公共部門の活動と観光との関わりである。公共部門は,国全体として観光をどうするかをさまざまな角度から検討する政府の基本政策と,地方公共団体による地域観光や地域経済の活性化という観点から策定される地域観光政策とに大別することができるであろう。

政府や地方公共団体が策定する観光政策の策定・実施は,国全体の観光と地域の観光に大きな影響を及ぼす。政策実施に当たって,民間の観光(関連)企業の協力を仰ぎながら,租税の控除や補助金の交付を通じて一国全体の観光の活性化や特定観光地の活性化を支援していく。そのような租税控除や補助金は,観光企業の経済活動,たとえば,企業の投資行動や販売活動に影響を及ぼし,それはまた観光財・サービスの生産や供給に影響を及ぼし,それはさらに観光財・サービスの価格に影響を及ぼす。

また民間企業と公的部門とが協力し,第三セクターと呼ばれる

事業体を組織し，観光開発や観光振興のための事業を展開する場合がある（第三セクター方式では民間企業から人材や資金の一部が提供されるが，民間企業は利潤機会の可能性が希薄であるような場合にはそこから即刻撤退し，その後始末に公共部門が奔走するといった事態が見受けられることはきわめて残念である）。

2 観光市場

観光財・サービスに対する需要と供給

消費者としての観光主体の観光財・サービスの購入は観光需要を構成し，他方，観光（関連）企業によって観光財・サービスは供給される。観光主体による観光財・サービスの需要と観光企業による観光財・サービスの供給とが市場で出会い，当該観光財・サービスの価格と取引量が決定される。

図10-1には，消費者としての観光主体の観光財・サービス（たとえば，土産品）x に対する需要と観光企業による土産品の供給が示されている。

消費者としての観光主体の土産品に対する需要を表す需要曲線（D）が右下がりに描かれているのは，その価格が安ければ安いほど，彼らはその土産品をより多く需要しようとするであろうと考えられるからであり，反対に，企業の土産品の供給を表す供給曲線（S）が右上がりに描かれているのは，価格が高ければ高いほど，より多くの収益が期待されるために，企業はより多く生産し供給しようとするであろうと考えられるからである。

図10-1の縦軸には土産品（x）の価格（p）が，横軸にはその取引量（需要量と供給量）がそれぞれ測られている。この土産

図10-1 需要と供給

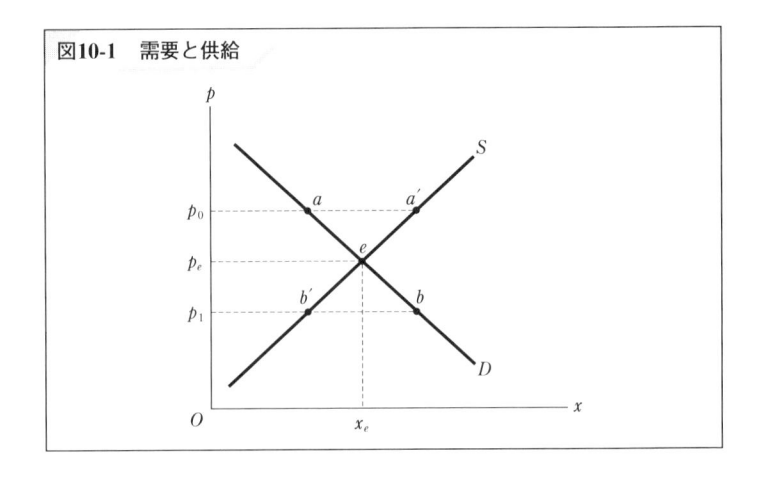

品の価格と取引量は需要曲線と供給曲線が交差する点 e で決定され、そのときの価格は均衡価格と呼ばれ、それは p_e で示され、均衡取引量は x_e で示される。

では、均衡価格が成立していない場合にはいったいどのようなことが生ずるのであろうか。仮に均衡価格を上回るような価格、たとえば、p_0 が市場で成立しているとするならば、消費者としての観光主体の土産品需要量は a であり、したがって、土産品市場には需要を超える供給、すなわち $a'-a$ に相当するだけの超過供給が発生し、企業には意図せざる売れ残りが発生するであろう。企業は、売れ残りを回避するために、土産品の価格を引き下げようとするであろう。価格の引下げにしたがって、需要量は増加し、供給量は減少すると期待される。このようなプロセスを経て、価格は均衡価格 p_e に落ち着き、均衡取引量 x_e が達成される。

反対に、均衡価格を下回る価格、たとえば、p_1 が市場で成立してる場合には、何が生じるであろうか。価格 p_1 のもとでは、消費者としての観光主体による土産品の需要量は b であるが、そ

の価格のもとで企業は b' までしか供給しようとはしないであろう。したがって，$b-b'$ に相当する超過需要が発生する。そのとき，土産品を購入したいと思っている観光主体は，多少高い価格を支払っても手に入れようとするであろう。すなわち，観光主体の間で価格を引き上げるような行動が見られるであろう。価格の上昇は，企業の供給量を増加させると期待しうるから，超過需要は次第に小さくなり，最終的には需要と供給が一致するときに成立する均衡価格が達成されると期待してよいであろう。

　需要と供給の不均衡は，市場における土産品の価格が需要と供給に応じて変化することによって解消される。換言すれば，市場がその機能を十分に果たすためには，需給に応じて価格がすばやく変化することが不可欠であるということである。

需要曲線と供給曲線の移動

さて，需要曲線は，ここでの例を用いると，土産品（x）の価格とその需要量の間の関係を表したものである。また，供給曲線も同様に，土産品の価格とその供給量の間の関係を表したものである。したがって，価格の変化に応じて変化するのは需要量と供給量であり，これは価格の変化に伴う特定の需要曲線と供給曲線上の移動を意味している。

　ところで，観光は季節性が高いとよく言われるが，これは，季節によって観光需要それ自体が大きく影響されるということを意味している。問題は，観光需要が季節によって変化するという場合の「需要」とはいったい何を指しているのかということである。ここで言う「需要」とは需要曲線それ自体を指しているということ，したがって，「需要の変化」とは季節によって需要曲線の位置が大きく変化（移動）するということを意味している。

　それでは，需要曲線の位置を変化させる経済的要因にはどのよ

うなものが存在するのであろうか。そのような経済的要因としては，①所得，②他の財・サービスの価格，③嗜好や流行の変化，④広告，そして⑤余暇時間といった消費機会を挙げることができよう。

所得の増加（減少）は，人びとの裁量的所得を増加（減少）させ，したがって，余暇関連財・サービスに対する需要を増加（減少）させると期待しうる。仮に観光が余暇活動のひとつであるとするならば，裁量的所得の増加（減少）は観光（関連）財・サービスに対する需要を増加（減少）させるであろう。これは，裁量的所得の変化によって，観光（関連）財・サービスに対する需要曲線が右上方（左下方）へ移動することを意味している。

他の財・サービスの価格の変化，たとえば，ある観光地の宿泊料金（p）の上昇は当該観光地における宿泊需要を減少させ，それは観光者の減少を意味し，その結果，土産品に対する需要を減少させるであろう。反対に，宿泊料金の下落は当該観光地の宿泊需要を増加させ，したがって，それは観光者の増加を意味し，その結果，土産品に対する需要は増加するであろう。あるいは，ある観光地までの交通サービス料金の引下げ（引上げ）は当該観光地の宿泊需要を増加（減少）させると期待しうるであろう。

人びとの観光に対する嗜好の高まりやメディア等によるある観光地の宣伝（たとえば，NHKの大河ドラマ等によって取り上げられた地域のように）に基づく流行は，当該観光地に対する人びとの需要を増加させるであろうし，反対に流行の終焉は当該観光地に対する需要を減少させるように作用するであろう。

地域活性化政策や観光地活性化政策の一環として行われる宣伝や広告もまた，人びとの観光意欲を高めるであろうから，観光需要を増加させると期待してよいであろう。

図10-2　需要・供給曲線の移動

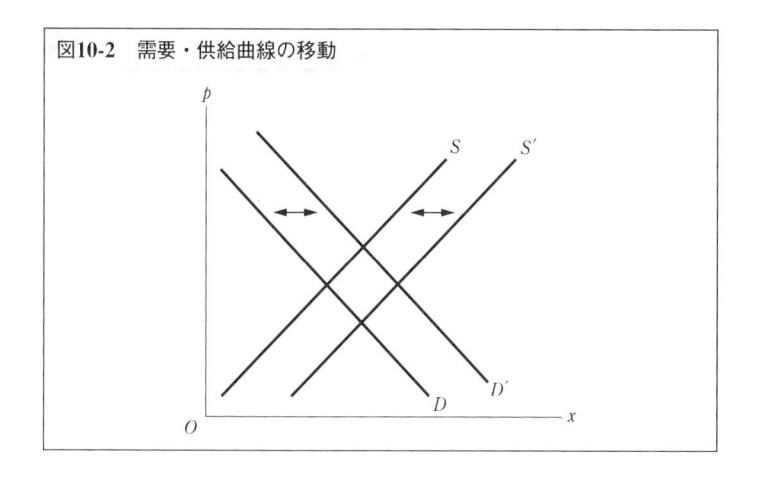

余暇時間の増加（減少）や祝祭日の増加（削減）は，人びとの観光意欲ないし観光消費機会を高め（低下させ），したがって，観光全般にわたる人びとの需要を増加（減少）させるであろう。

以上は，図10‐2によって描かれている。図10‐2の縦軸には，ある観光地の宿泊料金（p）が，そして横軸には宿泊需要（x）がそれぞれ測られている。たとえば，所得の増加に基づく人びとの裁量的所得の増加は，当該観光地の宿泊需要を増加させ，それは宿泊需要曲線を右上方へシフトさせるであろう。同様のことは，上で述べた他のすべての要因の変化に関して当てはまると考えて差し支えないであろう。

それでは，観光財・サービスの供給に影響を及ぼす要因としては何を考えることができるであろうか。供給への影響要因としては，①供給される他の財・サービスの価格，②生産費用の変化，③生産技術の進歩，④租税や補助金の変化，といった要因を挙げることができよう。

供給される他の財・サービスの価格，たとえば，ある地点（東

京）から別の地点（大阪）までの航空運賃の引下げ（引上げ）は，新幹線需要を減少（増加）させ，航空需要を増加（減少）させるであろう。したがって，新幹線に対する需要曲線は左下方（左上方）へシフトするであろう。また，ある観光地の宿泊料金の引下げは，当該観光地の観光対象に対する需要を増加させるであろう。

ある観光財・サービスの生産のために投入される原材料や生産要素の価格の下落（上昇）は，当該財・サービスの生産費用を低下（増加）させ，それは当該財・サービスの供給曲線を右下方（左上方）へシフトさせるであろう。同様に，生産技術の進歩は，同一の原材料や生産要素の投入によって以前より多くの財・サービスの生産を可能にするであろうから，それは供給曲線を右下方へシフトさせると期待しうるであろう。

政府や地方公共団体による租税の引上げ（引下げ）は，企業の生産費用を増加（低下）させるであろうから，企業の供給曲線を左上方（右下方）へシフトさせるであろう。反対に，企業への補助金の交付は，生産費用を低下させるであろうから，供給曲線を右下方へシフトさせるであろう。

このような供給曲線のシフトは，図10-2に描かれている（読者は，上に述べた諸要因の変化の方向を考慮しながら，供給曲線のシフトの方向を確かめてみるべきである）。

3 観光需要の弾力性

ところで，上に述べたように，ある観光（関連）財・サービスの価格の変化は当該財・サービスの需要量を変化させ，人びとの所得の変化は観光（関連）財・サービスの需要に影響を及ぼし，

そして他の財・サービスの価格の変化もまた，ある観光財・サービスの需要に影響を及ぼす。ある観光財・サービスの価格が変化するとき，どのくらい当該財・サービスの需要は影響されるのか，所得が変化するとき，ある観光財・サービスの需要はどのくらい影響されるのか，そして他の財サービスの価格が変化するとき，ある観光財・サービスの需要はどのくらい影響されるのかといったことを計測するための道具が弾力性と呼ばれる概念であり，観光でよく用いられる弾力性の概念としては，需要の価格弾力性，需要の所得弾力性，そして交差価格弾力性を挙げることができよう。以下順番にそれらの弾力性の概念を解説しよう。

需要の価格弾力性　需要の価格弾力性（D_e）は，次のように示すことができる。

$D_e = $ ある財・サービスの需要量の百分比変化 ÷ 当該価格の百分比変化

たとえば，ある路線の正規航空運賃が2万円から1万6000円へ引き下げられ，その結果当該路線の旅客需要量が1週間当たり3万人から3万9000人へ増加するとしよう。このとき，当該路線の航空旅客需要の価格弾力性は，次のように計算することできる。

$D_e = 30\%/20\% = 1.5$

この1.5という値は，当該路線の航空運賃の1％の下落は1.5％の旅客の増加をもたらし，運賃の下落はその下落率以上に旅客の増加をもたらすことを意味している。これはまた，当該路線の売上高が運賃の引下げによって以前よりも増加するということをも意味している点で重要である。

運賃引下げ前の売上高 = 2万円×3万人 = 6億円

運賃引下げ後の売上高 = 1万6000円×3万9000人

$$= 6 億 2400 万円$$

この例は，需要の価格弾力性の値が 1 より大きい場合には価格の引下げはそれ以上に需要を増加させ，したがって，価格の引下げによって売上高が増加するが，反対に，需要の価格弾力性が 1 より大きい場合，価格を引き上げると，その結果売上高は減少することを意味している。

たとえば，運賃を 2 万円から 2 万 4000 円へ 20％引き上げ，その結果旅客需要が週当たり 3 万人から 30％減少し，2 万 1000 人になるならば，需要の価格弾力性は依然として 1.5（＝ 30％/20％）であるが，売上高は

運賃引上げ前の売上高 ＝ 6 億円
運賃引上げ後の売上高 ＝ 2 万 4000 × 2 万 1000 人
$$= 5 億 0400 万円$$

へと 9600 万円だけ減少する。

需要の価格弾力性は，価格の変化によって企業の売上高が増加するか減少するかそれとも変化しないかを，われわれに教えてくれるという意味において重要な概念である。

需要の所得弾力性

需要の所得弾力性（D_i）は，次のように定式化することができる。

D_i ＝ ある財・サービスの需要量の百分比変化
÷所得の百分比変化

これは，次のような例を用いて説明できるであろう。

所得が，たとえば，1 万円増加し，その増加率が 10％であると仮定しよう。このとき，あるホテルの客室需要が 15％増加するとするならば，当該ホテル需要の所得弾力性は

$D_i = 15\% / 10\% = 1.5$

となる。ホテル需要の所得弾力性が 1.5 であるということは，人

びとの所得が1％増加（減少）するとホテルの客室需要は1.5％増加（減少）するということを意味している。この例のように需要の所得弾力性が1より大きい場合，所得の変化率以上に需要量の変化率が大きくなるために，当該財・サービスに対する需要は所得の変化率以上に変化し，したがって，所得が増加する場合にはその増加率以上に需要は増加するが，反対に所得が減少する場合にはその減少率以上に需要が減少するということを意味している。観光は，一般に需要の所得弾力性が大きいといわれている。したがって，バブル崩壊後にわが国における観光需要が著しく減少したことは，当然の帰結と言えないこともないであろう。

需要の交差価格弾力性

需要の交差価格弾力性（D_c）は，次のように定式化することができる。

$$D_c = 財・サービスAの需要量の百分比変化 \div 財・サービスBの価格の百分比変化$$

これは，上に用いた例，つまり新幹線と航空サービスの例を用いて，以下のように説明することができよう。

たとえば，ある区間の新幹線の価格を所与とし，そのとき当該区間の航空路線の航空運賃が30％引き下げられ，その結果，新幹線需要が20％減少したというような場合である。このとき，新幹線サービスと航空サービスの需要の交差価格弾力性は

$$D_c = -20\％/-30\％ = 0.67$$

ここで0.67という値はゼロより大きいことに注意しよう。需要の交差価格弾力性がゼロより大きい値を持つようなある2種類の財・サービスは代替関係にあると言われ，一方の価格が引き上げられると，それに代えて他の財サービスへと人びとは代替するために，価格を引き上げた財・サービスの需要は減少するということを意味している。ホテルと旅館そしてペンションなども代替的

な関係にあると考えられるかもしれない。

　反対に，需要の交差価格弾力性がマイナスになるような2種類の財・サービスは，補完的な関係にあると言われる。たとえば，航空運賃の引下げによって，当該路線の航空サービスに対する需要が増加し，それに伴って当該路線にある宿泊施設に対する需要が増加するというような場合である。観光の場合には，ある観光地と別の観光地は代替的な場合も存在するが，周遊観光のような場合には補完的な観光地も存在するといってもよいであろう（たとえば，京都と奈良・京都と大阪そして神戸は補完的な関係にあるといってもよい場合があるであろう）。

4 競争の不完全性と観光財・サービスの価格決定

競争の不完全性と価格の差別化

　われわれは，すでに，観光（関連）財・サービスの市場価格がそれらの需要と供給によって決定されることを学んだ。しかしそこでは，需要と供給に応じて価格が伸縮的に変化するとの仮定が暗黙のうちに想定されていた。このような市場は経済学では完全競争市場と呼ばれ，そこでは，消費者としての観光主体も観光企業も価格の決定に影響を及ぼすことができないほど小規模であり，かつその数は無数に存在し，したがって，彼らはプライス・テイカー（価格受容者）として行動するとの仮定のもとで議論が展開されていることに読者は注意すべきである。

　しかし，観光財・サービスの多くの市場，たとえば，ある観光地には少数の宿泊施設や少数の観光対象そして少数の土産品店が存在するといったように，必ずしも競争的とは言い難いのが実状

ではないであろうか。競争が完全に行われないとき，企業は，価格の決定に何らかの影響力を持ち，したがって，市場が競争的な場合の価格と比較して相対的に高い価格や同質の財・サービスに対して複数の価格が設定される場合がある。その好例は，宿泊施設や航空サービスあるいはテーマパークにおける時間帯や季節および年齢による料金の違いに見られる。同質のサービスに対して時間帯や季節あるいは購入する人や年齢・性別によって料金が異なることは，経済学では差別価格（price discrimination）あるいは価格の差別化と呼ばれている。同質のサービスに対して企業が異なった複数の価格を設定するのは，その利用者としての観光主体の利便性や利益を考えてのことではなく，むしろ企業の利潤を最大化するためである。

とくに観光財の多くはサービスと呼ばれ，サービスはその性質上在庫が不可能であり，したがってそれ自体輸送することが不可能であるために，第三者が相対的に安い価格で購入し，高い価格の時間帯や季節にそれを販売し，利益を得ることは不可能である。そのようなことが可能であれば，価格は次第にある水準に収斂していくと期待され，価格の差別化は実現しなくなるであろう。しかし，それは転売できないために不可能である。

2部料金制

テーマパークや遊園地等といった施設では，しばしば入場料金とアトラクションや乗り物に対する料金という具合に，2種類の料金が徴収される場合が多い。これは，差別価格の一種であるが，とくに2部料金制（two-part tariff）と呼ばれている（電気・水道・ガス・電話料金も同様である）。

このような料金徴収方式もまた，ある意味では，企業の利潤を最大化するためであると考えてよいであろうが，その背景には，

電気・電話や水道といった公共サービスと同様に、テーマパークや遊園地は固定費用が比較的高いという理由が存在し、したがって、企業側からすれば、固定費用を入場料という形で回収しようとする戦略は当然のことであると言えるであろう。

また、このようなテーマパークや遊園地には多様な人びとが来場し、すべてのアトラクションや乗り物に乗車する層から入場だけする層（たとえば、年少の子供をつれた父母や孫を連れた祖父母といったような）まで利用の仕方は多様である。このような多様な層の来場者の満足度を高め、経営の健全化を図るためには、テーマパークや遊園地の使用料という形で入場料金を徴収し（固定費用の回収）、各アトラクションごとの費用を回収するためにそれぞれの料金を徴収する方式を取ることが望ましい。入場者は、より多くのアトラクションや乗り物を利用すればするほど、その単価が下がり、あたかも低価格で高い満足が得られると考えることはできないであろうか。

5 観光の経済効果

これまでの議論は観光のミクロ的な側面に関する説明であったが、以下ではマクロ的な側面、とくに、観光の経済効果を中心に平易に解説することにしよう。

経済の循環的な流れと観光

われわれの目には見えない経済活動を、見えるような形にしてくれる便利なモデルが経済の「循環的な流れ」（circular flow）と呼ばれるものである。図10‐3は経済の「循環的な流れ」を描いた図である。

図10-3　経済の循環的な流れ

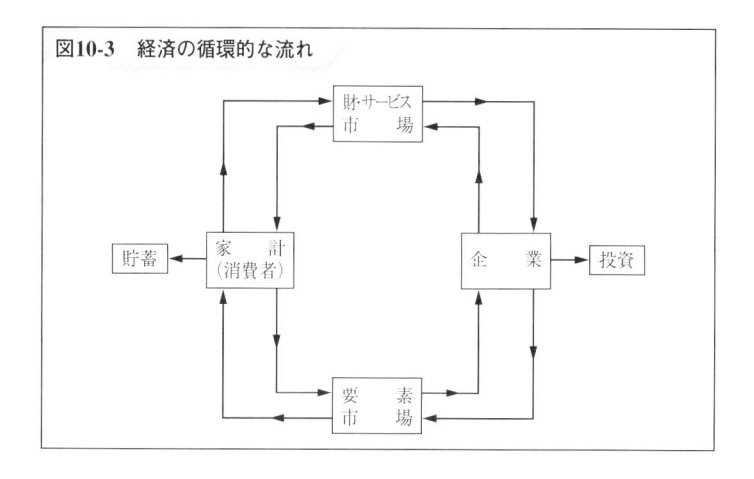

```
                    ┌─────────┐
              ┌────→│財・サービス│────┐
              │     │  市　場  │    │
              │     └─────────┘    ↓
    ┌──┐   ┌──────┐              ┌──────┐   ┌──┐
    │貯蓄│←─│家　計 │              │企　業│──→│投資│
    └──┘   │(消費者)│              │      │   └──┘
           └──────┘              └──────┘
              ↑                     │
              │     ┌─────────┐    │
              └─────│要　素  │←───┘
                    │  市　場 │
                    └─────────┘
```

　図10-3は，2つの経済主体から構成されている。一方は家計ないし消費者，そして他方は企業である。図の上半分には観光関連財・サービスの消費者としての観光主体と観光関連財・サービスの生産・供給主体としての企業の間での取引が示され，下半分には観光関連財・サービスの生産主体としての企業と，企業へ生産要素を供給し報酬を獲得する消費主体としての家計との間の取引が示されている。

　外側の流れは取引に伴う貨幣の流れを表し，内側の流れは生産要素と財・サービスの流れを示している。

　家計は，労働力・土地・資本といった生産要素を企業に提供し，それらの生産要素市場で決定される要素価格に基づいて供給量に応じた報酬（所得）を獲得する。家計あるいは消費者は獲得した所得を種々の財・サービスの購入に配分し，支出されない部分は将来の消費のために貯蓄される。

　家計や消費者としての観光主体の観光消費は，獲得した所得の観光財・サービスへの支出を意味し，観光財・サービスの取引は，

図10‐3の上半分に示されている財・サービス市場での取引に含まれている。

今，家計が生産要素の提供によって月当たり30万円の所得を獲得したと仮定しよう。これは，企業が30万円に相当する生産要素を家計や消費者から購入したということを意味し，それを用いて企業は30万円相当の財・サービスを生産することを意味している。このとき，家計が獲得した所得のすべてを財・サービスに支出するならば，家計による財・サービスの需要と企業の生産した財・サービスの供給とは一致し，市場は均衡し，このとき経済全体として生み出される生産物の価値が均衡国内総生産（GDP）となる。

しかしながら，家計が獲得した所得のうち25万円しか財・サービスの購入に支出しないとするならば，消費財・サービスの需要と供給は一致せず，5万円相当の売れ残りが生ずるであろう。しかし，この売れ残った財・サービスを別の企業が投資財として購入してくれるならば，経済全体としての生産物は過不足なくすべて販売することが可能であり，経済は均衡し（経済全体の需要〔総需要〕と経済全体の供給〔総供給〕が一致するということを意味している），均衡国民所得（国内総生産）が実現される。

観光企業の投資と乗数効果

今，観光（関連）企業，たとえば，あるホテルが将来の観光客の増加を見込んで，新たにホテルの建設を開始したと仮定しよう。ホテル建設には，鉄鋼・セメントや内装用の材料および建築のための土地や労働力そして客室やその他の部署で使用される種々の調度品や家具等が必要とされる。そのための費用が500億円であると仮定しよう。これは，当該ホテルが新たなホテルの建設のために500億円を投資するということを意味している。そし

てこの500億円の支出は，生産要素や原材料を提供する経済主体の所得を構成する。500億円だけ経済主体の所得が増加するといってもよい。この新たに生み出された500億円の所得のうち，60％に当たる300億円が人びとにより支出されると仮定しよう。するとこの300億円の支出は誰かの所得となるはずである。そして300億円の所得を獲得した経済主体もまたそのうち60％を支出するとするならば，そしてこの連鎖が限りなく続いていくとするならば，当初の投資500億円は，結論を先取りするならば，初期投資額の2.5倍の国民所得，すなわち1250億円の国民所得を新たに生み出すはずである。このような所得創出効果は，経済学では乗数効果と呼ばれ，企業の新たな投資による所得への影響を表しているために，その乗数は投資乗数と呼ばれている。

　ここで，乗数（multiplier）とは，ある経済内における支出の変化が国民所得をどのくらい変化させるかを表す大きさを示し，それは，次のように定式化される。

　　　乗数 ＝ 1/(1－限界消費性向)
　　　　　 ＝ 1/限界貯蓄性向（あるいは限界漏出性向）

ここで，限界消費性向（MPC）とは所得の増加分のうち消費に回される割合を示し，限界貯蓄性向とは所得の増加分のうち貯蓄に回される割合を表している。上のホテル建設のための投資の例を用いると，限界消費性向＝60％＝0.6であり，したがって，乗数の値は

　　　乗数 ＝ 1/(1－0.6) ＝ 1/0.4 ＝ 2.5

したがって，初期投資500億円はその乗数倍だけ，すなわち，500億円×2.5＝1250億円だけ所得を増加させるということを意味している。

観光支出の経済波及効果

乗数効果が働くのは，企業の投資に限られるわけではない。われわれが観光主体として行動し，観光のプロセスでさまざまな観光支出を行う場合にも，乗数効果は働くといってよい。

たとえば，人びとの観光支出が経済全体として700億円増加し，このとき限界消費性向が0.6であると仮定しよう。すると，観光支出700億円の増加は，上に示した乗数の計算から

$$乗数 = 1/(1-0.6) = 1/0.4 = 2.5$$

となるから，観光支出の2.5倍，すなわち，1750億円の所得を新たに創出するはずである。

しかし，ここで注意すべきことが存在する。それは，700億円の観光支出の増加は単に1750億円の所得を創出するにとどまらず，そのプロセスで，観光（関連）財・サービスの生産の増加に伴って新たな雇用を創出したり，観光（関連）企業の売上高の増加や人びとの所得の増加に伴って国や地方公共団体の税収もまた増加するということである。

観光支出の増加に基づくこれらの効果は，所得創出効果，雇用効果，税収効果と呼ばれ，観光支出の経済波及効果としてよく知られている。

そして地域の経済的活性化政策として，しばしば観光がその手段の対象となる理由の一端はこのような波及効果が期待され，かつその波及効果が大きいと期待されているからである。そのような議論の背後には，観光には種々の産業が関係し，したがって，その裾野が非常に広く，それゆえ大きな波及効果が期待できるという思込み（その善し悪しは別にして）が存在するように思われる。

しかしながら，大きな波及効果が期待されるためには，①当該地域や国に遊休資源（たとえば，失業や遊休設備等）が存在し，観

光支出の増加に応じてその資源を活用し，生産の増加に結びつけることが可能であること，②地域や国の移入性向や輸入性向が比較的小さいこと，そして③地域や国の中で企業間の連関が密であること等々の条件が満たされていなければならない。これらの条件を欠く場合，たとえば，条件①が満たされないとき，観光客支出の増加によって短期間に供給を増加させることは困難であり，そのような場合，需要の増加は価格水準の上昇，つまりインフレーションの発生を招きかねないことになる。また，条件②が満たされない場合，観光客支出の増加は地域や国の移入や輸入を増加させ，したがって，当該地域や国への波及効果は，当初の予想に反して，かなり小さいものに終わってしまう可能性が大きいといっても過言ではない。したがって，重要なことは地域や国が上に挙げた諸条件を満たしているかどうかをまず詳細に検討することが必要であり，それが満たされないとき，観光客誘致策を実施し，たとえ誘致に成功したとしても，当初期待した波及効果は達成されないという結果に終わるであろう。

　このような議論は，観光客の誘致に限らず，観光開発や再開発に関しても，同様に当てはまることに読者は注意すべきである。多くの観光開発や再開発がこれまでに計画・実施されてきたが，われわれは，開発地域の住民の所得や雇用の確保は期待したほど大きくはなかったというような話をしばしば聞いたり記事で読んだりする。それは上に述べたような条件を無視したことと，開発自体が地域ないし地元の企業や産業によって行われずに，大都市圏のディベロッパーに依存し，その結果，開発の利益の多くは地域住民の手には渡らずに，大都市の開発会社に帰属してしまうためである。

演習問題

① 次の文章aとbの意味するところを需要・給供曲線を用いて説明しなさい。

　a：あるパッケージ商品（x）の価格の上昇は，当該パッケージ商品に対する需要量を減少させる。

　b：パッケージ商品（x）に対する需要の増加は，当該パッケージ商品の価格を上昇させる。

② 航空サービスと新幹線旅客サービスに対する需要の交差価格弾力性の符号がプラスの場合，航空運賃の引下げによって新幹線旅客サービスに対する需要はどのように変化するであろうか，説明しなさい。そしてこのとき，2つの旅客サービスはどのような関係にあると言えるであろうか。

③ ある年に，ある観光地Aの観光企業の売上高が前年度より50億円増加した。当該観光地地域の限界消費性向（MPC）を0.6と仮定すると，50億円の売上高の増加は地域国民所得をどのくらい増加させるであろうか（ただし，租税および当該地域の移入はゼロであると仮定する）。また，当該観光地地域の限界移入率が40％であるとすると，当該地域の国民所得はどうなるであろうか，計算しなさい。

④ ある地域Aがすでに完全雇用を達成しているとき，新たな観光開発のために，1000億円の投資が行われたと仮定しよう。このとき，当該地域の経済はどのようなことが生じると考えられるであろうか。簡単に述べなさい。

読書案内

経済学を学んだことのない学生諸君が観光の経済分析を志す場合に役立つミクロ経済学の書物としてはヴァリアン，H. R.［2000］

『入門ミクロ経済学』佐藤隆三監訳，勁草書房（原著第5版，1999），がよい。

観光財はその多くがサービスから構成されているが，種々のサービス（観光に密接な関わりをもつサービス）の価格がどのように決まっているのかを経済学的に学ぶためのテキストとしては，伊藤元重＋伊藤研究室［1998］『**日本のサービス価格はどう決まるのか——サービス料金の経済学**』NTT出版，が優れている。

観光経済学とは何か，観光事象を経済学的に分析するにはどうすればよいか，また余暇と観光を経済学的に分析するにはどうすればよいかといったことを知りたいと思っている読者には，次の3つの書物が参考になる。

　小沢健市［1994］『**観光を経済学する**』文化書房博文社。
　ブル，A.［1998］『**旅行・観光の経済学**』諸江哲男・菊地均・小
　　沢健市ほか訳，文化書房博文社（原著初版，1991）。
　Tribe, J.［1999］*The Economics of Leisure and Tourism*, 2nd ed.,
　　Butterworth-Heinemann, Oxford.

観光経済学のこれまでの発展と現状を知るために，また観光経済学を本格的に研究しようとしている学生諸君や大学院生および研究者に最適な書物としては，Sinclair, M. T. and M. Stabler［1997］*The Ecomomics of Tourism, Routledge*, London.（小沢健市監訳『観光の経済学』学文社，近刊）がある。

Column ⑩　観光ボランティア

　観光振興とボランティアやNPOは密接な関係がある。たとえば，国際観光の振興を目的とする（特）国際観光振興会は，街頭，駅，車中等で外国人観光客を対象にボランティアとして通訳を行う「善意通訳」（グッドウィル・ガイド）の申込みを受け付けている。日本人観光客を対象に観光案内を行うボランティア・ガイドもあり，滋賀県長浜市での取組みが有名である。

　ボランティア（volunteer）とは，利他的な活動を自発的に行う人，あるいはその活動のことを指す。活動の自発性，公益性，無償性を基本特性とし，公益性については，行政が公平性に重点を置くのに対して，ボランティアは自由，多様，創造的，先駆的，個別的である。無償性（無給性）については，実費程度が支給される場合もある。

　NPO（non profit organization）とは，保健・医療・福祉，社会教育，まちづくり，文化・芸術・スポーツ，環境，災害救援，地域安全，人権・平和，国際協力，男女平等，子供の育成などの分野で非営利の活動を行う市民団体のことである。1998年3月，NPOに法人格を与えてその活動を支援する法律がわが国でも制定されたことから，これまで福祉や環境の分野で政府・自治体と民間企業だけでは果たし得なかった役割の担い手として注目されている。関連してNGO（non governmental organization）とは，直訳すれば非政府組織となるが，開発援助，貧困・飢餓救済，環境保護，人権保護など地球的規模の問題に，非政府，非営利の立場から取り組む市民レベルの国際協力団体のことである。

　ホテルなどが消費者に提供する商品の中核的な価値（お客にとっての便益）はホスピタリティとされるが，ホスピタリティとは相手に対する思いやりのことである。思いやりが求められる必然性は，たとえば，旅行者が旅先で道に迷うなど，相手が何らかの意味で困っていることにある。困っている人を助けるのがホスピタリティであって，ホスピタリティはボランティアやNPOとその根幹において性格を共有するといえる。ボランティア・ガイドによって観光地におけるボランティアの役割が高く評価されるようになったが，今後地域の自然や文化と共生できる持続可能な観光事業を推進する意味で，ボランティアやNPOの役割がますます重要なものとなろう。

第11章　観光消費

ラオスの古都ルアン・パバン，クラフトを物色するツーリスト（著者撮影）。

　現代社会は消費社会である。現代は歴史上のいかなる時代と比べても，社会全体に占める消費の比重が大きく，消費によって社会の様態が決定されているといっても過言ではない。ところで観光は数ある消費の中でも，最も現代的な消費の一形態である。観光のために生み出された旅行サービスや宿泊施設など，観光産業の提供物だけが，観光で消費されるもののすべてではない。自然環境，遺跡から人びとの生活，エスニシティに至るまで，有形，無形ほぼすべてのものを観光は商品化し，さまざまなかたちで貪欲に消費していく。

　本章では観光消費を，3つの単元として取り扱う。第1は本来商品ではないものが，欲望の対象となり，交換過程に置かれていく観光における商品化の様態であり，第2はその結果生み出された観光商品が，ツーリストによって消費されていくメカニズム，いわば観光消費のミクロ分析である。そして第3として，観光における商品化の事例を分析することで，現代社会において観光消費が果たす役割と，その影響を考えていくことにしよう。

キーワード：偽装された交換　記号の消費　記号と身体の相互浸透
　　　　　　仮想リアリティ　ヘリテージ・ツアー

1 観光における商品化

商品化される体験としての観光商品

観光を「異境において、よく知られたものを、ほんの少しだけ、一時の楽しみのために売買する」と、橋本和也のように規定するまでもなく、制度化された観光には自然や人びとの生活など本来商品でないものを、商品化し取引の対象にするという側面が含まれている。現代社会では観光行為のほとんどが、商業的取引関係そのものといってよい。ところで観光をごく簡単に「楽しみのための旅行」として、個別の人間行動の水準でとらえる限り、なんらの商業的な援助なしでも観光は成立しうる。自らの足で徒ち歩き、野宿したとしても、旅人の意識が「楽しみ」に還元されるならば、それは観光と考えてよい。そこでは何らの商業的取引関係も成立していない。しかし現在、社会にこうした始源的な旅に対する強い憧れが潜在する一方で、このような旅は現実のところますます困難になりつつある。むしろ強い憧れそのものが、不可能になりつつあることの、反語的表現といってもよかろう。またたとえ徒歩、野宿といった始源的な旅が可能であったとしても、特定の場所に行ってみたいという欲望そのものが、宣伝・広告を通じて生産にからめとられる可能性を否定することは難しい。

現代社会において、観光は「買われる」ものとなった。トマス・クック（T. Cook）に始まる観光の産業化は、本来偶発的に生じてきた旅における出会いや体験を恒常化し、産業的供給という制度に組み込むことでコントロールしようという枠組みにほかならない。産業化の過程は、同時に観光が商品化されていく過程

でもあった。商品とは欲望の対象であり，同時にそれが交換価値を持って，交換過程に置かれるものである。また本来商品でない物が，交換価値を与えられ交換過程に置かれることを商品化(commoditization, commodification)と呼ぶ。観光商品とは，予期される観光体験が商品化されたものといえよう。

これまで観光における商品化は，エリート主義的立場から観光体験の希薄化，俗化，非主体的な消費としてとらえられ，非難の対象とされることが多かった。自らの観光体験を創造しうるトラベラーと，観光産業の生産する擬似的体験によって満足するツーリストに観光客を大きく2つに区分したブーアスティン（D. J. Boorstin）の所説は，この典型である。本章では観光体験の商品化は好ましくないもの，と先験的には考えない。現代観光の最も基礎的部分は，この商品化のメカニズムであるという理解にたち，それがどのような契機で生じ，どのような構造を持ち，何によって特徴づけられているのかについて考えていくことにしよう。

偽装される交換　観光商品の交換過程において特徴的に見られるのは，価値の交換過程と金銭フローつまり経済的交換過程が乖離するという現象である。ほとんどの商品において，対価は商品の提供者が直接受け取ることになる。しかしこの交換の枠組みは，かならずしも観光では成立しない。

観光における価値の交換過程と金銭フローの乖離は，大きく2つの局面に区分してとらえることができる。第1は「偽装された交換」とでもいうべき状況である。山地民を対象とした一種のエスニック・ツーリズムであるヒルトライブ・ツーリズム（hill-tribe tourism）は近年，急速な勢いで一般化している。ことに比較的簡単に山地民の居住地域にアクセスできる北タイでは，観光の中心といってよい。

コーヘン（E. Cohen）の用語によるジャングル・ツアー，つまりトレッキングなど主として徒歩で山地民集落を訪れるツアーでは，訪問してくるごく少数のツーリストを対象に伝統舞踊が披露される例が多い。この時，ツーリストを案内するガイドは，これらの伝統舞踊を偶然見ることができたと強調する。「もうすぐやってくる祭りのために，子供たちが踊りの練習をしている」といった語りがそれである。しかし実際には，ガイドがなにがしかの現金を支払い，舞踊はツーリストのためにアレンジされる例がほとんどである。同様に山地民集落とガイドあるいはガイドの属するツアー・オペレーターとの経済的関係が，語られることはほとんどない。例外的に語られるとしても，「ツーリストを連れていっても，ツアー・オペレータは集落に対価は支払わない。しかしツーリストを受け入れてくれた集落の好意に対して，年に何回か時を決めて日用品などを贈って感謝の気持ちを表している」などと，サービスの需給関係，金銭の授受関係を切り捨て，報酬を期待しない贈与関係を偽装する。しかし実際には，金銭の授受が行われていることは前述のとおりである。

　ツーリストが見る伝統舞踊の表現がいかに真性であっても，観光においてそれが行われる社会的コンテクストは，本来の状況とは大きく異なっている。偽装される交換は，こうした社会規範に対する侵犯を中和し，受入れ側の社会に観光を軟着陸させるための語りと考えることもできよう。しかし偽装される交換の主たる原因は，ツーリスト側にあるとみなすことができる。マス・ツーリズムに典型的に見られるように，それがどのようにツーリスティックな状況下で行われるにせよ，ツーリストにとって，観光体験は再起しない偶然の出来事として，また対価や報酬を期待しないホスピタリティとして経験されるときに，最も輝きを放つ。ガ

イドブックや宣伝に氾濫する「地元の人びとのあたたかい真心」「偶然の出会い」などという表現は，この間の事情を端的に物語っている。

一方で，金銭的給付の結果として提供される接遇サービス，日々ルーティン・ワークとして生産される観光的イベントを目の当たりにするとき，それがマス・ツーリズムの本質であると半ば理解しながらも，ツーリストの体験はアウラを失う。これが直接的金銭フローを伴う商品そのものでありながら，観光が商品ではない偶然の体験を偽装して提供される理由である。

観光商品の交換過程　価値の交換過程と金銭フローが乖離する第2の局面は，より広範で一般的な状況である。観光商品には2つのタイプがある。1つはもともと観光とはまったく関係なく存在し，ツーリストの欲望と出会うことで商品化され，観光商品となったものであり，もう1つは最初からツーリストの欲望の視線を前提に，商品として構想され生み出されるものである。現代の消費社会において，工業製品をはじめほとんどの商品が後者であることはいうまでもない。観光でもこの種の商品は少なからずみられる。一般に観光関連産業，もしくは観光サービスと呼ばれるもののほとんどがツーリストの存在を前提に，当初から商品として生み出されたものであり，これにはホテルなどの宿泊施設，リゾート，旅客運送，ツアー・オペレーター，旅行業，土産品販売，各種のレジャー・レクリエーション施設などが含まれる。

とはいえ観光商品の多くは，元来観光とは無関係に存在したものが，ツーリストの欲望によって意味づけられることで商品化したものである。たとえば自然景観，少数民族の暮らしなどはそのままでは単なる物理的な実在，社会的な状況にすぎない。ところ

がこれらは，自然の驚異を眺めたい，他者に対する興味などというツーリストの欲望と関わり合うとき商品に転化する。しかし前述のようにこれらに対して直接の金銭フローは発生しない。

かつて井上万寿蔵は観光の構造を，観光意欲が観光媒介によって観光対象に結び付けられることによって生じると論じた。井上は観光媒介として宿泊施設，旅客運輸などのいわゆる観光関連産業を想定している。観光意欲という欲望の本源性に対する疑問，観光関連産業の観光への欲望に対する働きかけを考慮していないなどの諸点が指摘され，現在この考えは顧みられることはない。しかしこのプリミティブな構造は，欲望と金銭フローの乖離という点から見る限り正鵠を得ている。

井上のいう観光対象はツーリストの欲望と関わることで商品化された観光商品，そして観光媒介は欲望を意識して生み出される観光商品にほかならない。観光消費の構造とは，欲望との関わりで商品化した観光商品の価値が，商品として生まれる観光施設・サービスの交換過程を通じて伝達されていく過程である。人は美しい景観にあこがれて旅に出る。しかし美しい風景そのものに，支払いがなされることはない。支払いは美しい風景を楽しむことを容易ならしめる宿泊施設，交通機関に対してなされ，またその経験を物象化して持ち帰る土産品に対してなされるのが通例である。いわば観光における価値は欲望を前提として生まれた観光商品である観光施設・サービスを媒介にしてツーリストにもたらされる。このような価値を媒介する機能を，ヴィークル（vehicle）つまり価値の「乗り物」と呼ぶ。価値の交換過程と金銭フローの乖離が，観光消費のリアリティを希薄にする大きな理由である。

一方でマス・ツーリズムの歴史は，観光における本源的な価値の「乗り物」にすぎない観光施設・サービスを，ツーリストが求

める価値そのものに転化させようという企業努力の歴史でもあった。観光施設・サービスなどが媒介物であるならば、観光産業はそれ自身が価値ではなく、観光対象の外部効果にフリー・ライド（ただ乗り）する存在にすぎない。眺めの良いホテルは、同様の施設水準ながら眺望に恵まれないホテルに比べ高水準の価格設定が可能であるように、追加的費用の負担なしに、景観という外部性は商品価値向上に用いられていく。これがフリー・ライドである。費用負担なしに付加価値が向上するフリー・ライドは、一見産業にとっては好ましい状況に思える。しかし反面、これはツーリストの満足形成が、産業の管理下にない偶然に左右されやすいことを意味し、同時にフリー・ライドすべき対象の変化が付加価値生産に決定的影響を及ぼすことを意味している。

　マス市場を対象にしようとするとき、観光産業のとる基本的方向性は、追加費用なしに時として生じる高い満足感を狙うより、むしろ安定して一定の満足感を生み出すことであろう。それを可能にする方法のひとつは、偶然を廃し、ツーリストの欲望の対象を人為的な存在に置き換えていくことである。こうしてディズニーランドのように、一定の範囲内で自己目的化に成功する事例も現れる。ディズニーランドのジャングル・クルーズでは、河馬（カバ）は観客の前にかならず現れ、象も定期的に鼻から水を吹き上げる。実際の自然観察では、特定の生物が都合よく出現する保証はない。もちろんジャングル・クルーズは実際のサファリほどの感動はなかろう。しかし自然の表現を借りながら、まったく別種の娯楽の枠組みをつくり出し、施設自身を欲望の対象にした事例であることは事実である。

2 観光商品における記号と身体

> 記号の消費としての観光

価値の交換と金銭フローがたとえ乖離していようと,交換過程で観光商品が一定の交換価値を持つこと,つまり一定額の金銭的支出の対象であることは,それがツーリストの欲望を充足する何らかの役割を果たすことを意味する。欲望の充足が,わが家を遠く離れた場所で安全に眠ることができるといった観光サービスの機能的側面を基礎とすることは明白である。しかし観光ではこうした機能の消費をはるかに越えた価格付けがなされる例が多い。機能を越えた価格付けは,観光商品に対する記号上の欲望の充足,身体的欲望の充足という2つの要因に立脚している。

観光消費は一種の記号的コミュニケーション過程である。別の何ものかを媒介として,意味を伝達するプロセスを記号過程と呼ぶ。タイの観光宣伝では,ワイ(両手を合わせるタイ式の挨拶)をする女性という視覚表現がしばしば用いられる。この宣伝の送り手は,ワイという図柄にタイにおける篤いホスピタリティという意味を載せ,市場が意味を正しく解釈してくれることを期待している。タイ観光では宣伝ばかりでなく,現実の観光場面でも,同様の論理はきわめて頻繁に使われている。しかしワイは単なる所作にすぎず,それ自体が歓迎や人を受け入れるという意味を持っているわけではない。

手を合わせる所作は,タイという文化システムの中で,歓迎や人を受け入れるという意味と結合し,それを見る人に歓迎の意味を伝える。この例をみても,記号に意味を込める過程いわゆるエ

ンコードと，記号から意味を取り出す過程（デコード）が同調し，記号化された意味が正しく取り出されるためには，記号と意味を対応させる一般に広く認められた意味了解のシステムが存在し，それを記号の送り手と受け手が共有していなければならない。この意味了解システムは一般にコードもしくはコード体系と呼ばれている。

コードの消費

ボードリヤール（J. Baudrillard）は，商品が記号となったときはじめて消費されると主張する。ツーリストの欲望の対象は所作としてのワイではなく，それが伝える意味としてのホスピタリティであると考えれば，この命題は観光ではとくに妥当的である。

観光消費の記号的側面は，前述のコードによって規定されている。たとえば椰子の木は，南国の風情を表象する記号として一般化しており，観光ではこうしたステレオタイプ，つまり紋切り型の理解ともいうべき，単純な記号が頻繁に用いられる。「南国宮崎」を象徴する国道沿いの椰子や蘇鉄は，まだ海外旅行が自由でなかった時代，新婚旅行のメッカとしての疑似ハワイ・宮崎を演出するために植えられたものである。ごくわずかな相対的暖かさを椰子という記号は南国という意味に転化させていく。

コードによる記号化は，一般に比喩を用いて行われる。ことにマス・ツーリズムでは換喩と呼ばれる，直接的なたとえが使われることが多い。換喩とは，因果関係，時間的・空間的近接さを利用して記号を成立させる手段である。もちろん観光では「椰子の木といえば南国」といった一対一対応の簡単な記号ばかりでなく，より複雑な文化記号，つまり複合化し社会化された記号が頻繁に用いられる。タヒチに代表される仏領ポリネシアの観光プロモーションでは画家ゴーギャンがしばしば用いられる。このとき，ゴ

ーギャンは単にかつてそこに住み,そこを描いた人物として登場するだけではない。ゴーギャンは近代社会が失った「野生の価値」の求道者としてツーリスト自身に重ね合わされ,奔放な生き方,はては仏領ポリネシアに残るフランスの文化的影響すらをも表象する複雑な記号として機能している。

　ところでいかに複雑化するにせよ,観光における記号化は一定の範囲を越えることはない。なぜならば観光消費が不断に差異化を求めながら,常に差異は大衆によって識別されうる範囲でなければならないという限界を持つからである。差異化はその行為者をブルデュー(P. Bourdieu)のいう文化資本の所有者として位置づけ,しかも文化が階層性を持ち,それが一般に認識されているとき最も強く機能する。いわゆる隠れ家ホテルに宿泊するツーリストはこの典型であり,大規模ホテルに宿泊するマス・ツーリストに対して,旅行知識,センスなどの文化資本の所有を通じて自らを差異化している。同時にこの差異化が最も意味を持つのは,大衆が隠れ家ホテルの存在を知っており,多少背伸びすれば手の届くところにあるときである。この点,大衆に識別されない差異は,観光消費として意味を持たない。

非コードの消費

　前述の差異化の範囲内でありながら,観光の記号的消費では,時としてコードから逸脱した記号化が行われることがある。記号の送り手と受け手がまったくコードを共有していないとしても,言葉の通じない対話者がボディ・ランゲージで意思疎通を試みるように,意味の伝達は不可能ではない。これがコードによらない記号コミュニケーション過程である。非コードの記号コミュニケーションでは,記号は一定のコンテクスト,つまり文脈の中に置かれ,文脈にしたがって解釈される。コードという意味了解のシステムを欠くため,

意味の伝達はコードによるコミュニケーションほど確実ではないが，より含意に富んだ意味伝達が行われる可能性がある。

　非コードの記号過程で用いられる比喩は，直接的なものではなく，形態からの類推などによる「ほのめかし」が中心である。こうした記号化をメタファー，隠喩という。インドネシア・バリ島にアマンダリというごく小規模な高級リゾートが立地している。このリゾートは内陸に立地し，通常のリゾートが持つビーチや華やかな雰囲気とはほど遠く，前面には棚田が広がり，客室から眺められるのは働く農民，電柱などの日常風景である。通常の観光のコードによれば，農村風景，電柱などは日常性を表象するものとして，日常性を越える夢の世界・リゾートからは排除されるべきものと考えられてきた。しかし一旦，「集落の中で暮らす」という文脈にこれらの記号が置かれれば，これらの排除されるべき記号は価値転換され，施設のコンセプトを体現し強化する役割を果たす。アマンダリは非コードの記号過程を活用することで，世界でも最も高級で洗練されたリゾートとして機能している。

　コードによる記号化が確実に表層的意味を伝えるとすれば，非コード，メタファーによる記号化は不確実ながらもより深層的意味を伝えることができる。

身体性の消費としての観光

　観光消費のかなりの部分は，前述の記号的消費である。しかし観光消費のすべてにおいて，一旦，事物を意味に転換し，意味が消費されるわけではない。観光消費では意味を経由せず，観光商品が直接満足を形成することがある。一日の長いトレッキングの後，熱いシャワーは大きな壮快感をもたらしてくれる。しかしこの壮快感になんら記号は関与せず，壮快感は意味を経由せず，直接「快」として身体，感覚器官を通じて感知される。これ

が身体性の消費である。

　観光における身体性の消費には，大きく2つの局面がある。第1はひとつの感覚器官を通じて感知される，主として生理的な欠乏に対する埋めあわせ現象である。高い気温，高い湿度は一般に不快とみなされる。これを補償する最も簡単で効率的な方法は，エアコンを設置して物理的に対処することであろう。実際高度成長期，日本の観光産業の努力の大きな部分が，アメニティ水準を上げるという名目で，客室スペースを拡大し，給湯条件を改善し，エアコンを設置することに費やされてきた。これらの対応は，生理的な欠乏を埋め合わせることによって観光商品としての質を向上させ，付加価値を確保する方法と考えてよい。

　ところで観光における身体性の消費の第2の局面は，複数の感覚器官を一度に用いて得られる統合的な感覚である。風鈴は物理的に気温を下げることはないものの，われわれは風鈴の音を聞くとき，なにがしかの涼しさを感じることができる。皮膚感覚に加え，風鈴は風の存在を音として，また風に揺れる視覚で伝えてくれる。これらの複数の感覚は一定の方向性のもとに統合され，リアリティを持って風の存在が知覚され涼しさが伝わる。いわば五感による世界の認識であり，受動的性格の強い生理的欠乏に対する埋合わせに対して，より主観的でありながらポジティブな感覚が構成される。

視覚的消費としてのマス・ツーリズム

　観光における記号の消費と身体性の消費は，記号におけるコードの消費，非コードの消費，身体性における生理的欠乏の埋合わせ，五感の消費という4つの領域に区分することができる。観光商品はこれらの記号的消費と身体性の消費の組合わせである。しかし観光商品を構成する各領域は独立ではなく，観光の普及に

つれて両者の組合わせは発展段階的に変化していく。

マス・ツーリズムの時代，観光商品はコードを媒介とした記号の消費と，生理的な身体性の消費との組合わせが主体であった。特定の前提条件や知識なしに，誰がみても「善」「快」あるいは「珍奇さ」と解釈できる造形で観光商品は表現され，同時にエアコンや給湯は生理的な欲求を満たす必須の条件として設備され，高度化していく。

ハワイ島西海岸のハイアット・リージェンシー・ワイコロア（現施設名・ヒルトン・ワイコロア・ヴィレッジ）は，いわゆるメガリゾートあるいはファンタジー・リゾートの最初の事例として，一時期世界的な注目を集めた施設である。ファンタジー・リゾートとは，自然や文化の表現から都合の良いところを脈絡を無視して抜き出し，スポーツなどのアクティビティと組み合わせることで，「驚きの表現」を軸として構成される，誇大妄想の巨大リゾートである。実際ワイコロアは，礁湖を想起させる不定形の巨大なプール，生い茂る熱帯樹などの楽園を思わせる造形，イルカと泳ぐプール，施設内の水路を周遊するボートなど単純明快な驚きに満ちている。一方で客室部分はシンプルであり，エアコンをはじめ日常的なアメニティ水準が確保される。この記号を介した単純な驚きの構造と日常的アメニティの組合わせは，マス・ツーリズムにおける観光商品の特徴であり，現在でもラスヴェガスをはじめ，多くの大衆を対象とする観光地で再生産されている。

マス・ツーリズムの時期，観光商品は視覚を中心として構成される傾向が強い。これは視覚がすべての感覚のうち，最も理知的な性格を持ち，意味を介してコードによる記号の消費と結びつきやすい性格を持つからである。これが，一般にマス・ツーリズムを視覚的スペクタクルを中心とする観光形態とみなす一因である。

ところでマス・ツーリズムのもうひとつの特徴は，差異化を志向しつつも横並び意識が強く働くことであろう。用いられる記号は一般の人びとによって，前後の文脈に依存せずごく簡単にプラスの価値として解釈されるものでなければならない。ここで成立するのは，観光商品を消費できる者とまだ消費していない者という，多様化されない差異化であり，消費した者は淡い優越感を持ち，そうでない者は強い憧れと飢餓感をもつ。これがマス・ツーリズムを動かしてきた消費のエネルギーである。

> 記号と身体の相互浸透

ところで観光体験の蓄積に伴って，観光消費における差異化は深化していく。社会の大半の構成員が観光に参加できるマス・ツーリズムであればあるほど，個々の消費者は差異化によって自らを大衆から区別していくことを志向するようになる。ひとつの方向はより高級で高価な観光への欲望の高まりであろう。これはいわば支出能力による差異化である。もうひとつの傾向は，大衆＝ツーリストという図式を前提に，自らがツーリストであることを否定することで大衆からの差異化をはかるという方向である。ツーリストでないことを偽装するツーリスト，この矛盾に満ちた傾向は1980年代終わりから顕著になり，この時期からガイドブックや雑誌には「リゾートで暮らす」「ローカルの集まるスポット」などの表現が頻出し始める。

さてこの過渡的状況で観光商品は，メタファーを中心とした非コードの記号消費へと移行し，記号的解釈はより複雑さを増していく。先に述べたバリ島のアマンダリはこの典型である。従来の単純な記号的理解では，プラスと思われない電柱や農村風景という表象を，文脈を変えることで価値転換し商品価値を形成する。同時にこのメタファーを解読できる者は文化資本の所有者として，

自らを大衆から差異化することができる。しかしアマンダリの例でも明らかなように，造形的には地元の集落や民家を誠実に模倣するという，これまでのリゾートとは決定的に異なる手法を使いながら，エアコンに代表されるるアメニティは従来のリゾート・スタンダードがそのまま踏襲され，地元の水準でつくられるわけではない。過渡的な観光消費とは，マス・ツーリズムの枠組みを残しながら，記号部分が肥大化し複雑化した，意識中心，意味中心の消費と考えることができよう。

　ところで現在，観光消費は過渡的状況を越えて，完全なポスト・マス・ツーリズムの時代に入りつつある。ポスト・マス・ツーリズムの観光消費の特徴は，身体性の消費が生理的な欠落を埋めるという段階を乗り越え，大きく五感の消費，感覚の消費へとシフトし始めたことであろう。

　新しい時代の観光のひとつであるエコツーリズムを例に考えよう。エコツーリズムではエコロジング（eco-lodging）と呼ばれるこれまでのリゾートとは大きく異なる宿泊施設が利用されることが多い。いわば環境への配慮に，商品性の力点を置いたリゾートである。エコロジングではエネルギー消費を抑えるため，電気が設備されなかったり，時間給電などごく限られた利用にとどまる例が多い。もちろんほとんどの場合，エアコンは設置されない。給湯も一般に太陽熱を利用し，安定した給湯にはほど遠い状態にある。これまでのマス・ツーリズム的視点からすれば，アメニティ水準の大幅な切下げであり，同時に生理的な必要性さえ満たすことのできない状態であろう。

　しかし利用するエコツーリストの多くは，これをほとんど問題にしない。低水準のアメニティは，エネルギーを無駄にしないこと，「自然に優しい私」という複合化された記号に転換され，意

味として消費されている。しかし記号の消費，つまり生理的不快を意味によって「快」に転換するだけで観光消費が完結するわけではない。エアコンのない部屋の窓を自然に向けて開け放つとき，トレッキングの後，水辺や木陰でまどろむとき，吹いてくる風は統合された身体感覚を通じて涼しさを感じさせる。物理的に生理的に快適な状況を作り出すのではなく，さまざまな感覚の統合として「快」が構成される状況こそ，ポスト・マス・ツーリズムの大きな特徴である。同時にマス・ツーリズムや過渡期とは異なり，観光商品を構成する各要素は，それぞれが単独に記号的消費，身体性の消費に結びつくのではない。エアコンが設置されていないという事実は，統合さえた感覚の消費を誘発するという点で身体性と深く関係しており，同時に環境意識という記号としても意味を持つ。このように同一の要素が記号あるいは身体性として複合しながら商品価値が構成される記号と身体の相互浸透こそが，ポスト・マス・ツーリズムの観光消費を特徴づけている。

3 観光消費の諸様態

場所の消費

観光を通じて，本来は商品ではなかったさまざまなものが商品化していく。本書ではそのうち最も大きな要素である自然環境について第7章で，また文化について第8章で扱った。しかし商品化され，観光を通じて消費されていくのは自然環境や文化ばかりではない。ここでは，それ以外の主要な商品化の事例を考えることで，ツーリストと観光商品の提供者との間で交わされる価値の交換過程をめぐる相互作用や，観光的リアリティがどのように生産されていくのか

について，具体的なプロセスを考察することにしよう。

　歴史的な成立過程をみても，観光は「場所」への欲望と深く結びついている。自らの生活空間以外の場所を見たい，知りたいという欲望は旅にとって本源的なものであり，古くは松尾芭蕉，菅江真澄から宮本常一に至るまで，われわれはこうした欲望に衝き動かされた人びとを数多く知っている。歌枕のように記号の集積として想起されるにせよ，観光産業やマスコミが意図して提供する情報によって構成されるにせよ，旅への欲望は対象地への具体的イメージを伴う。もちろん行動の誘因となるイメージが，対象地の現実と一致しているかどうかはここでの問題ではない。1980年代半ば以降，マス・ツーリズムの主役であった娯楽機能を集積し効率的に欲望を充足しうる観光地に代わって，地域の固有性をより明確に訴求しうる観光地へのニーズが高まりはじめる。小京都ブームからはじまり，南仏プロバンスからネパール，バリに至る一連の観光地は，こうして一般化していった。さらにバリからその一集落であるウブドゥへというかたちで，地域へのニーズは絞り込まれ精緻化していく。

　これら新しく勃興してくる観光地に共通の特徴は，伝統的な人文景観が保全されていると一般に考えられていることであろう。固有性を持ち，他とは明確に区別される空間を場所と呼ぶ。しかし場所は保全された町並みや，ヴァナキュラーつまり慣習家屋などに見られる民俗的表現など，空間の物理的な形態によって構成される概念ではない。場所とは日々の生活の中で，経験によって意味付けられた固有性を持つ空間であり，町並みやヴァナキュラーな表現は，場所性そのものではなくその結果である。あるいは人間が生活空間との間で取り結ぶ関係が物象化したものが，これらの空間表現であると考えることができよう。「場所」は空間の

構造や表現を基準とする実体概念ではなく，人びとが生活空間との間で創り出す意味構造である。同時に意味構造を前提に成立する人びとの空間へのアイデンティティが，関係性の概念としての場所を形成する。観光は「他者の場所」に対する欲望に立脚しており，「場所を対象とする消費行為」とみなしてよい。

観光におけるリアリティの形成

しかし前述のように，基層部分に場所への志向を持っているとはいえ，マス・ツーリズムではアメニティを重視した均質的空間，いわゆる没場所的空間へのニーズが優位にあった。なぜ1980年代半ばをさかいに，再び場所への関心が表面化してきたのであろう。第1に指摘されるのは，場所性という概念が土地に根を張ったローカルな認識であるという点である。ツーリストの送出し地域，いわゆる産業化された国家群や都市圏での生活は，労働場面，生活場面とも機能化され，人びととそれを取り巻く環境との間に強いアイデンティティを形成することは難しい。取替え可能な空間で暮らし，自らを取り巻く空間との間に固有の関係を築きえない反面，機能的な都市生活を捨てては生きていけないという，二律背反的で同時に根無し草的な都市生活者の自己認識が，反動として場所性を希求する。観光という一時的な生活のシフトの中で，場所性という土地に根を張り具体的な手応えのある生活に対する欲望は，こうして拡大してきた。

ところで観光における場所への希求が増大していく第2の要因は，場所という概念が空間と人間との関係を基盤として成立するところに求められる。ツーリストは他者が生活空間との間で取り結んでいる場所性を見ることで，自らの生活空間との関係を相対的に位置づけことができる。そこでは他者の関係性に，自らの関係性を重ね合わせることで消費が行われている。観光で消費され

る場所性は，他者の場所性であると同時に，自らの場所性の確認でもある。この点，観光における場所の消費は，典型的な関係論的商品ということができよう。

ところで自らの場所性を，観光場面で他者の場所性と重ね合わせるとき，そこに差異ではなくむしろ共通の基盤を見出すことができれば，ツーリストは親近感と強いリアリティを感じることになる。生活の労苦から解放された南の楽園として語られる場所，たとえば仏領ポリネシアなどで，表層の楽園的表象の裏側に，現実の地元住民の生活を見て，それをツーリスト自身の日常性と重ね合わせるとき，ツーリストははきわめて強いリアリティを感じる。これは現象学的社会学でいうリアリティの相互反映性の典型例である。またこれは山下晋司の指摘するポストモダン・ツーリズムの例証でもあろう。ポストモダン・ツーリズムとは，近代の特徴であったツーリストと対象との厳然とした区分とは異なり，主客の境界が曖昧な観光の状態をさす。自他の関係性を重ね合わせることで生じる観光のリアリティは，対象を自らの内部に取り込むことで成立しており，観光におけるポストモダニティの一例ということができよう。

場所の記憶と仮想リアリティ

場所を対象とした観光は，他者とそれを取り巻く空間との関係を，第三者としてのツーリストが消費するという図式である。しかし時として，ツーリスト自身が対象となる空間に強い関係性を持ち，自らの場所として対象地を商品化していくことがある。

DMZ ツアーと呼ばれる特殊な観光商品はその典型であろう。DMZ は Demilitarized Zone の略であり，非武装地帯を意味する。この場合はとくに 1950 年代からベトナム戦争時にかけて，南北

ベトナムの国境付近に設けられた緩衝地帯をさし,最も激しい戦闘が行われたことで知られている。フエ,ダナンを基点として,ベトナム中部ではかつてのDMZを訪れるツアーが日常的に行われ,ベトナム戦争に参戦した元米軍兵士が多く参加している。

　元兵士以外のツーリストにとって,DMZは単なる平和な田園風景にしかすぎない。これらのツーリストにとってDMZは,舞台装置として一部に展示された戦車や飛行機の残骸を通じてベトナム戦争の記憶をたどるヘリテージ・ツーリズムの一種と考えてよい。しかし元兵士にとって,特定の空間は戦争の体験と分かちがたく結びついており,彼らは現在の平和な風景の向こうに,かつて経験した戦場を見ることができる。元兵士にとって昔経験した戦場は,個人的な関係を媒介として意味に満ちた空間,つまり紛れもない「場所」であり,再びそこを訪れることによって場所の記憶が消費されていく。DMZツアーはきわめて特殊な例でありながら,関係によって成り立つ場所性の消費の本質を,明確に示している。

ヘリテージの消費

　場所性を求める観光では,たとえ特定の空間に対する他者のアイデンティティが消費されるにせよ,あくまでも価値交換の主体はツーリストであり,空間の商品化はツーリストの視点で行われる。地域住民など場所へのアイデンティティの持ち主が,価値交換をめぐってツーリストとの間でネゴシエートし,相互作用が生じることはほとんどない。しかしマス・ツーリズムに代わるべき新しい観光の形態,いわゆるオールタナティブ・ツーリズムのひとつであるヘリテージ・ツーリズムでは,ツーリストと受入れ側の社会集団との間で相互作用が生じ,対象へのアイデンティティが再構築される中で商品化が進行する。

ヘリテージはいわゆる伝統など無形のものをさすこともあるが，一般には過去が空間あるいはモノとして固定化し，同時に国家，地域，エスニック・グループなど何らかのアイデンティティの対象として機能しているものを意味する。たとえばカンボジア最大の観光資源であるアンコールワットは，12世紀クメール文化の極点を示す巨大な祭祀遺跡であると同時に，カンボジアという国家の統合の象徴として機能してきた。独立以来，政体の変化にかかわらず国旗にはアンコールワットが描かれ続け，実際に訪れた国民は10％にも満たないとはいえ，クメール以外のエスニック・グループも含めて，国家アイデンティティの対象である。ヘリテージ・ツーリズムは祭祀空間，集落，都市，産業遺跡などの遺跡・遺構や，美術，日用品などのモノを対象とする観光行動である。しかし実際には，博物館・美術館訪問，遺跡・遺構の見学，あるいはそれらが立地している集落や都市への訪問という目的と手段が複合的，重層的に関連した複雑な構造をなす。

　ところでヘリテージ・ツーリズムは，現実の場面でエスニック・ツーリズムと結びつくことが多いとはいえ，まったく別のカテゴリーに属する。エスニック・ツーリズムは先住民の生活を見る，体験するなどのかたちで現存するエスニシティを対象として行われる観光であり，ヘリテージ・ツーリズムは過去の一時点で存在したエスニシティの表現を対象とした観光として，あくまでもモノを媒介として物象化された関係を追体験する行為である。しかしながらヘリテージ・ツーリズムで消費されるのは，場所性の消費とは異なり，アイデンティティなどの関係性ではない。ヘリテージ・ツーリズムで消費されるのは，ヘリテージをめぐってツーリスト，受入れ側が相互に生み出す「語り」「言説」である。奥州・平泉を訪れるツーリストは，「つわものどもが夢のあと」

という芭蕉の句をかならずといってよいほど思い出す。ツーリストは芭蕉の語りに，自らの語りを重ね合わせ，平泉というヘリテージを「現実のはかなさ」などというかたちのディスクールとして消費していく。

　アンコールワットをはじめとする遺跡群が，植民地博覧会などを通じて，オリエンタリズムやエキゾティシズムの視線のもとに置かれたことは事実である。しかしエスニック・ツーリズムに比べて，ヘリテージを媒介にする観光では，ツーリストと受入れ側の権力関係は表面化しにくい。エスニック・ツーリズムでは文化という相対的存在を，ツーリストの価値観に合わせて操作可能な表象に変換する必要がある。これが太田好信のいう文化の客体化であり，このプロセスを通じ，経済的優位性，また時として元宗主国という強者の視線としてツーリストの持つ価値が，生成する観光商品に色濃く反映していく。

　これに対しヘリテージは当初からプラスに価値づけられた存在であり，また物象化されてモノのかたちをとっている。またヘリテージを成り立たせる語りの構造は相互的とはいえ，多くの場合ヘリテージ所有者の語りの方がはるかに主導的である。ヘリテージをめぐる観光では，受け手はツーリストに対して相対的に優位にあり，これがエスニック・ツーリズムほど力の不均衡を強く生じさせない理由であろう。

生きたヘリテージとリアリティ

　アシュワース（G. J. Ashworth）はヘリテージを歴史的記憶と認めた上で，現在の消費を満足させるために，意味あるかたちで創造された商品であると論じている。これはヘリテージが歴史や過去そのものではなく，現在の価値観で意味づけられた歴史の表象であることを意味する。ベトナム中部の古都フエにグエ

ン王朝の王宮が残っている。しかし1968年テト攻勢のなか，南ベトナム軍・米軍の空爆でほぼ完全に破壊され，現存するのは城壁と再建された一部の堂宇にすぎない。再建された建造物のひとつに，午門と呼ばれる城門がある。この再建にあたって，テト攻勢当時，機銃弾が貫通した壁板の一部がそのまま使われている。穴のあいた壁板は1968年にそこで行われた戦闘の物象化であると同時に，文化に対する犯罪という政治性の強いメッセージをツーリストに伝えている。とはいえこの語りは1968年当時のものではなく，現時点での解釈であり，語りの主体が国家としてのベトナムあるいはベトナム国民であることは間違いない。

　前述のように，ヘリテージ・ツーリズムで消費されるのはアイデンティティではない。しかしヘリテージ・ツーリズムでツーリストが感じるリアリティには，ヘリテージに対してそれを支える人びとが抱くアイデンティティが深く関わっている。観光で商品化されるヘリテージには3つの類型がある。第1は現在でもそれを支える人びととの日常性の中でアイデンティティの対象として連続しているヘリテージであり，第2は連続していないヘリテージである。前者は現在でも信仰の対象となっている宗教施設，後者は現在では信仰する人のいない祭祀遺跡などを例にあげることができよう。また第3の類型は，物理的実在としては一旦失われたヘリテージを再建したものである。

　一般に第1の類型が強いリアリティを感じさせるのに対し，第2，第3の類型はツーリスティックな印象が強い。ネパール・カトマンドゥ盆地のスヴァンヤブナート，ボダナートなどネワリ仏教の寺院群は，物乞いやツーリスト目当ての物売りに満ちたツーリスティックな場所でありながら，強烈なリアリティを感じさせる。一方インドネシア・ジャワ島のボロブドゥールは機関車を模

した園内シャトルや象の体験ライドなどあたかも遊園地のようであり、リアリティを感じることは難しい。またボロブドゥールでは遺跡に登ったり、飲み物を空き缶を放置するなどカトマンドゥ盆地の寺院群では見られないツーリスティックな行為が散見される。

　両者の違いはカトマンドゥ盆地の寺院群が信仰の場として、日常的アイデンティティの対象となっているのに対し、ボロブドゥールはイスラム圏における仏教遺跡としてすでに日常的に信仰する人びとを失い、より一般化された国民の文化遺産としてしか位置づけられていない点であろう。信仰という日常的アイデンティティは、ヘリテージの意味を日々更新し続けていき、これが強いリアリティの源泉となる。またヘリテージを支える人びとの日常的アイデンティティに、ツーリストが自らの日常を重ね合わせるとき、ツーリスティックな行為が抑制されていく。ヘリテージ・ツーリズムは語りを媒介とする記号化された消費であると同時に、ツーリストと受入れ側の日常的アイデンティティを介した関係的観光商品でもある。

演習問題

① 観光ポスターを1枚選び、そこに描かれた図案が、記号として何を意味しているのかを考えてみなさい。
② ハワイ・オアフ島の北海岸ハレイワの町にマツモト・グロサリストアという雑貨屋がある。ここには多くの日本人ツーリストが有名なシェーブアイス（かき氷）を求めて列をなす。日本人ツーリストたちはこの何の変哲もないかき氷を食べることを通じ、ワイキキで遊ぶツーリストに対し自らをどのように差異化し、何を消費しているのであろう。

③ イギリスをはじめ植民地列強は，植民地の基点にホテルを建設してきた。シンガポールのラッフルズホテルはこれらコロニアル・ホテルの代表である。戦後独立した国民国家は，一種のヘリテージであり同時に植民地支配の象徴であるコロニアル・ホテルを，観光を通じてどう位置づけ，どう語るのであろう。またツーリストの送出し国である旧宗主国の人びとの語りはどうであろう，考えてみなさい。

読書案内

観光における商品化への古典的な批判はブーアスティン，D. J. [1964]『幻影の時代』星野郁美・後藤和彦訳，東京創元社（原著，1962），に見られる。現代観光の商業主義に対する高踏的批判が何も生み出さないことは，すでに自明と思われるが，観光と観光における商品化への批判の典型であり，議論の出発点として参照する必要があろう。MacCannell, D. [1976] *The Tourist: A New Theory of the Leisure Class*, Schocken, はこうしたブーアスティンの大衆観光批判に対して，コペルニクス的転換を行ったといわれる。マッキャネルによるとマス・ツーリズムの主役である大衆は，まがいもののイベントで満足する存在ではなく，観光の中に彼らなりの真実を求めているという。同書は現在，観光研究で使われる幾つかの概念の出発点になっており，きわめて重要な文献である。観光における商品化を研究しようとする場合，日本語文献だけでは決定的に不足であり，初学者でも英語文献を参照せざるをえない。この機会に英語文献にトライしてみよう。

山下晋司［1999］『バリ **観光人類学のレッスン**』東京大学出版会，は観光化に伴う地域社会，地域文化の変容という議論において，観光に触発された新しい文化の生成というかたちで，観光にプラスの

評価を与えた著者の当面の集大成である。表題のバリ以外にも観光化についての幾つかの例が含まれている。橋本和也 [1998]『**観光人類学の戦略**』世界思想社，と Picard, M. and Wood, R. E. eds. [1997] *Tourism, Ethnicity and the State in Asian and Pacific Societies*, University of Hawai'i Press，もさまざまな例をあげながら観光における商品化がどのように進んでいくかについて論じている。これらの文献で扱われる例には同一のものも多く，複数の視点で分析した1つの事実を参照することで，学習者はより多角的な理解に達することができよう。

ところで観光化の研究は地域をベースにしたものが多い。日本語文献ではインドネシア・バリを対象にした永渕康之 [1998]『バリ島』講談社，や前掲した山下晋司 [1999] のバリに関わる項が，またハワイに関しては山中速人 [1992]『**イメージの〈楽園〉**』筑摩書房，が出発点として好適と考えられる。

また太田好信 [1998]『**トランスポジションの思想**』世界思想社は，観光で商品化される他者に，固定的な文化表現など本質主義的な表象を求めるツーリストの視線に対して，対象となる第三世界・第四世界の人びとが自らの文化を操作可能なかたちで客体化し視覚化して見せる傾向があるという。太田によると，これはツーリストへの迎合だけではなく，商品化される人びとが観光を通じて自らのアイデンティティをぎりぎりのところで模索する行動である。まだ評価の定まった議論とはいいかねるが，観光における商品化を学ぶ者にとって必読の文献といえよう。

参考文献（上記以外）

トゥアン，Y. [1988]『空間の経験』山本浩訳，筑摩書房（原著，1976）。

ブルデュー，P.［1989］『ディスタンクシオン』石井洋二郎訳，新評論（原著，1979）。

ボードリヤール，J.［1979］『消費社会の神話と構造』今村仁司・塚原史訳，紀伊国屋書店（原著，1970）。

Ashworth, G. J. [1994] "From History to Heritage, From Heritage to Identity," in Ashworth, G. J. and Larkman P. J. eds., *Building a New Heritage*, Routledge.

Cohen, Erik [1996] *Thai Tourism: Hill Tribes, Islands and Open-Ended Prostitution*, White Lotus.

MacCannell, Dean [1976] *The Tourist: A New Theory of Leisure Class*, Schocken.

Urry, J. [1995], *Consuming Places*, Routledge.

*Column*⑪　エコツーリズム：固定化される文明と野生

　エコツーリズムの中心地，中米コスタリカのコルコヴァード国立公園に隣接して，アメリカ人夫婦が所有するラパ・リオスというエコツーリズム開発がある。平和部隊出身のオーナーは引退後第二の人生として，環境にやさしく，地域に貢献する開発という理念を実現すべくエコツーリズム開発に取り組んだ。地元の民家を模した施設，太陽熱など省エネ設備の活用，熱帯雨林の保護，メディシンマン（呪医）による自然のインタープリテーション（解釈・説明）など魅力的な商品内容で，ツーリストの人気は高く，社会的にも高い評価を受けている。また教育機会に恵まれなかった地元に小学校を寄付するなど，オーナー夫妻は社会貢献にも熱心である。

　しかし一見理想的に見えるこの開発にも問題点がある。最大の問題は，従業員とゲストの間の価値観の相違である。先進国からやってくるエコツーリストは，「自然とともに暮らす生活」に重きを置き，都市的習俗に対し忌避的である。一方従業員たちは，彼らにとっての豊かな生活を表象する都市的習俗に，きわめて敏感である。女性従業員は大自然の中で念入りに化粧し，ストッキングをはく。こうした価値観

の相違は，時として両者間の心理的軋轢を生む。

　エコツーリズムの構造的な問題点は，たとえそれが善意や理想に基づくものであるにせよ，エコツーリストを文明の側に，エコツーリズムの対象地域やそこに住む人びとを「自然の価値の所有者」として野生の側に置くことなしには成立しないという点であろう。価値観の押付けは，圧倒的な経済力格差を背景にして，きわめて強力に機能する。これはいわゆる先進国と第三世界の関係を固定化することにほかならず，環境主義の持つ帝国主義的性格を指摘することができよう。さらに大きな問題は，エコツーリズムが途上国の辺境や少数民の住む地域，いわゆる第四世界をさらなる野生として位置づけ，途上国内部における格差を拡大していく点である。植民地主義時代には，一般に宗主国が文明を，植民地が野生を象徴してきた。この植民地主義時代における価値の分有関係を，途上国の都市圏と辺境という枠組みで再生するという点で，エコツーリズムはポスト・コロニアルな状況に加担しているということができよう。

　観光において理念を実現することは容易ではない。ちなみに寄付された小学校は開店休業の状態にある。たしかに教育の機会は提供されたが，初等教育を受ける子供たちやその家族が，教育を通じて何を手に入れることができるかについて周知する努力はなされなかった。また雇用機会の提供などを通じ，教育が社会的階梯を登る手段として位置づけられなければ，実際の教育は機能しない。ラパ・リオスの事例は，理念や感情だけでは事態が進展しないことを教えてくれる。

第12章 観光政策

政府の観光開発政策の成功例として引き合いに出されるフランスのラングドック・ルシオン地方グランド・モット（写真提供，フランス政府観光局）。

　　観光政策は，その時々の政府の観光に対する理念あるいは関わり方いかんによって大きく異なる。観光の見えざる貿易としての側面を重視するのか，国民の観光行動を生活の質として捉えるのか，あるいは観光を地域振興の手段と考えるかなどによって，政策の重点が異なってくる。さらに現代では，観光と環境の関わり，消費者としての旅行者の保護，観光資源としての文化遺産や自然環境の保護なども観光政策の視野に入ってくる。観光政策は理念であり総論であって，実行や各論に相当する行政は多くの省庁にばらばらに所管されているのが実態である。

キーワード：観光基本法　WTO　PATA　ソーシャル・ツーリズム
　　　　　　グリーン・ツーリズム

263

1 観光政策とは

観光政策の特殊性　観光政策とは何か，あるいは観光行政とは何か。この問いに答えることは案外難しい。日本の，アメリカの，フランスの現在の政府が，観光に対してどのような理念をもち，どのような行政組織で，何をしているかという説明はできても，これらを普遍化するのは容易ではない。理由は，農業，教育，交通，エネルギーなどの政策と違って，観光の場合は，政策目的や政策実施のための組織・手法が自明でないからである。現実に即して言えば，第1に，主要国の中でも，省レベルの行政機構をもつ国（フランス，スペイン，オーストラリアなど）から，観光の名を冠する行政部局をもたない国（イギリス，ドイツ，スイスなど）まで，中央政府の観光への関わり方があまりにも違い過ぎること，第2に，他の分野では政策と政策実施のための行政が一体であるのに対し，観光では，政策は理念であり総論であって，実行や各論に相当する行政はいくつもの省庁にばらばらに所管されていること，第3に，政治の制度や観光産業の発展度によって政府の介入のあり方が大きく変わること，第4に，観光政策ないし観光行政は中央政府のみならず県（州）や市町村レベルの地方政府が積極的かつ主体的に関わる分野であること，などが挙げられる。

　観光行動は，移動，宿泊（睡眠），飲食，娯楽，休養，見物，スポーツなどすべてを包含し，日常生活圏を離れた生活の総体であるから，政府の行う施策のほとんどすべてが何らかの形で観光に関わっているともいえる。実際に，多くの省庁がそれぞれ独自

の行政需要に基づいて行う施策が観光に大きな影響を及ぼす一方で，マス・ツーリズムが発展した今日では，あらゆる行政が巨大化した国民の観光行動を前提にし，配慮せざるを得なくなっている。運輸行政しかり，環境行政しかり，金融行政や出入国管理行政，国土利用計画や文化財保護行政も，観光に大きな影響を及ぼす一方で，今では観光を度外視した施策は考えられない。言い換えれば，観光を所管する省庁の行政だけが観光行政とはいえず，また，観光に大きな影響を及ぼす行政が必ずしも観光の名において行われるものばかりではないということである。

　本章では，観光政策とは「その時々の政府の観光に対する理念，姿勢，方針」であり，観光行政はその「理念や方針を実行する行為」と考え，観光の名においてなされる政策や行政に限定せず，広く公的権力が観光分野に介入するポリシーや行為を対象として考察することとする。

観光政策の理念と目的

　観光政策の目的，あるいは政府が観光に関与する理由を明文化している国はほとんどない。その中で，日本は例外的に「観光基本法」という観光政策の理念と目標を明記した格調高い法律をもっている。1963年に制定された観光基本法は，前文の冒頭で観光の使命と意義を次のように謳っている。「観光は，国際平和と国民生活の安定を象徴するものであって，その発達は，恒久の平和と国際社会の相互理解の増進を念願し，健康で文化的な生活を享受しようとするわれらの理想とするところである。また，観光は，国際親善の増進のみならず，国際収支の改善，国民生活の緊張の緩和等国民経済の発展と国民生活の安定向上に寄与するものである。われらは，このような観光の使命が今後においても変わることなく，民主的で文化的な国家の建設と国際社会における名誉ある地位の保持に

とってきわめて重要な意義を持ち続けると確信する」と述べ，現状はその使命を達成するには不十分であり，「………ここに，観光の向かうべき新たなみちを明らかにし，観光に関する政策の目標を示すため，この法律を制定する」と結んでいる。

序文のあと，第1条「国の観光に関する政策の目標」において，観光政策の目標は，①国際観光の発展，②国民の健全な観光旅行の普及発達，の2つであり，第2条「国の施策」では，国は前条の目標を達成するために次の事項について，必要な施策を総合的に講じなければならないとし，以下のとおり施策の内容を列記している。

①外国人観光旅客の来訪の促進及び外国人観光旅客に対する接遇の向上を図ること。
②国際観光地及び国際観光ルートの総合的形成を図ること。
③観光旅行の安全の確保及び観光旅行者の利便の増進を図ること。
④家族旅行その他健全な国民大衆の観光旅行の容易化を図ること。
⑤観光旅行者の一の観光地への過度の集中の緩和を図ること。
⑥低開発地域につき観光のための開発を図ること。
⑦観光資源の保護，育成及び開発を図ること。
⑧観光地における美観風致の維持を図ること。

ここに書かれた観光の意義と政策の理念は，日本のみならず，世界の諸国にも通じる普遍的なものであるし，施策の内容も，制定された1963年という時代背景から，現状と多少のずれがあるにしろ，世界各国が共有しうる内容になっている。問題は，列記されている施策を誰が，いかに実行するかである。以下，上記の観光政策の目標と施策内容を念頭に置いて，観光政策の課題と歴

史的推移を見てみよう。

2 観光政策の課題とその変遷

> 国際観光の振興：外貨の獲得と国際理解の増進

◆固有の観光行政の始まり

　行政が意図的に観光分野に関与を始めるのは，国際観光の先進地域ヨーロッパにおいてである。最初は地方の観光地の発展の過程で，公共サービスの提供と公益の立場からの調整機能が求められるようになり，観光地の諸企業と自治体が地方観光協会を結成する。ついで，それらが集まって中央団体を結成し，国際観光客の誘致促進策に国の支援や調整を求めるという経緯を辿るのが一般的である。そうした中で，中央政府の行政機構に初めて観光の名を冠する機関を登場させたのはフランスである。公共事業省が湯治場・鉱泉水開発事業に関わる政府機関設置を検討する過程で，より広く観光振興の一環として扱うのが適当と判断し，最終的に1910年4月8日付財務法によって政府観光局（Office National du Tourisme）が設立された。政府観光局は法規上は観光に関する問題のすべてを扱うことになっていたが，国内観光はまだ行政の関心の対象になっておらず，もっぱら国際観光振興策が仕事であった。

　この後フランスに続いて，多くの国の中央政府が国際観光の振興を目的とする政府観光局（National Tourist Organization：NTO）を設置することになるが，第4節で述べるように，その組織の形態や事業内容はまちまちであった。フランスに次いで日本が1912（明治45）年，鉄道省の傘下にジャパン・ツーリスト・ビューロー（日本交通公社と国際観光振興会の共通の前身）を

設立し，続いてスイスが17年，イタリアが19年，南アフリカが27年，ドイツが28年，イギリスとオーストラリアが29年，オーストリアとカナダが34年，などと続く。

　第2次世界大戦までの観光行政（観光を標榜する施策）は，自国のインバウンド国際観光振興（来訪外客の誘致）が中心であったが，例外的に社会主義革命を経たソ連と，独裁政権下のイタリアとドイツが，労働者の肉体的・精神的健康を図るという目的で，労働者のための休暇滞在施設の整備を始めており，こうした展開が後述の1936年のフランス人民戦線内閣による有給休暇法の制定，国際労働機構（ILO）の有給休暇に関する第52号条約などの施策に結び付いていく。

◆第2次世界大戦後の国際観光振興策

　①国際理解の増進　　2度の世界大戦の経験は，市民の国際往来を内容とする国際観光こそ，迂遠に見えても恒久平和と国際相互理解に導く不可欠の道であることを強く認識させた。主要国はいずれも戦後すぐに政府観光局を復活させ，1946年には早くも「公的観光機関国際同盟」（International Union of Official Tourist Organizations：IUOTO）が結成された。大戦後の国際観光振興の最初の課題は国際観光の容易化であり，IUOTOのイニシアティブにより，1947年に国際連合主催の入出国手続に関する専門家会議が開催され，戦争の名残の厳し過ぎる入出国手続の緩和に着手した。とくに欧州諸国は，早くから相互間で査証の廃止やパスポート携帯義務の免除にまで踏み込み，将来の欧州連合へ向けて着実な歩み始めている。

　一方，大戦後間もなく東西両陣営のイデオロギー対立，民族独立紛争の多発など，新しい政治の季節が訪れる中，国際観光のもつ相互理解の増進と平和への貢献を求めて，1963年には国際観

光の促進を目的とする国連主催の「国際旅行・観光会議」（通称観光ローマ会議）が開催され，続いて67年の国連による「国際観光年」指定，75年のIUOTOの政府間機関「世界観光機関」（World Tourism Organization：WTO）への格上げ改組，80年のWTO主催による世界観光会議の開催と観光の自由の宣言など，IUOTO/WTOが中心となって戦後の世界の観光史に残る事業に取り組んできた。「観光は平和へのパスポート」は国際観光年のスローガンであり，1961年のベルリンの壁構築，62年のキューバ危機，65年のアメリカによるベトナム北爆の開始と，東西冷戦のトーンが高まっていく中で祝われた国際観光年は，東西両陣営一体となった平和維持への努力であり，祈願であった。

②見えざる貿易　観光現象が中央政府の実際的な関心を引いたのは国際観光の外貨獲得効果であった。1929年に始まった世界恐慌は諸国の経済活動を縮小させ，欧州の2国間の通商協定に国際観光客の収入支出予定を組み入れる協定が続出するなど，大戦前から観光の国際収支に占める重要な役割への認識が高まっていた。したがって，戦後の「欧州経済復興計画」（マーシャル・プラン）の中で，戦前戦中を通じてアメリカに集中した富を，アメリカ人の訪欧旅行でヨーロッパに還流させる政策がとられたことは自然の成り行きであった。アメリカ人観光客の欧州誘致はマーシャル・プランの中でも最も成功した事例のひとつと評価されており，欧州の共同観光宣伝機関である欧州旅行委員会（ETC）は，この時対米共同観光宣伝機関として設立されたものである。

1960年代に入ってジェット機が空を飛びはじめ，国際観光は海の時代から空の時代へと移行する。欧米観光客の行動半径は飛躍的に伸び，1970年代にはボーイング747をはじめとする広胴機が登場し，大量国際観光の時代が到来する。国際観光の発展・

拡大は，見えざる貿易としての側面を一段とクローズアップし，各国が競って国際観光客の誘致に乗り出すこととなった。国際観光は右肩上がりの増加を続け，各国の外客誘致にかける予算も増え，かつ国際観光マーケティングの手法も洗練されていった。

WTOはその調査報告書「国際観光の流通機構」の中で，国際観光は民間の商取引の中で，政府が重要な役割を果たす珍しい分野であると指摘しているが，外客誘致事業は，今も昔も観光分野における中央政府の関与の主力でありつづけている。しかし，観光産業が大発展をとげた現在，改めて観光産業にのみ政府が多額の税金を投入する理由を説明する必要に迫られることにもなった。少なくとも，先進国では観光宣伝事業における政府の関与の度合いはむしろ低下し，政府観光局は民間の商取引の調整役としての役割に傾く傾向を見せている。

◆ 発展途上国の国際観光への参加

航空輸送の技術革新は，それまで観光とは縁遠かった遠隔地にも国際観光客の流れを生むようになった。1960年代以降，北米市場のためには中米やカリブ海地域，欧州市場のためには地中海沿岸諸国や大西洋の諸国・諸島がバケーション地として開発され，その範囲は時とともに拡大していった。

他方，アジア太平洋地域は大戦後に独立した国々がほとんどであり，植民地時代のホテルがいくつか散在するほかは実質的にゼロからのスタートであった。欧米の主要観光市場から距離的に遠く，大戦後も内戦や独立戦争が続く状況の中で，国際観光など遠い将来の話としか見えなかったが，ETCによる対米観光宣伝活動にヒントを得たハワイの関係者らが中心になって，1951年，欧米からアジア太平洋地域への観光客誘致を目的とする太平洋アジア観光協会（Pacific Asia Travel Association：PATA）が設立

された。同協会は地域内の政府観光局と汽船・航空会社を正会員とし，旅行業，ホテル業，交通業，広告業からディベロッパーまで含む幅広い民間関連企業を賛助会員に含む官民一体のユニークな組織であり，同地域のその後の国際観光発展のために多大の功績を残すことになる。

陸上交通では往来が困難だった新しいリゾート地の成功は，発展途上国の経済のテイクオフへの期待と結び付き，1970年代，80年代と年を追ってアジア・太平洋地域はもちろん，アフリカ，中南米など地球上のほとんどの国々がインバウンド国際観光による経済効果を求めて競争する時代となった。しかしながら，発展途上国の国際観光振興策は，先進国の場合とは多くの点で異なっている。先進国の場合はすでに存在する旅行のインフラを外国人観光客も等しく利用するということで，振興活動が中心であるが，国内観光が未発達で国際基準の旅行のインフラに欠ける発展途上国の場合は，空港や道路の建設からリゾートの建設まで，国際観光客専用の施設・サービスを新たに作らなければならない。観光に投資する民間資本は乏しく，政府が自らの投資や外資に対する優遇策によって観光開発を行わざるを得ない。

1970年代以降多くの発展途上国が観光開発に取り組んだものの，必ずしも成功する例ばかりではない。むしろ，国民生活と遊離したところに建設されるリゾートは，自然環境の破壊や現地社会に負の影響を与えるケースも多い。自然環境，社会環境に配慮した持続可能な観光開発のための資金，技術，ノウハウも乏しく，世界的視野に立った先進国からの国際協力が求められている。

国民の余暇と観光の健全な発展

政府の観光分野への直接的関与を導いた国際観光の振興は，いわば観光を手段として国際間の理解の増進や外貨の獲得と

いう効果を求めたのであった。これに対し，第1節で述べた観光基本法の第2の政策理念は，国民の心身の健康のために，国民の余暇活動の一環として観光旅行の容易化を図ろうという点で，より直接的な観光政策といえるかもしれない。

◆**有給休暇法の成立とマス・ツーリズムの始まり**

第1次世界大戦とロシア革命，その後の労働運動の激化と世界恐慌などを背景に，1936年フランスの人民戦線内閣が有給休暇法を成立させた。この法律が画期的であったのは，すべての労働者に，最低2週間の分割を許さない連続有給休暇を保障したことである。企業が労働者に進んで有給休暇を与えるはずがなく，弱い立場の労働者は心身の健康のために，法によって連続有給休暇を保障される必要があるとの考えからであった。同年中に多くの国が同様の法律を成立させ，1936年の国際労働機関（ILO）の連続有給休暇を義務づける第52号条約として結実した（→コラム⑫）。労働者が2週間の連続有給休暇を得たことはマス・ツーリズム時代の幕開けを意味し，観光やバカンスが上流階級の占有物であった時代はこの時をもって終わりを告げた。

労働者が新たに観光に参加する際の最大の問題は，彼らを受け入れる施設・サービスの不在ないし不足であった。労働者階級のバカンスのためには，それ以前とはまったく異なる受入れ体制が必要であった。1939年に第2次欧州大戦が勃発したことによって労働者のバカンス参加は発展に至る前に中断してしまうが，戦後の復興とともに，「万人にバカンスを！」を合言葉とする官民合同のソーシャル・ツーリズム運動（→コラム⑨）が展開されることになる。

◆**観光政策としてのソーシャル・ツーリズム**

ソーシャル・ツーリズム運動を支えたものは，人間が人間らし

く生きるためには，1年のサイクルの中に何週間かの連続した休暇期間を設け，心身のリフレッシュを可能ならしめべきであるとする理念であった。1948年の第3回国連総会で採択された世界人権宣言の第24条にも年次有給休暇が普遍の権利として明記され，それまでレジャー活動から疎外されてきた労働者階級に対しても休暇滞在や観光の楽しみを享受することを権利として認め，その実行を容易ならしめる施策が模索されたのである。1950年代から60年代にかけての時期は，ソーシャル・ツーリズムの理念のもとに，観光行政はもとより，労働行政，社会福祉行政，運輸行政，建設行政などが積極的に協力した観光にとって良き時代であった。国民大衆がどのようなバカンスを過ごしたいのかを繰り返し調査し，施設の現状調査を行う一方，将来どのような施設を作っていくべきか，円滑化のために政府や民間は何をなすべきか，などをめぐって官民合同で国際レベルの討議が重ねられた。ソーシャル・ツーリズム国際大会が1956年（ベルン），59年（ウィーン），62年（ミラノ）の3回開かれているが，これらの大会で採択された数百項目に及ぶ決議や勧告は，その後の欧州を中心とする滞在型観光の大発展が，決して偶然の所産でも自然発生的なものでもなく，周到に研究され，準備された，それ以前には例のない国際協力の結果であることを窺わせる。

　ソーシャル・ツーリズムは，ハード面の整備に対する政府の関与を促したほか，観光供給，観光需要の両面に関わるさまざまなソフト面の施策を展開したことも見逃せない。インクルーシブ・ツアー・チャーター（ITC）の発明，各種交通機関の割引や使いやすさ対策，有給休暇のさらなる拡大と休暇のずらし合いによる観光シーズンの延長，所得に応じた滞在施設料金の設定，バカンスに出掛けるための優遇措置（奨励金，旅行資金の貸付け，休暇小

切手制度）などがソーシャル・ツーリズムの理念のもとに実行された。ソーシャル・ツーリズムの諸施策はマス・ツーリズムを軌道に乗せたが，その理念は現在も，身体障害者，老齢者など社会的弱者の観光機会への配慮（バリアフリーなど）に引き継がれている。

◆観光における消費者保護

　旅行者が安心して旅行できるということは観光の発展の上で欠くことのできない条件である。ただし，旅行者の安全の確保は，社会の秩序維持という行政の機能の一部であるから，観光に不可欠の宿泊施設や交通機関の安全や飲食施設の衛生などの問題は，そうした施設・サービス提供業者の指導監督という形でしかるべき省庁の所管行政として行われる。それらも広い意味では観光行政と解することができるし，とくに国際観光が先行する発展途上国の場合は，観光省の所管となっているケースが多い。

　他方，国際観光にとくに関連の深い旅行業や通訳案内業は，観光所管省庁の指導監督下に置かれ，ライセンス制をとっている国が多い。しかし，観光行政のための部局をもたないアメリカ，イギリス，ドイツ，スイスなどの諸国では，ライセンス制をとっておらず，固有の業法もなく，一般の商法・民法などによって消費者行政の一部として扱われている。

　観光関連の行政については，フランス，スペイン，イタリアなど観光客受入れ国であり成文法の伝統をもつラテン諸国と，イギリス，ドイツ，スイスなどの国では大きく異なっているが，EU諸国については経済統合を機に規制の統一化が進んでいる。その中で，1992年に発せられた「パッケージ・ツアーに関するEU理事会指令」は，パッケージ旅行を購入する消費者の保護のための共通の規制を導入することを目的とするものであり，95年に

はギリシャを除く全加盟国が「指令」に基づいて国内法を整備した。これはパッケージ・ツアーを生産・販売する旅行業者の責任を明文化し、消費者保護を一段と強化するもので、日本の旅行業法による消費者保護よりはるかに進んだ内容となっている。EU諸国の新規制が国際観光における消費者保護に関わる世界的な基準となるかどうか、今後の成り行きが注目される。

地域振興策としての観光開発

ソーシャル・ツーリズムの流れの中で、中央政府はさまざまな施策を通じて国民の観光需要を満たすために、国内の施設・サービスの充実を図ってきた。とくに長い地中海沿岸とアルプス山岳地帯をもつフランスで顕著で、1948年にスタートした戦後の経済開発5か年計画で観光は常に主要項目のひとつに取り上げられてきた。中でも第5次5か年計画（1966～70年）で着手された南仏ラングドック・ルシオンの海洋リゾート大開発と、白銀計画と名付けられたアルプス山地のスキー場開発計画は、政府主導の大規模観光開発計画の例として著名である。

政府主導による観光開発は、当初各国とも自国民の観光・バカンス需要の吸収のための低廉施設・サービスの提供を目的に適地を求めて開発がなされたが、1970年代以降都市化の急速な発展とその結果である農村の過疎化に対する対策として、観光を地域振興、とくに農村環境の保全や文化遺産の保全の手段として活用しようとする流れが登場する。フランスの第3次経済開発5か年計画（1958～61年）で着手されたグリーン・ツーリズムとジート・ルラル（農家滞在）は、今では低廉なバカンス用施設の整備というより、農村文化の保全と過疎化対策としての意味をもち、その考え方はフランスのみならず欧州諸国の新しい観光の流れを作っている。グリーン・ツーリズムは、ブルー（ビーチ・リゾー

ト）やホワイト（ウインター・スポーツ・リゾート）と違って，単純な市場経済原則では成り立たないとの認識に立ち，市町村，中央政府のみならず，欧州連合（EU）からも補助金が出されている。グリーン・ツーリズムは，持続可能な観光と連動し，観光政策としてはむしろ新しい流れといえるであろう。また，都市の産業衰退地の再開発に観光を活用しようとするアーバン・ツーリズムの流れも活発であるが，グリーン・ツーリズムとともに，中央政府よりも地方政府がその主役となっている。

新時代の観光政策：世界観光の時代

観光産業は，1990年代初め以降，世界総生産および世界総雇用の10％を超え，世界最大の産業といわれるに至っている。年間の国際観光客も地球の総人口約60億人の1割を超え，地球の隅々にまで観光客の足が及んでいる。国際観光は生身の人間を気候風土が違い，言葉や習慣の異なる外国に送り出し，迎え入れることを内容としており，これのスムーズな運営のためには無数の人びとの国際間の協力と協調の精神が必要である。観光の大量化とボーダーレス化の進展から生ずる多様な問題は，一国の利害を超越した発想によってしか対応ができないことが多く，「世界観光」の概念のもとでの政策展開が求められている。

観光関連の分野には無数の国際機関・団体が存在し，観光それ自体が内包する国際性を物語っているが，公益の立場，言い換えれば観光に関する諸問題に地球レベルで取り組む国際機関として，国連の諮問機関であるWTO，先進国の観光問題専門機関である経済協力開発機構（OECD）観光委員会，観光産業界のオピニオン・リーダーの組織である世界旅行産業会議（World Travel and Tourism Council：WTTC）が代表的である。

これら国際機関の諸活動から21世紀に向けての主な課題を拾

うと，①観光分野の国際協力，②環境と観光，③旅行者の安全と消費者保護，④観光分野の教育訓練，⑤観光に関わる調査・統計の改善，⑥観光資源の保護と修復，⑦国際観光と労働移住の問題，などが挙げられる。

中でも，とりわけ1990年代に入ってから大きくクローズアップされてきたのが，環境問題である。1992年リオデジャネイロで開催された地球サミットは，持続可能な発展のための人類の行動計画という副題を持つ「アジェンダ21」を採択し，人類が永続的に居住し得る地球環境確保のために，経済活動を自ら制限することが至上命令となった。

観光は豊かさの象徴である。観光客は交通機関を利用し，地元住民の10倍の水やエネルギーを消費し，他産業の生産する財・サービスをふんだんに消費する最大にして最も贅沢な消費者である。「アジェンダ21」は観光を個別に取り上げていないが，その代わりに，1995年にWTO，WTTC，「アジェンダ21」のフォローアップのために設立された地球会議（The Earth Council）の3者が「観光のためのアジェンダ21」を作成し，観光に関する行政，非営利組織，企業が一体となって取り組むべき課題を列挙した。「観光と環境」はとくに政策的な誘導が求められるテーマであろう。

3 わが国の観光政策と観光行政

国際観光に関する政策　わが国は，250年に及ぶ鎖国ののち，19世紀も後半に入って初めて西洋人と接触し，激しいカルチャー・ショックを体験した。これがわが国の国

際観光の出発点であり，その発展は諸外国との風俗習慣や言語の落差によって特徴づけられている。

　明治の早い時期から，洋式ホテルの整備や悪質ガイドの取締りなど国際観光のインフラづくりが進められ，1893（明治26）年には外客の接遇を目的とする非営利の喜賓会（Welcome Society）が設立された。喜賓会は当時の井上馨外務大臣が後押しをし，東京商工会議所が資金面の協力をしたとはいえ，寄付金と会費と国民の善意だけで国際観光客を歓迎し，彼らの不便を解消しようという組織的活動で，世界でも類のないものである。喜賓会の精神は，2度の世界大戦を経てなお外国人観光客に対する市民のホスピタリティとして受け継がれ，国際観光振興会がオリンピック東京大会以来募集している善意ガイド（goodwill guide）のようなユニークなシステムの中に生き続けている。

　喜賓会の活動を背景に，1912（明治45）年には政府（鉄道院）が予算の50％を負担することを前提に，外客誘致と国際旅行斡旋業務を行うジャパン・ツーリスト・ビューローが設立されるが，これも，日本ならではの解決法であり，その後社会主義諸国や一部の発展途上国が採用することになる公社型の政府観光局の先駆となった。

　昭和に入り，政府は外貨獲得のため，より強力な外客誘致組織の必要性を認め，1930（昭和5）年鉄道省の外局として国際観光局を設置し，翌31年，国際観光局と表裏一体の組織として（財）国際観光協会を設立した。運輸省内に設けられた観光行政担当部局（現在は国土交通省総合政策局観光部）と対外観光宣伝機関（現在は〔特〕国際観光振興会：JNTO）という組合わせは，その後何度も組織改編を経つつわが国の国際観光振興事業を担当することになる。

1963年には前述の「観光基本法」が制定され、平和国家日本の国是に沿った国際友好親善の促進と、外貨の獲得という切実な経済の要請を両輪としてインバウンド国際観光の発展期を迎えるが、やがて日本経済が高度成長をとげ、外貨事情が好転するにしたがって、政府の外客誘致への努力は力が抜けていった。

　一方、戦後外貨不足を理由に禁止されていた日本人の海外観光旅行が、1964年に解禁された。日本人の海外旅行は経済成長とともに急速な伸びを続け、欧米以外では最大の観光客送出し市場に成長する。1987年には、貿易黒字の肥大化に対する批判に対応して、運輸省が、マーシャル・プラン以外には例がない自国のアウトバウンド国際観光の積極的推進策「海外旅行倍増計画」（テンミリオン計画）を打ち出し、自国の海外旅行市場を背景に、政府開発援助（ODA）を使った観光分野の国際協力が活発に行われるようになった。

　しかし、日本人海外旅行者数と訪日外客数の比率が4対1を超えるという世界に例のないアンバランスな状態は、バブル崩壊後の経済不調と相俟って、改めてわが国のインバウンド国際観光振興策の見直しを迫っている。他方、観光客送出し市場をとして急成長した台湾、韓国、香港をはじめとする近隣アジア諸国が、日本に対する大きな送出し市場として出現し、さらに、大市場中国が送出し市場に登場する及んで、日本のインバウンド国際観光も改めて大きな転機を迎えようとしている。

国内観光に関する政策

　欧州のマス・ツーリズムは「最初に連続休暇ありき」で発展した。それ以前とはまったく異なる施設が全く異なる場所に作られていった。休暇家族の家、家族休暇村、農家滞在など、週単位の利用、自炊設備付きのきわめて廉価な施設が、最初は非営利団体や政府の補助など

で整備され，やがて旅行業者によって商品化され，巨大産業に成長していった。

　これに対し，勤労者に連続有給休暇を保障しなかった日本では，低廉という以外は従来の施設と変わりばえしないハード施設を多くの省庁が別々に整備した以外に，これといって見るべき施策がなかった。勤労者階級に週単位の休暇をとらせない政策が，他国ではバカンスの本隊である子持ち家族の滞在型バカンスを不可能にし，そのための滞在施設を育てなかった。その結果１泊単位の宿泊施設しか生まれず，長期休暇がとれれば外国に行くのが常識となり，観光産業全体がいびつなものになっている。

　休暇の制度と観光産業のあり様は切っても切れない関係にある。国内リゾートの開発も，グリーン・ツーリズムの今後の展開も，連続有給休暇を可能にするする施策があって初めて始動が可能である。みんなで渡れば怖くないという消極的な３連休の増加では，休日とウィークデイとの需給のアンバランスをさらに拡大し，国内観光からさらに上客を奪う結果になるのかもしれない。

4　観光の行政組織
●諸外国の観光行政機関と観光宣伝機関

政府観光局

　世界の国々の中央政府が等しく観光の名において実施している施策は，自国の国際観光いわゆるインバウンド国際観光振興策だけである。そして，この施策を実施する観光振興機関は，英語ではNTOと呼ばれ，日本語では政府観光局と訳されている。NTOの性格は国によって違うが，大別して①観光所管の行政機関が直接実施する行政機関型，②官と民の力を合わせた特殊法人型，③観光関連の収益事

業をも実施する公社型，の3種である。

　第1の型は民間にまだ国際観光宣伝に資金を拠出する余裕がない発展途上国に多いタイプであるが，先進国でも行政機関が直接観光宣伝を実施するケースは少なくない。スペイン，ポルトガル，オーストラリアなどがそうであり，比較的最近までフランス，ニュージーランド，ベルギー，アメリカなどもそうであった。しかし，一般に観光宣伝は官の主導から官民協力の方向へ進み，国家財政の厳しさと相まって，次第に第2の型に移行しつつある。

　第2の型は，国の観光宣伝が巨額の資金を必要とする非営利国益事業である点から，資金の大半（80〜90％以上）を国庫もしくは国の配慮による特殊財源に依存するが，同時に宣伝活動によって受益する観光関連産業や国内観光地などから賛助金を得て運営される半官半民の形態である。NTOの形態としてはこの形に収斂していくようである。

　第3の型は先進国型と途上国型の中間であり，国際観光のテークオフのために交通機関，宿泊施設，旅行業，カジノ，ゴルフ場その他の観光関連の施設・サービスを国の資金で設置し，その経営とともに対外観光宣伝も実施する公社型組織である。旧社会主義国のNTOがすべてこのタイプであったし，日本のNTOとして最初に設置されたジャパン・ツーリスト・ビューロー（日本交通公社の前身）がそうであった。現在では韓国，マレーシアなどがこの形をとっているが，観光産業が発展するにしたがって公営の観光施設の民営化が必然の方向となり，次第に第2の型に変わりつつある。

> 観光行政機関

　観光を所管する国の行政機関の部局はNTA（National Tourism Administration）と呼ばれ，観光宣伝機関（NTO）と区別されている。前項

の行政機関型のNTOは，NTAがNTOを兼ねているケースである。日本の場合，国土交通省観光部がNTAであり，国土交通省所管の（特）国際観光振興会がNTOである。

ここで主要国がどのような理念のもとに観光行政を行っているかを見るために，どの省に観光を所管させているかをみたのが下記である。

主要国の観光行政機関（カッコ内はNTO）

イギリス：文化環境省（British Tourist Authority：BTA）

フランス：建設・交通・観光省（Maison de la France）

ド イ ツ：経済省（Deutsche Zentralefuer Tourismus：DZT）

イタリア：総理府（Ente Nazionale Italiano per il Turismo：ENIT）

ス イ ス：経済省（Switzerland Tourism）

アメリカ：商務省（USTTA，ただし1996年4月に廃止）

カ ナ ダ：産業・化学・技術省（Canadian Tourist Commission）

メキシコ：観光省

ブラジル：通商・産業・観光省（EMBRATUR）

日　　本：国土交通省（国際観光振興会：JNTO）

韓　　国：文化・体育部（韓国観光公社：KNTO）

タ　　イ：首相府（Tourism Authority of Tailand：TAT）

マレーシア：文化観光省（Malasian Tourist Development Corporation：MTDC）

台　　湾：交通部（観光局・台湾観光協会）

オーストラリア：産業・科学・観光省（Australia Tourist Commission：ATC）

これでみるとおり，国によって観光を所管する省庁はまちまち

であるが，大別すると，①省名に観光を付して観光の重要性を示している，②総理府・首相府など仲立・調整を行う省庁に所管させる，③観光の経済面を重視して通商・産業・経済などを所管する省に所管させる，④観光開発・地域振興を重視して建設・国土利用などを所管する省庁に所管させる，⑤移動面を重視して運輸・交通を所管する省庁に所管させる，⑥観光の非経済面を重視して文化・環境・スポーツ・福祉などを所管する省庁に所管させる，などがある。日本の場合当初から一貫して交通所管省に観光行政を担当させているが，上記の国々はほとんどが所管省庁を変えている。フランスの場合とくに著しく，20数年の間に上記6種の省のうち交通所管省と経済所管省を除く4種の省の間で10回以上所管省を変更している。イギリスはここ10年の間に経済省から雇用省へ，そして現在の文化環境省へと変えている。ドイツ，スイス，韓国は交通所管省から現在の省へと変更した。現在，交通所管省の一部局という地位に観光を置く国は日本と台湾のみとなっている。

　また，所管省は名目だけで，実質的な部局はもたず，NTOへの補助金を管理する担当者がいるだけという国もある。イギリス，ドイツ，スイスなどがそれであるが，これらの国で観光の重要性が認められていないというわけではなく，観光振興や観光開発などは地方政府の所管としており，それ以外の関連する問題（消費者保護，交通関係，環境問題など）についてはそれぞれの所管省にまかせ，連絡協議の機関を設けて調整しているのである。

演習問題

① 観光政策が他の分野の政策と本質的に異なっていると思われる点をあげ，その特殊性について説明しなさい。

② 政府が国費を使用して自国の観光産業を支援し、インバウンド国際観光を振興する理由を説明しなさい。
③ 欧州と日本のマス・ツーリズムの発展の経緯の相違について説明しなさい。
④ 世界観光の視点から見た今後の観光の課題について説明しなさい。

読書案内

観光政策ないし観光行政それ自体を論じた本はほとんどないといっていいが、日本観光協会編［1994］**『新時代の観光戦略』**は、多くの専門家の共同執筆による観光諸問題の概説書として優れており、観光行政についてもかなりのスペースを割いていて全体像を知るために便利である。日本の国際観光の歴史を概観するには、国際観光振興会編［1984］**『国際観光振興会 20 年のあゆみ』**、や日本交通公社編［1962］**『五十年史——1912—1962』**が興味深い。一般の図書としては、イギリスのレジャーの歴史を概観した、荒井政治［1989］**『レジャーの社会経済史』**東洋経済新報社、は観光政策の研究者には必読の書である。また、今は絶版になっているが、中山和久［1983］**『ILO 条約と日本』**岩波書店、はマス・ツーリズムの原点である連続有給休暇を、日本の社会がいかに拒否してきたかを説明してくれて興味深い。地域振興の手段としての観光開発という視点のものはたくさん出ているが、国内観光については、日本観光協会［1998-99］**『観光地づくりの実践』**（全 3 巻）が地方の実践例を多数紹介していて面白い。外国の例では、津端修一［1994］**『現代ヨーロッパ農村休暇事情』**はる書房、が欧州諸国と EU が農村活性化政策として観光（バカンス）をいかに活用しているかを紹介していて、これからの日本の観光を考えるうえの参考になる。観光、とくに国

際観光と航空の発展は切り離すことができないが，世界的な視野のものでは，ドガニス，R.［1995］『**国際航空輸送の経済学**』中西健一ほか訳，成山堂書店（原著，1985），が優れており，国内航空については，山内弘隆［2000］『**航空運賃の攻防**』NTT出版，の一読を勧めたい。

　参考文献（上記以外）
進藤敦丸［1999］『観光行政と政策』明現社
日本観光協会編［1997］『観光振興実務講座』
長谷政弘編［1999］『観光ビジネス論』同友館
WTO［1997］*Towards New Public : Private Sector Partnership*, World Tourism Organization.

Column⑫　ILO の有給休暇条約

　宿泊を伴う観光旅行を阻害する要因としては，所得もさることながら時間の要素が重要である。観光行動は金銭の消費を伴うのが普通であるが，時間の消費は絶対的に不可避である。ここが人びとがモノを買う場合と決定的に異なる点で，自由に裁量可能な時間が存在しなければ観光行動は起こりえず，したがって観光需要も発生しない。

　各種社会調査の結果を総合すれば，多くの日本人は，ヒマとおカネに恵まれて，気持ちにゆとりが持てればまず旅行を楽しみたいと希望している。したがって，休みを増やせば，また自由に取れるようにすれば，観光需要は必ず発生する。祝日3連休化はそれを実証した。

　そこで，余暇，とくに観光の場合はまとまった余暇としての休日，休暇など休みの有無が注目される。絶対量もさることながらその目的，取りやすさ，連続して取れるかなど，その自由裁量性ないし可処分性が問題となる。その意味で，有給休暇の内実が観光とりわけ滞在型観光の規模と性格を決める。

　有給休暇（正しくは「年次有給休暇」）とは，労働者に保障された休息権の一種で，週休日等の休日とは別に年間一定の日数自由に取得できる賃金が保障された休みのことである。1936年に成立したILOの第52号条約（有給休暇条約）で国際的な基準が示され，わが国の労働基準法（1947年）もそれに基づいて制定された（第39条）。国際的な基準はその後1970年の第132号条約によって付与日数が勤務年数に関係なく3労働週（週休2日制で15労働日）に引き上げられるなど改善されたものの，わが国では当初から本来の形では機能せず，いまだに第132号条約を批准しておらず，その内実は国際的にみて著しく劣悪な状態にある。

　わが国の有給休暇制度が国際的にみて見劣りする点は，最低付与日数が10日と短く，勤続別格差がある，連続して取得させる規定に欠けている，実態として取得目的が病気など本来の目的（休養）と乖離している，取得日数の実績（消化率）が約5割にとどまっていることなどである。連続して取得させるという点はILOの条約では少なくとも2週間とされており，これが欧州においてバカンスを普及させる大きな原因となった。今や欧州の労働者は，フランスの場合は法定で最低5労働週，イタリアやドイツでは実質的にそれ以上の有給休暇を享受しており，わが国との格差は開く一方である。

第13章　観光と地域社会

農村観光で林業を体験する。スキー場だった山の斜面を再び森にするのも観光である（著者撮影）。

　これまで，観光は楽しみのために人びとが個人的に展開する旅行とみなされる傾向が強かったために，個人の旅行についての語りは観光研究の中で排除されてきた。その結果，観光地を個人の経験に関係づけて説明する努力は軽視されてきた。この傾向は，観光地が存在する地域社会についてもあてはまる。観光事業を地域の近代化の手段としてみるあまり地域振興が前面に押し出され，生活者個人の自己表現の場としての地域社会は無視されてきた。生活が均一化しポストモダンな生活感覚が一般化した今日，観光者と地域住民はどのような役割を持ち，観光地をどのように自己表現の場にしたらよいのであろうか。

キーワード：経験の中の移動　機能空間としての観光地　観光地組織
　　　　　　機構化された観光　物語の消費

1 地域と社会を表す日常語と術語の関係

　観光と地域社会の関係について学ぶポイントは，人，地域，移動，観光者，観光地，地域社会などの言葉の用い方を十分に把握して的確に用いることである。

　われわれの使っている言葉は，大きく分けて人びとの生活の中でごく普通の会話や文章で使われる言葉と，仕事や研究などの場面で用いられている言葉がある。前者を日常語と言い，後者を術語という。人や社会のことを研究するということは，人びとの間で日常語を用いて語られている内容を分類整理して，術語によってその背後にある構造やそれが生まれてくる経験の全体像を明らかにしていくことである。観光や地域社会の分野においてもこのことは当てはまる。

　日常語を術語に変えていくときに，日本語にはその言語的特徴から注意すべき点がある。それは，日本語における意思の伝達は文章や会話の背後にある文脈を理解しなければ可能とならないという点である。「観光開発に地域の意思を示すために，村民の中には住民参加が不可欠という人もある」という文にもこの点はよく現れている。この文では，まず「地域の意思」は「村民の意思」と置き換えることができるから，[地域＝村民（＝社会）]という関係が成立することになる。日常語ではこの文のように「地域」という一定の土地の範囲を指す言葉に，人びとが集合して行動することを指す「社会」という語を重ね合わせて用いてしまうような内容の重複や他の語への意味の移動が頻繁に見られるのである。

さらに，この文は背後に観光開発に対する権力（社会に対して支配的に行使される力）は，どのような人びとがどのような方法で手にするべきかを示唆する文脈が存在している。これに辿り着くと，「地域」という言葉は全体に対する部分を指していることが分かり，村民は権力から疎外されていると「やや腹立たしく感じている」ことも窺い知ることができるのである。

　言葉は，見えないものを分かりやすく説明するものであるが，そこでは論理が伝えられると同時に感情も伝わるのでもあり，それらを識別しつつ誰が何をどのような立場から見ようとしたのか，またそこにはどのような問題意識が存在しているのかを的確に理解することが大切である。

2　人の移動と地域との関係

経験の中の移動と地域　　まず，観光と地域社会を考えるには，近代の観光が前提としてきた，人が地域と地域との間を旅行するという，移動について考えることである。

　どのような場合に「人は移動した」というのであろうか。それは，歩くために体を動かしたときにすでに移動は始まっているので，少しでも動けば移動なのである。しかし，移動には睡眠中の寝返りのように無意識のものもある。近代の観光における人の移動とは，このような無意識の移動は含まない。「楽しみのため（愉しみのため）に動いてみよう」という意思（本章では即物的な感じ方によって面白さを得る状態を楽しさと表現し，理由を持ち味わうことができる面白さを愉しさと表現することにした）が移動の前提にある。この意思の中で，人は旅行全体の行動の構成，目的地

までの距離，さらに目的地の景観や施設の構成などに対する期待を持ち，目的地との間を往復する中でさまざまな商品を購入しよう（しなければいけない）という決意を固めている。また，この意識の中には期待の一部ではあろうが，年頃の青年たちが人との出会いを楽しみにしたり，文学的動機を持ち文化との接触による自己の精神的な変化を求めるようなこともあろう。観光における移動とは，このような気ままな行動から強い意志による哲学的な思索までを含む全体的な経験である。

さて，移動をこのような一連の経験とするときに，地域とは何であろうか。それは，観光者の側から見れば，経験の一部ということができる。生活を通じて自分に深く染み込んだ日常を，旅行先の土地でのできごと（経験）と対照させ，自分の日常生活をより鮮明なものする経験を得るということである。観光者にとって地域は旅行という経験に関係付けられて存在することになる。

空間としての地域と人の移動

地域という言葉を使いながらこれとまったく対照的な理解が存在する。それが，観光地という空間から，人の移動と地域との関係を考える場合である。こちらの方が地域という言葉を使う場合ごく普通の使い方であろう。たとえば，地域という言葉を農業地域とか観光地（観光地域の略と考えられる。以下，観光地と表記）あるいは火山地域というような表現の中で用いる方法である。観光施設が集積しており，観光関連の企業で働く人びとが集まって居住しており，観光資源と呼ばれる景観などを発見でき，観光者の来訪が相当量頻繁にあって，観光関連の企業の動きと観光者の動向を調整しようとするような組織活動が，ある範囲の土地に集約的に見られるときに，これを観光地と呼ぶのもこの用法に従った例である。ここで地域という言葉は，土地の形状や表面

の利用状態などが，特徴のあるまとまりを持つときに，その範囲を示すことになる。

　先に述べた人の経験と関連して地域が存在するという見方に対して，空間として地域は人の経験とは切り離された外部の存在とみなされる。そこでは人も農作物や建物あるいは地形条件などと同じ地域を構成する要素とみなされるのである。この地域に対する認識の議論は，地域というものをどのような存在として認識するかに関わる問題である。

　地域という存在が仮定されたとき，それはそれがどのように存在するかという問題を必然的に含むことになる。地域を認識する主体が人であるならば，地域という言葉は人の認識の様態に関わる問題となる。人の経験の中に地域が存在するという認識は経験が人の認識の様態であるのであるから，筋の通った話に見えるであろう。一方で，人をもその要素として人に外在する地域を仮定する場合，その存在は客観的に認識する人に代わる存在が必要となる。今度は，地域と経験の関わりに関する話から見れば筋が通らない話になってしまう。しかし，両者を支える議論は「存在」の認識という科学における基本的な議論の一つなのであり，双方とも立派な立論の根拠を持っているように見える（詳しくは科学哲学の文献を参照するとよい）。

　しかし，このような哲学的で根源的な問いにまで議論を深めないとすれば，空間として地域を認識するということは，少なくとも2つの視点を含んでいる。第1の視点は，どこに物があるのかを明らかにする，位置に関する視点であり，それは土地の形状や利用状態を物理的な位置に関して把握しようという視点である。第2の視点は，そこにある物はどのようなものかについて総合的に見ようとする視点である。どのような見方でも比較できるもの

なら総合的に盛り込んでみる便利な視点である。

　この第2の視点は重要である。火山地域の上に農業地域と観光地がお互いに重なり合って存在することを示すことができ，もし，たとえば生産額のように農業と観光を比較できる物差しがあるならば，地域を機能的で複層的なものとして見ることを可能とすることになる。さらに，この物差しが政治的に有効な物差しならば，権力の側は地域の配分を戦略的で計画的なものとして政策化することができるようになるのである。

　空間として地域は，土地に関わる要素を明らかにし，境界を設定して，人や物が境界を越えて移動することを明らかにすることができる概念でもある。その上でこの人や物の移動は経路として認識されるのである。観光は，地域（居住地）から地域（観光地）への人の物理的な往復移動と認識される（地域を，このように要素の範囲集積としてとらえると，この集積には商業や工業あるいは農地や造林地のように往々にして人為が加わっていることがある。集積させる人為が存在する場合，それも変数として考慮しなければならない。そのために境界の概念がある。境界は権力により作り出される土地の区分であるが，この概念は地域研究から地域計画に研究を移行するときに非常に重要な概念となる）。

人の移動と地域社会

　本章のテーマの一つである地域社会という用語は，単語の後半部分である社会に力点をおいた用語であり，その主たる属性は住民である。この場合，地域という言葉は空間的な意味での地域と同じ使い方で，全体に対する部分として国とか地方というような社会全体におけるその位置もしくは範囲を表すことになる。しかし，地域社会というときに用いる地域という言葉は，地理学などで用いる空間としての一定の地理的範囲を示す地域のように範囲に強くこだわらな

い言葉である。地域社会は，たとえば国のような社会を全体社会と考え，それを構成するさまざまな部分社会の一つを示す言葉であり，社会を運営する権力構造があり，生活に一定の秩序を設ける規範が存在する社会である。地域社会がまとまりを持つためには，住民が社会をつくり，維持していく努力をすることが不可欠なことである。それは全体社会との関係において，あるいは他の地域社会からの影響を受け，さらにまた居住地を取り巻く自然環境との調和をはかるなどの社会的・自然的環境との積極的な調和によって，その社会は成り立つからである。

この部分社会を維持するために人は移動する。前近代の社会では宗教や交易のために人は旅行者となった。また，戦争も人が他の地域社会に移動する原因であった。さらに労働力の移動も前近代以来今日まで続く人の地域社会外への移動である。観光は，近代以降にあってこのような地域社会への旅行者の移動を説明する概念であると同時に，それが作り出したシステム維持手段として機能することによって，住民も自ら消費活動の一環として観光者となり移動することを促す主要な要因となっている。

消費活動を要素として旅行者を区分する方法は，生産と消費を分けて把握する近代の経済体制を前提とするという意味できわめて近代社会的と言うことができる。それ故に，この区分は旅行者全体から観光者を識別する研究を生み出していく。観光の概念は，その由来からみれば，消費者としての観光者の受入れ側の地域において意義を持つものであって，送出し（発生）側に存在するものではなかった。したがって，正確に言えば観光者とは「境界を越えて進入することが許された消費者」ということができ，進入したからには退出することが望まれている存在なのである。居住地から観光地を経由して居住地に戻る概念は，その由来からは観

光の概念に含まれない要素である（居住地へ戻らなくてもよく，また居住地から来る必要もないのである）。しかし，この受入れ地域側の概念を送出し側が戦略的に用い，覇権をねらった場合は状況が異なる。この場合居住者は居住地に戻ることが要請されるのである。第2次世界大戦後，観光の概念は送出し側の経済的な国際援助の手段として用いられるようになり，経済開発や地域振興の名のもとに近代化の程度が観光需要の送出しと受入れを逆に規定していく「観光の南北問題」を惹起することになるのはこのためである。

　人の移動を，部分社会間の人の移動ととらえると，移動は社会へ何がしかの要素の出入りを起こさせ，それにより社会は変化するとみることができる。人の出入りによって生活が変化し，経済活動が活性化して労働組織に変化が起こり，構造的あるいは規範的に社会は変化することになる。このような見方は，空間的に地域をとらえたとき以上に，地域社会にとって観光者の移動の必然性を明らかにすることになる。空間的にとらえた場合，地域の位置を明らかにできることから，人の移動は事実としてとらえられる。しかしそれは移動という事実でしかなく，それを受け入れる地域（もちろん移動を発生させる地域においても）の要素による説明は後付けとなる。これに対して，地域社会を基礎に人の移動を考えることは，移動の事実としての把握はやや希薄になるが，移動の必然性を社会関係の構造的理由により説明することで，人の意思と移動の関係の説明に近づくことになるのである。

　受入れ地側の社会構造の変容は，観光の概念がそもそも受入れ地側に帰属する概念であるという点から経済効果分析とともに重要な研究主題となった。もちろん，戦略的に観光者を送り出す側においても関心は受入れ地側の近代化であるために，同様の関心

が払われることとなるのである。

しかし，この理解でも先に述べた個人の持つ経験と地域との関係を説明するには至らない。前近代にはあった，経験としての移動（研鑽，修行，駆け落ちなどと呼ばれていた旅行）は，残された領域となるのである。

3 観光と観光地

観光者の匿名性　前近代の旅行は，近代に入るとともに徐々に姿を変化させ，近代社会を基礎とする観光という旅行概念が登場すると，これが地域社会と人の移動の関係を大きく変えることになる。

近代の観光は，周遊という移動形態とその過程での消費形態で規定される。近代の観光は，当初から消費行動として認識されてきた。最初は資本家の消費行動として注目され，やがて社会が大衆化するにつれて労働者が余暇として営む楽しみのための旅行へと関心は移り，さらに消費社会が進むと現在の日本のように誰でも楽しみのために旅行を消費するというように，生活行動全般がその視野に入るまでになる。観光者の範囲が拡がる（観光の主体が拡がる）と，人の移動と地域との関係にも大きな変化が生じていくことになった。

観光が近代社会の現象と言えるポイントの一つに，観光者の匿名性がある。ジュール・ベルヌ『80日間世界一周』(1872年) は，文学作品ながらこの点をよく表している。主人公フォッグは，新聞記事をもとに80日間で世界一周をすることに2万ポンドという大きな賭をする。この小説はフォッグの世界一周談であるが，

彼は80日間で一周することを最優先するあまり，目的地での楽しみを押さえ，あらゆる困難を金銭で解決しようとする。そして彼の賭は，ロンドンの株式市場に上場されるという設定にもなっている。フォッグの謹厳で寡黙そして時間にことのほかこだわる紳士的振る舞いはブルジョア的価値観そのものとして表現されている。この小説がフィクションでありながら近代の観光と結びつく点は，商品化した世界一周旅行をする主人公が出自の曖昧な匿名の紳士であり，しかしブルジョア的な人格を持つところである。

機能的空間としての観光地の登場

このことは，観光者が自分の消費生活との関係において観光地を認識することを促すことになった。観光地は，観光者の需要に対応する供給側の一端を担うようになるのである。ここに，観光地は近代的な目的地認識を得て機能として空間認識の対象となり，旅行商品の要素を旅行産業に提供し，旅行産業が観光者に商品としてサービスを供給する空間となったのである。このことは，現在ではあまりに当たり前のことなってしまった。仏教寺院をキリスト教者が何の違和感もなく物見遊山に訪れ，機能性を向上するため条里制に基づく都市計画を，スキー・リゾートが採用するなどがその象徴である。

　機能空間として観光地が認識されるようになり観光事業が成長してくると，地域に関して非常におもしろい特徴が出現した。それは，観光地の名称（観光地名）が旅行商品の商品名の一部となり，観光地を他の観光地から区別する識別記号として作用し，珍しい地名の場合はその由来が案内役であるガイドの説明として観光者に提供されるアトラクションの一部を構成するようになったのである。観光地名は旧来の地名と似た名称が使われていても，それまで土地としっかりと意味を持って結びついてきた伝統的な

地名とは異なったものとして一人歩きを始めたのである。

> 観光地における個人の
> 経験の軽視

機能空間としての観光地の誕生は，土地に根付いた個人の旅行経験を軽視する流れを作った。

そのような経験は，日常からみれば対象的な経験である。労働から離れた遊びの旅，それは用務や公務のそれとは違い，無用の旅と位置づけられ，それ故に遊びがあり，「漂泊の思い」のような生き方を見つけることができるものとされてきた。このような旅では，享楽的な楽しみは買うことができても自己の経験の中に生まれる愉しみは買うことはできないものとされ，それは，自分で見つけて自ら表現することが求められた。日本にはその方法の一つとして，自然との交歓の旅が発達した。土地の霊との交歓が，旅人に愉しさを見つける機会を与えると考えられ，その表現が歌や踊りそして俳句などの詩として数多く残されてきた。また，地域社会の住民（定住者）にとっても，旅人は外からの情報を伝えてくれる貴重な存在と見なされており，山頭火（種田山頭火，俳人：1882-1940）の足跡のように近代に入ってもなお旅人との交歓の愉しさは伝え続けられていたのである。

観光地の誕生によって，人びとは楽しみ方を買うことへの傾倒を強め，研鑽的に自己の愉しさを発見する努力を軽視するようになった。それは，自然との交歓などの方法には，そのためのぶ厚い教養が求められるからでもある（たとえば詩の技法のように感情を形式化された文章を用いて表現する方法を身につけることがあげられる。現在では，小説やトラベル・エッセイなどが，土地の主観的理解の手ほどきを与えてくれるようになったが，消費者として主観を鑽くのではなく自分が表現しようとする手法についての知識を持ち，土地の歴史に精通し，その歴史の登場人物の人物像を把握し，なおかつ

季節の特徴や,現在も暮らす人びとの生活の中に美を感じる気持ちを持つことが,重要となるのである)。1960年代の後半,名勝と呼ばれる土地へ多くの人びとが旅行したが,個人の愉しみに浸るには,旅行のスケジュールは急がし過ぎた。さらにその愉しみ得るための教養を持ちうる人も相対的に少なかった。このことが,建前としての名勝地訪問,本音としての享楽の購入(夜の宴会)という形を生み出していった。

消費できる楽しさは売り手の側が観光地において準備し,購入することができるようになるが,個人の愉しみは匿名な自分ではできないものである。観光事業が経済的利益を追求し,観光地が観光を消費する機能的な空間として認識されると,次第に個人の経験として土地への意識を持つことの大切さは,人びとから忘れ去られることとなった。

4 観光地の運営と地域社会

観光地の空虚性と手段化

人びとは観光地を組織的に運営するために,地域社会とは別の産業組織的な性格を持つ観光地組織(地域組織)を構成した。これが観光事業の概念であり,この研究分野が観光事業研究である*。

* 小谷達男[1994]『観光事業論』学文社,27頁,は観光事業の概念を「観光事業とは,観光の効用を高めると共に,その経済的・社会的・文化的な諸効果について合目的に促進することを目的とした組織的な活動である」としている。

観光地は,人びとがまとまって生活する地域社会の中に存在し

ていて,一見その一部であるかのように見えるが,それは観光地名で表記される機能的な空間が住民の居住地に重なり合って存在しているにすぎない。また,そう考えねばならない。それは,観光地は地域の一つの概念ではあるが,その前提は本来的に空虚な空間だからである。しかし,観光地を空虚で機能的な地域と見ることによって,それはまたさまざまな目的のために手段化することができるものとなる。

たとえば,宿泊業は観光地においてホテルを営業し,旅行産業はそのホテルから客室や飲食を素材として仕入れ,パッケージ旅行を組み立て,観光地名をその名称として用いて販売する。さらに,観光地が存在する自治体は,産業の近代化,住民が得る収入の増加,税収の増加,住民と観光者等との交流などをめざして,「地域振興の手段」として観光地を利用することになる。

機能である観光地が存続するために,観光事業組織は,持続的に合理的な目標を持つことが求められる。この目標は,組織が権力を保持できるように構成員が積極的に受け入れられるものであって,同時に観光地ばかりか,社会一般に支持されるもの(規範的性格)でなければならない。たとえば,企業組織では,多くの観光者から消費されるようにサービスを規格化し,居住者でもある自然発生的な業者の集合体では,構成員の所得の維持・向上が求められ,そして,国・自治体のような組織が観光事業に関係する場合には,経済効果や自然破壊の防止などが目標とされるのである。さらにまた,企業の社会的責任や公共事業の採算性などが問題とされるとすれば,これらの目標は組織の構成が企業であれ,公共性を持つ組織体であれ,少なからずすべてに目配りが必要となるのである。

観光事業組織に対するコンサルテーション

組織目標の設定と手段の体系化のために組織の外から協力する力が観光事業のコンサルテーション（以下，コンサルテーション）である。観光地は観光地名で表現され，旅行市場において他の観光地名と比較される。旅行業やトラベル・ジャーナリズムなどの観光地外の組織活動は，観光地名において観光地を代表して評価するのである。同時に，観光者も観光地名を用いてステレオタイプ化したイメージを抱くことになる。観光地名は，観光者の中で直接他の価値と比較されており，観光地における民族文化の表現，あるいは自然環境や文化財の取扱い方などは，社会の大きな流れと調和することを当然視する。そして消費行為としての観光において，施設・設備の衛生状態や都会的な生活との調和も，観光地のアトラクションを評価する要素となる。

コンサルテーションは，観光地の機能や観光事業組織の目標を点検し，外部の流れに結び付け，活性化する役割を担っている。たとえば，エコツーリズムの導入を考えてみよう。エコツーリズムはきわめて規範性が強く政治性を持つ事業手法であるが，事業理念の忠実な尊崇を性格とすることで，フランチャイズ型の事業展開とよく似た手法でもある。その規範性があまりにも強いために既存の観光地ではこれまでの運営理念に大きな変革を迫るものとなる。そこでコンサルテーションは，その変革を観光事業組織とともに理念の理解と具体的展開の方法を検討することになる。観光地が機能的に構成される地域であるからこそ，彼らはコンサルテーションを受けて地域運営組織とより広い社会のビジネスとを関係付けることができるのである。

観光地の近代性に対抗する力

観光地という地域はすでに述べてきたように，機能を集約する空間を作り，前近代と対立することで登場することができた。近代性の良い部分を伸張する強い力を持つ反面で，保守的にある形態に固執する傾向も強く持っている。

コンサルテーションは，台頭してくる新しい体制の側から，この保守に固まっていく事業形態を修正するよう示唆することになる。観光地の側はこの示唆を受け入れることで事業を改革することができる。

しかし，それ以上を期待することはできない。そこで，観光地はカウンター・カルチャー的な修正や，ポストモダン・ツーリズムからの自助的な革新を受け入れる必要がある。前者は運動のかたちをとるもので，日本で1970年代に盛んに見られた地域社会の意思を住民参加によって観光地の運営へ反映する動きなどがこれにあたる。また後者の例は近代を振り返る行為であり，たとえば1980年代以降に顕著となった考現学的な街歩きや生活の中の「ふれあい」を求める観光がその例である。

住民参加は，地域社会が機能的に観光地を取り込むことであり，形式として見た権力構造自体に大きな変更はなく，地域社会の外の企業などに代わって意思決定における住民の発言力を増大させることをいう。住民が権力の一部を手に入れるだけで，権力の形式としては下部が上部と入れ替わったにすぎない。革新性は比較的薄く，利益の分配が一時的に刷新されるように見えても，体制自体は保守性を維持する可能性は高い。

一方で，考現学的な街歩きや「ふれあい」観光は住民参加のように権力の交換を意図した行為ではなく，権力を無視することを特徴とする。観光地の既存構造（近代性のフレームと言う）を脱し

た新たな視点を見つけて，外から観光地の機能が機構的に働いている様子を眺めて楽しんだり，陳腐化してしまった施設や制度に新たな美を発見するのである。また，旅行業者では手配できない地域社会のごく普通の人家に伝(つて)を使って宿泊させてもらい，日常生活に生じる「出会い（ふれあい）」をたのしむなどもこれである。既存の観光事業組織からみれば「カウンター・カルチャーのような自分たちへの批判はないが，何か気味悪い存在が観光地に生じた」という状態に見える。この不安感がポストモダン性なのである。

　カウンター・カルチャー的な住民参加やポストモダン・ツーリズムは，それを行う個人から見れば，観光に関わる自己の経験であり，その経験が行動や文章などで公表されれば，それが自分が見ている観光の，あるいは観光地の表象でもある。

　観光開発により地域社会に観光地が侵入することで，住民は個人としてどのような問題意識に直面したのかを，住民参加の要求を通じて表象することになる。そして，「ふれあい」を求める観光者はガイドブックを手に現地を確かめるように他の観光者の眼にさらされながらも彼らに気付かれることなく，普通の家で家人と「過ぎてゆく時間」を愉しむことになる。住民が利用する食堂や酒場で土地の人と人生を語ることは，住民個人と「私」（「ふれあい」観光者）との経験を通じて観光の中に人生の考え方を見つけだすこととなる。この出会いが，仲間を生みネットワークへと広がれば，住民とその仲間の生き方が表象されていくことになる。旅での出会いは，その手がかりを与えてくれる（インターネットのwebページや新聞の読者欄などには，観光者が旅行の途中で自分の人生を振り返る経験が報告され，その経験に基づく人生観に関するディスクール（表象）を頻繁に見ることができるのはその具体的な事例

とみてよい)。

5 観光を通じた生活表現

生活の均一化の進行　地域社会と重なるような観光地の登場は、地域社会を都市に従属する社会へと変えていく。それは地域社会が自らの近代化の手段として観光地を利用しようとすることから起こってくる。住民は観光地を主体的に運営しようと地域社会の自治を観光事業組織の経営に関係付け、住民の生活や文化を都会的な消費社会へと向かわせようとする。観光地の空間に都会的な生活情報があふれ、それらが国際社会の規範にもつながっているように住民の眼に見えるならば、それを地域社会の近代化の発展目標に組み込んでいくことは不自然ではない。経済効果をもとに地域振興を進める考え方も、〔観光者＝都市＝経済的に豊かな地域〕から地域社会への経済の再分配を積極的に進め消費力を高めることを志向するのが一般的であることから、都市と地域社会の意向は両立することが多いのである。

しかし、地域社会の消費力の向上は、また一方で観光者の消費力を高めていた観光地の廉価なサービスの享受や、住民の伝統生活文化を「観る」という観光者の植民者的な感覚を満足させることを難しくしていく。地域社会の近代化への志向が消費社会化に伴ういわゆる生活の均一性を生じさせていくからである。地域社会の生活の均一化による、この二律背反的な問題状況は、日本の農村における民宿開発でも見られた。現金収入が生活を近代化し、地域社会の観光地への経済依存度が限界まで達したのである。そこで依存度を下げるために新たな収入機会を地域社会の外に求め

ることになるのである。地域振興を経済振興という観点から見れば，このような生活の均一化が観光地の運営との間に問題を生む地域社会は，すでに都会的な生活水準に達した社会と見ることができるのである。

ネットワーク的関係の中の観光

観光者は旅行消費の一つとして地域社会の生活を「ホンモノ」なもの，あるいはより「生きた」ものとして観たり「体験」と称して真似たりする（これを「する」観光と言うこともある）ことがある。これは機能空間としての観光地と人の経験と生活が作る地域社会との差異をよく表すと同時に，観光者の意識がすでに啓蒙的で合理的だった近代観光に飽き足らなくなっていることを示している。

地域社会における住民の行為は，住民主体の行為であり，時間をかけてかたち作られてきた生活の中から生じるのである。そのために観光地の機能的な滞在空間と比較して地域社会は複雑多様で，合理的な面ばかりでなく伝統性を残した土着的なものもみられるのである。これは地域社会の生活が消費社会化してもなお存続する。観光者は，住民と同じように地域社会の環境を身体化してはおらず，また地域社会からは疎外された存在であるために，それに触れるとなにか不思議な世界を垣間見るような感覚を覚えるものである。その臨場感に似た感覚が観光者に地域社会から「ホンモノ」性や「生きた」生活を感じさせることにつながる。

観光者がわざわざ機能的な観光地を出て地域社会に興味を持つということは，近代観光の基本的な考え方からみればおかしい。ことに「客」（観光主体）としてもてなされない状況で，観光地の外側の地域生活に魅力を感じるなどというのは，観光地が提示しようとするアトラクションに対する不信ともとれる。観光者自

身とて，このことは承知しているにもかかわらず，彼らにとって，このような地域社会との接触は，新鮮であるが故にその経験が新たな生活感覚を彼ら自身に生むことが魅力となるのである。この機会が生まれるためには，観光者が地域社会の生活に関心を持ち，ある程度参加することができ，そして地域社会側の生活感覚と消費環境を観光者が共有できると住民が思う状態にあることが必要である。

　観光者が住民の手作り工芸品に興味を持つときに，手作りということよりもそのセンスに惹かれるような場合，あるいは住民が観光者のシンプル・デザインで生な素材の服装に趣味の良さを感じるような場面が「ホンモノ」や「生きた」生活を感じ合うポイントである。このような観光者と住民が感覚を共有したと思い，あるいは競い合う関係は，生活感覚の基本部分を共有しているという理解と，物やサービスの消費によって一人ひとりが違う個性を表現していこうとする状態が併存している状態である。このような状態は「他の人と同じでいたいが，自分らしさを表現したい」という消費による生活の差異化が可能な社会*において生まれてくるのである。

> * 差異化は基本的に生活に関わる価値の表象である。この表象をモードという。モードは広く衣服の世界に見られる現象とみなされてきたが，今日それは生活全般に広がっている。観光者にとっても住民にとっても生活における新奇性を探し求めていることは確かなことであり，消費生活の均一化が進行するに従ってモードも地域社会を横断し，なおかつ細分化する。

　「ホンモノ」性や「生きた」生活を通じた交流に観光者も地域住民も関心を持つ状態では，観光地は機能面を充実させながら，住民と観光者との接触機会を作り出し，それがネットワークのよ

うに作用しながら生活の差異化を楽しむ半閉鎖的な関係を創る仕組みが必要となってくる。このような観光の形態において，観光者の住む都市に対する地域社会の従属性はやや薄らぐ。そして，そこには集合的な観光の形態は存在しないために，地域の概念は説明力を除々に低下させざるを得なくなるのである。

> 旅における日本らしい
> 経験と地域性

生活の差異化を楽しむ観光の大きな特徴は，自分らしい観光を求める傾向である。ある街を訪問し，ある食事を食べ，ある店をのぞいてそこの店主と話すといった地域社会を巡る旅行行動に，観光者は積極的に自分自身の理由を見つけようとする。これは自分を主人公とした観光の物語を描き，それにそって旅行を消費するということである。物語の素材は，街歩き雑誌や投稿記事風のガイドブックなどから，物語の展開は友人との会話や大衆小説そしてテレビの紀行番組などから得られるのである。

　街を歩くとしても，旅行ガイドに案内されるのではなく，自分で調べ自分で構成した観光の「物語」を消費するのである。この「物語の消費」的観光は，大衆化した情報をもとに個別化した消費を組み立てることであり，それはちょうど街角に立って歩いている人をみると，全員違う服装をしているのと同じことである。

　外見が「物語の消費」と似ているが，まったく別の種類の観光として地域社会の旅行に自己発見を求める旅がある。これは，自分の生き方あるいは個人の内面に存在する・・・・・さびしさを旅行の中に愉しさとして表象する行為である。侘しさや儚さあるいは喜びなどを地域社会の人びとの生活に感じる旅行である。農村の風景や下町の風景には景観の修景が行われていなくても，望郷感を満たすものがあり，それに人びとは「日本らしさ」を感じたりする。修景された景観がそれを感じさせるのではない。自然の変化や人

の営みに日本人が感じるある流れを人や自然の動きに感じるのである。この流れを感じるということは、文学の世界でいわれている、共感を基礎とする「もののあわれ」である。これは古文の「もののあわれ」とは異なり、庶民的な人びとの営みが生み出す美への共感（正確には自己を無くして感銘する）である。この日本的な美の身体化は近代においても文化人を中心に広く追求されてきた。ごくありふれた農村景観や地域社会の人びとの動きに微妙にこの美を感じるのは、中高年はもとより、広く若い世代にまで及んでいるようである。しかし、感じる美は同じでもそれを感じさせてくれる流れを生むもの（人、建物、風景、動物、気象など）は、世代により異なっており、画一的ではないのである。

　住民が自分たちの町に「日本らしさ」を感じていなくても、観光者がそれを感じることもある。これは本章の初めの方で述べた日常生活と対照させて地域を経験することである。もし、住民の感じ方と旅行者である自分の感じ方を交歓する愉しみが観光者と住民との交流の中にあれば、観光者ばかりか住民にとってもそれは人生観にも作用する観光となるであろう。

　地域性というものはもはや拡散しているように見えるが、視点を持ちさえすれば個人の主観の中でとらえていくことができ、土地も想い出として息づいてくるものである。その研究はまだあまり進んでいないが、観光と地域社会を考える今後の大きなテーマであることに違いはない。

演習問題

① 地域を人の移動という経験に関係づけてみる場合と、位置と空間という視点から見る場合とでは、どのような違いがあるか。観光もしくは観光地を事例に述べなさい。

② 「観光の南北問題」は観光地空間に対するどのような認識から生じるか述べなさい。
③ 観光地における観光事業のコンサルテーションは、なぜ必要であったか。またその限界は何か述べなさい。
④ 観光地におけるポストモダンな観光行動の表現の特徴を述べなさい。また、それはなぜ観光地を運営する側から奇異に見えるか述べなさい。
⑤ 観光の消費に差異化が見られるような観光地において、なぜ「ホンモノ」性や「生きた」生活が求められるかを述べなさい。
⑥ 「地域社会に自己発見を求める旅」とはどのような旅行か、また日本人が日本の農村に旅行し地元の人との交歓などから感じる「日本らしさ」は、旅行者の自己（あるいは住民との自己）との関係でどのように説明できるか述べなさい。

読書案内

観光と地域社会をめぐる文献、ことに観光事業と地域振興について述べている著作は多い。日本における観光事業と地域を空間的に扱った代表的な著作としては、日本交通公社調査部編［1994］『**観光読本**』東洋経済新報社、がある。その一方で、場所性について言及した著作としては、トゥアン，Y.［1988］『**空間の経験**』山本浩訳、筑摩書房（原書，1976）、小説ではあるが、村田喜代子［1987］『**鍋の中**』文芸春秋社、をあげたい。後者は「観光は日常生活空間を離れ再び戻ることを意図した楽しみのための旅行」という近代観光の構図がもはや意味を失いかけていることを示唆する。地域が地理学的にそこに存在すると同時に旅行者に意識されて文脈化するものであることが、これらの著作から窺える。

Column⑬　スタディ・ツアーとボランティア

　韓国ソウルの郊外，車で約一時間のところに，元従軍慰安婦のハルモニ（おばあさん）たちの共同生活施設「ナヌムの家（たすけあいの家）」がある。最近（2001年2月），そこにいったとき，韓国の大手旅行社の日本語ガイドたち約30人が大型バスでソウルからくるのに出会った。責任者の話では，3月に東京の私立高校の生徒300人が修学旅行で，ナヌムの家を見学にくるので，その下見にきたのだそうだ。

　修学旅行は典型的なスタディ・ツアーだけれど，最近はそのツアーに，沖縄，韓国，台湾など，日本の帝国主義時代の負の遺産をかかえる地を選ぶ学校がふえている。しかも，沖縄では平和祈念公園や，米軍基地をのぞむ安保の丘などだけでなく，敗戦時に沖縄の人びとが集団自決した洞窟（チビチリガマなど）まで足をのばす学校がある。韓国でも，独立記念館や戦争記念館以外に，ナヌムの家までツアーの対象になってきたわけだ。日本の若者たちが自分たちの国の過去を見つめる機会をもつのはすばらしいことだ。まだ犠牲者たちの遺骨が残っているかもしれないチビチリガマに自分の身をおいてみることや，苛酷な慰安婦生活を生きぬいてきたハルモニたちの生の声を聞くことは，若者に自分たちの生きている安穏の日本がどういう犠牲のうえに成り立っているかを考えさせるだろう。

　しかし，見学者たちのためにつくられた記念館などと違って，チビチリガマやナヌムの家は，実際にできごとの記憶を背負って生きている人びとのまさに現場でもある。チビチリガマは，たしかに記念碑的に整備されているかもしれないが，いまでも関係者がお参りする墓所でもある。ナヌムの家はもちろんハルモニたちの生活の場である。

　そういう現に生きられている場に，観光ではなくスタディツアーとしてであれ，足を踏み込むには，そこに生きる人びとへの畏敬の念が必要だろう。その畏敬の念を表すにどうしたらいいか，それが問題である。そこにいる人びとの声に真摯に耳をかたむけるのはもちろんである。その上に，できればボランティア的なかたちで，そこに生きる人びとの役にたつ仕事をするということも考えるべきだろう。

　東京の高校生たちがナヌムの家でどういう活動をするのか，聞く時間はなかったが，なんらかのボランティアをしてくれるといいと思う。たぶん，そのほうが双方に有益な交流になるはずだから。

第14章 観光と風景

田園風景の発見は，山岳や海岸の風景の発見より遅れた。輪島市にある白米千枚田(しろよね)は，1956年に文化財として指定を受けている（筆者撮影）。

　　風景画なるものが成立したのは，ヨーロッパでは，19世紀になってからというのが通説である。山は見えていても，風景としては見えていない。よく引用されるセザンヌの言葉であるが，セザンヌが繰り返し描いたモチーフであるフランスのエクス地方のサント・ヴィクトワール山を当地に住む農民は本当に見たかどうか疑わしいと述べている。確かに知覚のレベルで，山は見えていても，ある種の「まなざし」を向けないと風景は見えてこない。そして，この「まなざし」は時代とともに変化していく。たとえ対象が同じであっても，昔の人が見ていた風景と現代のわれわれが見る風景とは違うものなのだ。また，外国人と日本人，都市住民と農山村地域の住民では違うのである。風景をつくる「まなざし」について考えてみる。

キーワード：田園風景，まなざし，風景画，文学作品，知覚，棚田

1 はじめに
●田園風景とは，風景とは何なのか（意義と定義）

　農村地域に展開する観光の一形態として，近年盛んに行われるようになった「グリーン・ツーリズム」の基礎が，その舞台となる地域の豊かな田園風景にあることは論をまたないだろう。1960年代にはじまる高度経済成長期には，都市の過密化が進むと同時に，農村の過疎化が，あるいは都市近郊の農村では都市化が進展した。その結果，スプロール化した都市と過疎化して疲弊した田園が残された。近年，都市景観については，「都市の美観」といわれた戦前からの伝統もあって，理論面や制度面において，事態は急速に改善されてきている。しかし，田園については，対象に向けられた長い歴史の割には，田園に向けられた視線のあり様を深く考察したり，田園風景を守る制度という実践面でも，遅れをとってしまっている。とりわけ，中山間地については，若年層を中心に人口減少が著しく，高齢化と財政悪化，耕地の放棄やコミュニティの崩壊など，地域の荒廃が進み，深刻な状況にある。すでに田畑の4分の1は休耕田となり，ガット・ウルグアイラウンド協定が実施されて米の輸入が増えるようになっていくと，営農はより厳しいものになっていかざるを得ない。

　農村を取り巻く状況は厳しさを増しており，これまで以上に農村地域の活性化には，新たな方策が求められている。その答えは，風景としての価値をはじめとする田園の多様な価値の再評価にかかっているように思われる。都市住民にとっても，都市の環境悪化を逃れ，また手軽な家族とのレクリエーションを楽しみ，新しい観光のスタイルを実践する場所として，田園が見直されてきて

いる。

　グリーン・ツーリズムの計画哲学・理論においては，本来，このような都市から田園への「まなざし」が意味することへの深い理解と洞察を出発点とするべきであり，こうした視点の不足が現行のグリーン・ツーリズムに，ある種の閉塞感を与えているのではないだろうか。これからの農山村地域の真の活性化には，地域住民の自覚的な「田園風景」に対する認識が不可欠であると思える。

　田園風景を保存するための理論的な根拠を求めて，歴史的にどのように人間は田園を眺めてきたか，田園風景への「まなざし」がどのように変化していったのかに焦点を当てていきたい。

　また，現在では，棚田や里山などの景観，環境保全等の公益的機能に対する再評価が始まり，産業あるいは経済的な観点から，里山や棚田の保全，維持，活用へのさまざまなアプローチがなされ始めている。そしてグリーン・ツーリズムもその保全的役割を担い始めており，どのように田園風景を守り，育てていけばよいかについても触れてみたい。

風景とはなにか

　最初に田園風景を論じるにあたり，まず，用語として，環境，景観，風景の定義をしておきたい。

　「環境」とは，一定の地域あるいは空間の物理的な状態を指すのに対して，「景観」とは，一定の地域あるいは空間の主観に現象する状態のことである。そして，「風景」とは，現象がより主観的である場合の景観のことであり，ここでは「景観」と「風景」はかなり意味が近い。また，イメージという言葉にも近い。

　これらの用語の関係は，外部の物理的な状態である「環境」は，人間の感覚器官を通して知覚され，「景観」ないしは「風景」を

主観に現象させるわけである。しかしながら、人間は同じものを見ても、人それぞれに見えるものは同じだったり、違ったりする。誰もが同じものを見ているのではないということが重要である。すなわち、外部の同じ環境を生理学的には大差のない人間の感覚器官を通して知覚しても心に現象する「風景」となると、まったく違ったものに見えることがあるということがある。「環境」の知覚が意識にのぼる風景になるときに、何か大きな力が働いているのである。そのことについて、オギュスタン・ベルク（A. Berque）は、「われわれは自身の属する文化に促されて、風景を肯定的にも否定的にも観賞・評価するし、またそればかりでなく、風景の側面のいくつかを知覚したり、あるいはしなかったりする。文化はわれわれの感覚の生理学的な能力とは独立に意識と事物の間にある種のフィルターをいくつか介在させ、それが情報を通したり、通さなかったりするのである」と言っている。

風景を哲学する

「風景」は、現実の「環境」に関する視覚情報と、人間の脳が働いて創り出す想像や過去の記憶との合成によって形成されるのである。哲学的に言えば、環境の知覚と合成されて風景を生み出す記憶の形式には２種類があって、大別して身体的な記憶と言語的な記憶に分けることができる。第１は人間が動物と共有するシンボル操作以前のプリミティブな形式のもので、行動と記号によって意味されるものが繰り返し現れることによって、これを身体で覚え込んでしまう学習に近い記憶である。第２は、人間だけにしかないシンボル化能力が生み出す心象の表象を伴う記憶の形式である。

丸山圭三郎は前者を身体によって混沌たる世界を分節する「見分け構造」、後者をランガージュ（シンボル化能力＝潜在的言語能力）によって世界を分節する「言分け構造」と呼んだ。このラン

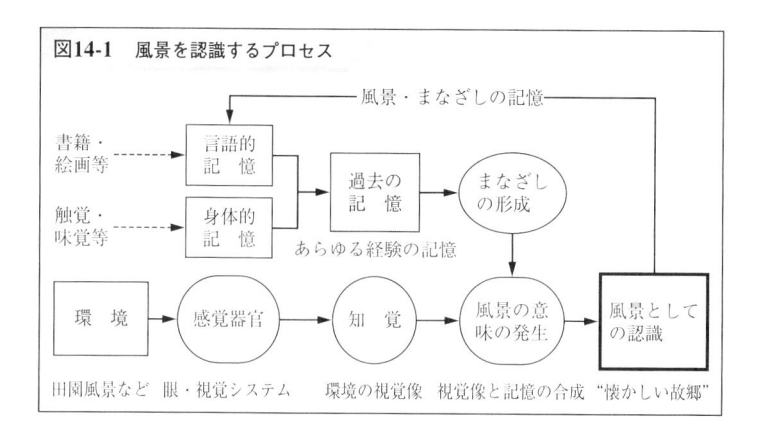

図14-1　風景を認識するプロセス

```
                        ┌──── 風景・まなざしの記憶 ────┐
                        │                              │
書籍・      ┌─────┐     │                              │
絵画等 ---→│言語的│──→┌─────┐    ┌─────┐            │
            │記 憶│    │過去の│    │まなざし│          │
            └─────┘    │記 憶│──→│の形成 │          │
触覚・      ┌─────┐    └─────┘    └─────┘            │
味覚等 ---→│身体的│──→   ↑           │               │
            │記 憶│    あらゆる経験    │               │
            └─────┘     の記憶        ↓               │
┌─────┐   ┌─────┐   ┌─────┐    ┌─────┐    ┌─────┐
│環 境│──→│感覚 │──→│知 覚│──→│風景の意│──→│風景とし│
│     │   │器官 │   │     │    │味の発生│    │ての認識│
└─────┘   └─────┘   └─────┘    └─────┘    └─────┘
田園風景など 眼・視覚システム 環境の視覚像 視覚像と記憶の合成 "懐かしい故郷"
```

ガージュという概念は言語学者のソシュール（F. de Saussure）が明確にしたもので，単に言語能力とか言語活動という訳語から想像されるよりはるかに広い意味のシンボル化能力であり，話す，書くのほかに「描く，彫る，歌う，身振る＝非言語的言語」を含む，すべてのイメージ化能力である。

　分かりやすく例をとると，大地に一本の大樹がある光景を思い浮かべて欲しい。この大樹が，「夏の暑い日に日蔭をつくり涼しさを提供する」あるいは「雨をしのぐのに良い場所」として良い風景に見える（因果関係は意識されない場合が多い）のは，身体的な記憶との合成であると推測できる。一方，大樹に「大地に雨の日も風の日も一年中耐えて立っている孤高の人」や「北海道の田園を背景にした広告」のイメージを重ね合わせるとき，それは言語的な記憶との合成が起きていると推測されるのである。

　身体的な記憶に関しては，人それぞれの個体差は比較的小さいが，言語的記憶は，個人によって大きく異なるとともに，時代や文化によっても異なるものである。反対に同じ時代や同じ文化に生きる人は，社会的な学習を通じて同じような記憶を持っていて，

したがって，同じ「風景」を見ることもできるのである。「文化のフィルター」を通して風景を見る，「プリズム」を通して表象する，「文化的枠組み」を通してしか風景は見えない，あるいは「まなざし」が社会的に組織化され構造化されている，「特定の視点」から見る等という言い回しは，このことを違った言い方で述べているのである。

　すなわち，田園風景は時代や文化によって異なる「環境」を見る「プリズム」が見つけてきたのである。「プリズム」がなければ風景は見えない。つまり風景は発見されてきたのである。歴史的にどのような「プリズム」を通して田園を発見してきたのかを文学作品や絵画などを通して明らかにしていきたい。

2　絵画と文学作品に見る田園風景へのまなざし

　人は誰しも行ってみたい憧れの地，帰りたい郷愁の風景を持っている。その夢やビジョンが個人の胸中にとどまらず，一民族や文化圏や宗教へと拡大されて多くの人びとに共有されるとき，そこに固有の理想郷思慕の伝統が成立する。ウェルギリウスの『牧歌』以来繰り返し謳われてきたアルカディアや近代ヨーロッパの理想都市像として描かれたトマス・モアの『ユートピア』，あるいはわが東洋の桃源郷など，いずれも一作家の文学作品がきっかけとなって生まれ，やがて文化に長く深い影響を及ぼすことになったのである。

　オギュスタン・ベルクは，「田園が風景となるためには，その視線が田園を美意識の対象としなければならず，田園は都市の住民によって田園として知覚され，田園として存在し始める」とい

うことを述べている。このような美化は東洋でも西洋でも都市住民の行う行為であり続けてきた。田園に対する憧れを描いた文学作品と絵画から田園風景を観賞するための「プリズム」を明らかにしていきたい。

> ローマ詩人が描く田園理想郷『アルカディア』：神と大地への感謝

牧歌的な田園理想郷アルカディアが現実にあったと受けとめる向きもあるが，それは古代ローマの詩人ウェルギリウスのイマジネーションが創作したものである。ウェルギリウスの『牧歌』は，先人テオクリトスを範として書かれた。牧神（ギリシャ神話のパン）や男女の牧人の歌・対話からなる牧歌調の詩で全10編からなり，神と大地への感謝を主題にしている。

ウェルギリウスは『牧歌』が展開する舞台を，テオクリトスが歌うシチリアの牧人の世界，ウェルギリウス自身が創造した牧人の理想郷アルカディア，内乱の混乱のさなかにあるローマが巧みに結び合わされ独特の詩的世界とする。しかし，現実のギリシャ・ペロポネソス半島の中央部に位置するアルカディア地方は，それほど豊かでも魅力的な場所でもなかった。シチリアをはじめ，ローマ帝国内の魅力的な場所のイメージを取り入れて，創造しているのである。

ローマの詩人ウェルギリウスの田園詩が受け入れられる背景には，当時のローマ市民の田園に対する憧憬があったからであろう。ローマ帝国を築いたローマ人は，きわめて都市的な民であったが，それ故にか，田園に別荘を建てて田園生活を楽しむ趣味があった。これは都市化が著しく進んだため，都市生活者の自然への回帰，逃避の手段とも取ることができる。都市の近郊に求められた別荘は「田舎にありながら都市住居の快適さや便利さを備えた家」で，

ローマの喧噪と煩雑な社交を逃れて，田園，海浜，湖水，丘陵など自然の中に建てられた。

> **陶淵明が描く桃源郷『桃花源記』：隠逸の場としての田園**

陶淵明（365-427）は，中国・六朝時代の詩人で，生活のため29歳頃から数回官途についたが，肌に合わず，405年彭沢県令をわずか80日で辞し，『帰去来辞』にその気持を託して故郷に帰り，田園で農耕生活をおくった。あまり技巧を用いない平淡な詩風は，当時は軽視されたが，唐以後は六朝最大の詩人として名が高くなった。『五柳先生伝』『桃花源記』など散文にもすぐれ，日本でも最も愛読されている中国詩人の一人であり，日本人に「田園に隠逸」という観念をを強く印象づけた。

水戸光圀の隠居所「西山荘」は，常陸太田にある。光圀は，陶淵明に深く傾倒し，水戸藩主を退いたあと，五柳先生と呼ばれた陶淵明の住まいや桃源郷のイメージを写した西山荘に隠居し，『大日本史』を編纂した。明治以降になっても，晴耕雨読の世界は，人びとを引きつけ，岩崎久弥の静嘉堂文庫や東郷平八郎の農園別荘など多くの別荘を生み出す動機となった。

> **農耕を描く「四季耕作図」：中国文化を通してみる風景，労働の場としての田園風景**

室町期においては，雪舟の「四季山水図」などの山水画が描かれる。また，水墨による障屏画である「四季耕作図」や「月次風俗図」など，農耕の様子を描く特徴的な作品をみることもできる。

江戸時代に入ると，久隅守景（くすみもりかげ）が「四季耕作図屏風」（17世紀後半）などの農耕生活により自然と一体となって自足する人びとを描いた作品を数多く残す。また，池大雅は「課農便図」なる風景画において，田園風景そのものを描いている。室町から江戸期にかけて見られる田園風景画は，その大半に農耕生活を営む人びと

が描かれていることを考えると，田園風景そのものへの関心よりもむしろ人びとの自然の中での尊い営みが主題であったと思われる。

> 封建領主から見た領地の風景：領地の繁栄の歓び

西洋において風景画が一つの独立したジャンルとして成立するのは一般的にルネッサンス後期といわれている。ただし，そ

『ベリー公の豪華時禱書』の挿絵

れ以前において風景を描いた絵画がなかったわけではなく，古くはローマ時代にも多くの作例をみることができる。その後の中世美術においては，風景画として認識できる作品は稀少で，ゴシック時代になってはじめて，『トリノの時禱書』や『ベリー公の豪華時禱書』などの写本に美しい風景を書き込んだ挿絵が見られるようになった。これは季節ごとに領地で行われる農作業風景などを描いたものであるが，これは領主の視点から描かれたものであり，農民自身の美的関心とは無縁である。

> ルネッサンス後期・ブリューゲルの絵画：人間中心のルネッサンス的田園風景

ルネッサンス後期になると，ヨーロッパ最初の自然主義的風景画家といえるブリューゲル（1525-69）が登場する。いきいきとした農村情景を描くことで広く知られ，細かく愛情のこもった観察力で農民の日常生活を描いたために「農民ブリューゲル」とあだなされた。ブリューゲルの作品には，当時の宗教観と道徳観が色濃く反映している。晩年の5

年間に描かれた絵には，見事な風景に力強い人物を配した傑作が多い。これら油彩の大作は風景画をこれまでにない地位に引き上げた。「雪中の狩人」はその代表作である。また，同時期のイタリアでは，ローマに居を構えたフランスの古典主義者プッサンやクロード・ロランなどが「理想化された風景画」を描いた。

ブリューゲル「雪中の狩人」

> バルビゾン派・印象派（ターナー，ミレー，セザンヌ）：近代的な田園風景絵画

ワーズワースなどのロマン派詩人と同世代の画家コンスタブルとターナーは，イギリスでまさに産業革命が起きようとしている頃に登場し，主に19世紀初めに活躍した。

19世紀フランスにおいては，ターナーやコンスタブルなどの自然主義的風景画に影響を受けた，ミレーに代表されるバルビゾン派が登場した。名称は，1830年頃から彼らが移り住んだパリ近郊フォンテンブローの森の入口にある小村バルビゾンに由来する。19世紀に入り，美術の顧客層が教会や王侯貴族からブルジョワジーに広がってきたのも，この派の隆盛の一因と言われている。人生の後半をバルビゾンで過ごしたミレー，T.ルソーらを中心にコローやクールベもときおり加わり，自然に対するロマンチックな感情と叙情的な画趣のある自然主義的な風景画を描くことで，自然をありのままに捉えようとする試みがなされた。この

頃になってはじめて，人びとがありのままの自然を「美」として認識するようになったといえる。また，この時期，人物は配されてはいたが，田園風景をモチーフとした作品が格段に増えたことも特筆すべきことである。これは産業革命の波が押し寄せていたフランスにあっても，イギリスと同様，田園に対する人びとの憧れが高まったことによるものと考えられる。ただし，田園そのものが美の対象となっていたわけではなく，そこでの人びとの営みや動物の戯れるさまを併存させてはじめて「美」と認識されていた。一方，同時期に絵の中に人物を配していないアルプスを描いた絵画が登場しており，海や湖に続いて，人びとが「山」の風景美にも目覚めたことが分かる。

ミレー「羊飼いの女」

つづいて19世紀後半フランスにおいて起こった印象主義は，写実主義の伝統を受け継ぎながらも，外界の事物を光を浴び空気に包まれた印象として，その場で直観的・感覚的に表現すること，戸外制作を重視した点で

ゴッホ「ラ・クローの収穫」

それまでの写実主義とは一線を画すものであった。この時期の代表的な画家としては、マネが先導し、ルノワール、モネ、ピサロ、シスレー、ドガなどが挙げられる。田園風景画に関するバルビゾン派との明確な違いは、彼らの、とくに後期印象派を代表するセザンヌやゴッホの描く田園の風景画には人物が登場しない作品が数多く見られることである。20世紀も近づいたこの時代になってようやく、田園そのものが美の対象として独立した価値を持つようになったと言える。

日本の黎明期の洋画家たち：バルビゾン派の目で見た日本の田園風景

明治に入ると外国に留学したり、外国人画家の指導を受けて、日本に西洋絵画の思想と技術を持ち込む画家が登場する。日本の西洋絵画は、早い時期にイタリアの風景画家であったフォンタネージに指導を受け、その強い影響があったと言われている。フォンタネージは、バルビゾン派の画家たちと交わり、暗鬱な色調と哀調を帯びた風景画を制作してイタリア風景画の代表者になった。1876年に来日して工部美術学校の画学教師となり、浅井忠、小山正太郎などを育てた。後にフランスに留学した浅井忠の作品には、「わら屋根」「春畝」「収穫」など田園風景を描いたものが多数存在する。師であるフォンタネージの影響に加え、留学したフランスでは、当時バルビゾン派から印象派が活躍している時代であり、ミレーなどの描く農民画や田園の風景画など当時のフ

浅井忠「収穫」

ランスの画家たちの影響を強く受けたのも当然であろう。みな聖地のようにバルビゾン村詣(もう)でをしたという。日本人の西洋絵画のお手本は最初からバルビゾン派の自然に即した風景画に求めたともいえ

満谷国四郎の描いた独歩の『武蔵野』の挿し絵

る。また満谷国四郎も小山正太郎に学び、バルビゾン派に影響されたと思われる田園風景画を残している。以降、明治30年代には、明治の浪漫主義のよる自然礼賛ブームに乗って、バルビゾン派の画家たちは日本でも大衆的な人気を博すことになった。満谷国四郎は、国木田独歩と交流があり、独歩の著作にバルビゾン派風の田園風景画の挿し絵などを描いている。

| 国木田独歩の『武蔵野』:自然主義的田園風景の発見 |

明治31(1898)年に国木田独歩が『武蔵野』を著し、J.-J.ルソーやワーズワースがヨーロッパアルプスやイギリスの湖水地方の自然を発見したように、独歩は武蔵野の雑木林の美を発見した。武蔵野の美が発見されたころ、ちょうど郊外電車が郊外に延びようとしていた。当時、近代的な産業が都市内に発展し、都市環境の悪化が気遣われていた。大阪でも、近代工場と粗末な住宅地にあふれ、「煙の都」と呼ばれて公害が発生し居住環境は悪化していた。当時の住宅分譲のパンフレットには、空気、土地、水が宣伝材料に使われた。郊外へ目を向ける契機となったのは、関東大震災といわれているが、その前からそういう芽は育ってい

た。武蔵野から始まった郊外趣味は，一種の観光ブームといってもよい。

　郊外を散歩したりするばかりではなく，多摩川沿いの崖線のハケと呼ばれるところには，別荘がたくさん建設された。利用価値のない崖を利用して，武蔵野の林の中に別荘が建築され，崖から湧く水を利用して流れや池が造られた。崖の上からは，富士山がよく見えた。上野毛の五島美術館，岡本の静嘉堂文庫などがその例である。

> まとめ：新しいまなざしの誕生

　絵画や文学作品を通して田園に対するさまざまな「まなざし」のあり様について見てきたが，これらはすべて，農民の「まなざし」ではない。

　しかし，今日，すでに農村は，農地で働く人ばかりではなくなり，専業の農業従事者の数は驚くほど少なくなっている。今日の農村はかつての農村ではない。田園を見る視点は，都市住民とあまり変わらなくなっている。

　結局，風景というのは，ある種の見方でしか見えないものなのである。このある種の見方のことを，文化の図式，プリズム，枠組み，視点などの言葉で言い換えていることがあるが，要は，言語化された記憶との合成によって生まれるタイプ化されたイメージなのであり，それがなければ風景は見えないのである。

　なぜ，田園風景が美しく見えるのかについての理論的構造を自覚することができる時代の観光者は，どのように風景を楽しめばいいのだろうか。おそらく，その答えは，それぞれの身につけたコンテクストを動員して，風景を楽しめばいいのである。いろいろな見方を知ることによってこそ，すなわち「文化の図式」を身につけることによって，田園風景を見る楽しみが重層化され増え

ることになるのである。

　ここでは，2000年も昔のローマ時代からの田園への憧憬を通して，田園に注がれる「まなざし」について考察してきたが，古くとも未だに生きている「まなざし」もあるし，古くなって葬り去られた「まなざし」もある。そして，「まなざし」の歴史自体が自ら語るように，新たに生まれてくる「まなざし」もある。それは現代を生きる人びとにとっての最大の課題である「環境」であり，「安全や健康」である。実際，棚田の美的あるいは文化的な価値と同時に，環境保全への公益的な機能や棚田で有機栽培された米など新しい評価も生まれている。こうしたことが，現代の「新しいまなざし」を生んでいくのである。

3　田園風景の保存と育成
●各地の事例から

　幅広い層の熱い「まなざし」を集めて保全が期待されている田園風景であるが，具体的に風景保全を行っている地域は限られている。最後に，ここまで述べてきたさまざまな「まなざし」が注がれる「田園風景」を保全・保存する方法について，全国の事例を紹介する。

文化財としての指定　棚田や伝統的な民家，鎮守の森など面的な広がりを持つ田園風景を文化財として保全していくことは難しい。面的の広がりを見せる文化財とそれを取り巻く環境の保全を目的とする法律には，1965年に制定された「古都における歴史的風土の保存に関する特別措置法」（古都保存法）があるが，保存の対象になっているのは，京都，奈良，鎌倉などの古都に限られている。歴史的・文化的環境の保存に関

する法律としては，都市緑地保全法があり，都市計画法の定める都市地域においては，地域の伝統的・文化的意義のある区域を「緑地保全地域」に指定することができる。都市近郊の田んぼや畑，用水，湧き水があり，昔から人が手を加えながら維持してきた里山を保全していくのに有効であろう。

市町村のレベルにおいては，1956年に石川県の輪島市が市内の白米の千枚田を文化財に指定したのが，全国で初めての事例である。白米千枚田を保全するために，耕作者への助成金の交付やボランティアの受入れを行っている。また市内のさまざまな団体が協力して「千枚田景勝保全基金」を設立し，ボランティア活動により棚田の耕作が行われ景観が保全されている。

田園景観保全条例

田園風景の保全に先進的な自治体では，景観条例の制定を行うところも出てきている。景観条例にも，さまざまな段階のものがあり，景観保全の精神を示し，景観形成・保全の方針を示すにとどまるものから，具体的にデザインの規制や守るべき基準を決め，景観協定を定め，助成金を交付し，全体的な計画を作ることまでを含むものまでがある。

群馬県新治村の「美しい新治の風景を守り育てる条例」は，後者で，「景観形成指針」を定め，「景観形成指定地区」を指定するとともに，「景観審議会」を設置している。また，特定の地域については，住民は建築協定を結んで景観づくりを進めるとともに，行政は，そのための費用を補助することを定めるなど，積極的な内容を持っている。

新潟県の大島村でも，1993年から「美しい大島村の風景を守り育てる条例」を制定し景観整備を推進している。これらの地域には，いわゆる優れた観光資源が存在する既存の観光地ではない。

田園風景の魅力によって新たな価値を創り出そうという意図が明確である。その意味では、豊かな田園風景の残る地域で基本的に実施が検討される施策であろう。

> 棚田（千枚田）オーナー制度

高知県檮原町（ゆすはら）では、町づくりの基本の一つである「交流の里づくり」の一環として、1992年度から千枚田オーナー制度を導入している。この制度は、都会に住む人に棚田のオーナーとしての参加を提案したもので、司馬遼太郎『街道をゆく』第27巻にも紹介された神在居（かんざいこ）地区の棚田を1オーナー当たり100平方メートルの田んぼを年間40010円で貸し付けるものである。40010円は、四万十川の上流域に町があるからであり、オーナーは農家の指導を受けて米を作り、この棚田で収穫される20〜30 kgの米は持ち帰ることができる。このほかに、町から年に2回特産品が送られてくる。

この制度が発足した時には大きな話題になり、15件を受け入れる予定のところに600件の応募があった。とくに、関西方面からのオーナー希望者が多く、2年目から、30区画に増やした。同様な制度は、全国に拡がっており、長野県更埴（こうしょく）市にある「田毎の月」として松尾芭蕉の『更級紀行』にも登場する姨捨の棚田では、1996年度から「棚田貸します制度」を創設している。

> イベント・シンポジウムの開催：「棚田サミット」

田園風景を守るために行われている最大のイベントは、棚田サミットである。第1回は、やはり檮原町で1995年に開催された。これは、棚田（千枚田）オーナー制度が定着するにつれて、棚田オーナーと地元住民との懇親会の席上で提案がなされたのがきっかけであったという。このサミットには、全国から自治体関係者、研究者、個人、マスコミ関係者など1000人以上が参加した。この時、早稲田大学・中島峰広教授が全国の棚田分布地

図を作成し,減りつつある棚田の現状を報告した。そして,このサミットをきっかけに「全国棚田(千枚田)連絡協議会」が発足した。以降,佐賀県西有田町,長野県更埴市,新潟県安塚町,三重県紀和町,福岡県浮羽町・星野村などで毎年開催されている。

> 景観保全運動:ドイツ「わが村は美しく」コンクール

行政が取り組む田園景観保全条例などのほかにも,住民を巻き込んだ田園風景を守る運動が盛んになっている。古くから行われ,わが国の田園風景保全に大きな影響を与えてきたのは,ドイツで1961年から行われている「わが村は美しく」のコンクールである。美しい村づくりの成果が,州レベルで競われ,さらに連邦レベルで競われるのである。このコンクールへの参加を通じて,町村レベルの田園風景への意識が高まり,大きな成果をあげている。このコンクールへ参加する町村の意識は,すでに40年も前に始まったものであるが,「住民自らが美しい環境の場所に住みたい」し,合わせて「旅行者の誘致にも有効である」と考えられていたからである。

このような住民が主体となって,田園風景を保全・育成しようという運動が,愛媛県内子町で行われている。内子町の石畳地区の住民が主体となり,行政も資金的な援助を行うことによって推進されている「村並み保全運動」である。全国的にも珍しい屋根付橋の復元,水車の復元,伝統的民家の移築とそれを使った宿泊施設の運営などが行われて

内子町の屋根付橋

おり，すでに町内の他地区にも良い影響を与えている。都市内における「町並み」に対して，田園風景を「村並み」と呼んでいるところにコンセプトの確かさがある。

エコミュージアムの導入

グリーン・ツーリズムの対象となるような田園地域には，多くの場合，いわゆる観光資源はない。あるのは，鎮守の森，棚田，水車小屋（の跡），小川，果樹園，茅葺き農家，大きな樹，雑木林，炭焼き小屋など，そのものだけでは価値を見いだすのが難しいものばかりである。こうした日常の生活の場面や要素をまとめて，地域の生活と環境を綴り合わせて，興味深く見せるのが，エコミュージアムの考え方である。エコミュージアムは，1960年代に国際博物館会議の初代会長であったリヴィエール（G. H. Rivière）が提案したもので，「地域の人びとが自らの地域社会を探究し未来を創造するための博物館であり，地域社会の人びとの生活と，その自然，文化および社会環境の発達過程を史的に探究し，自然遺産および文化遺産などを現地において保存，育成，展示することを通して，その地域社会の発展に寄与することを目的とする新しい理念を持った博物館である」と述べている。地域社会の発展への貢献，展示資料の現地保存，住民の参加による民主的運営などを特徴とするものである。しかし，博物館として明確な形態があるわけではなく，さまざまなタイプのものが存在しているし，エコミュージアムの概念を当初から取り入れて計画されたものではないが，理念がエコミュージアムに通じる類似施設は，多く存在する。たとえば，愛知県足助町の「三州足助屋敷」や群馬県新治村の「たくみの里」や岩手県三陸町「ふるさとまるごと博物館」などがある。これまでの地域の中に存在する観光資源を巡るタイプの観光から，コア（地域を紹介する拠点施設），サテラ

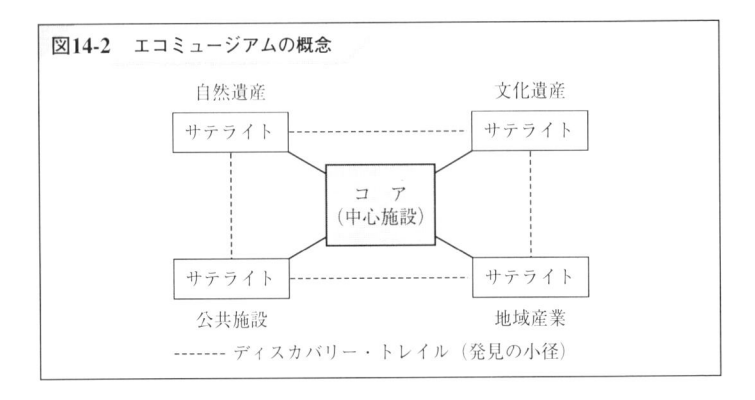

図14-2 エコミュージアムの概念

```
自然遺産                    文化遺産
  サテライト ──────── サテライト
     │         コ ア         │
     │      (中心施設)       │
  サテライト ──────── サテライト
  公共施設                    地域産業
  ------ ディスカバリー・トレイル（発見の小径）
```

イト（現地保存された展示対象），ディスカバリー・トレイル（地域を見つける発見の小径）から構成される「地域全体」が資源となるとなる新しい旅の対象地になる。

4 おわりに

　現在，田園風景の再評価が行われ，全国で田園風景の保全策が検討されるようになった。本章では，「風景とは何か」ということを哲学的に考え，人間が環境に向ける「まなざし」がさまざまな田園風景の価値を生み出す，という前提で分析を進めてきた。そして，歴史的に，絵画や文学作品の田園に向けた「まなざし」を明らかにしたつもりである。

　つまり，西洋・東洋の田園を描く風景画を当時の社会的背景や風景画が成立した事情から，田園風景に美的価値を発見したのは，いつの時代でも都市住民であり，風景としての価値が独立して田園に見いだされるのは，西洋においては海辺や山岳の発見の後であり，20世紀になろうとしている時期であった。

田園風景は，一定の社会的関係の中で意味を与えられてきたことが絵画の分析を通じて明らかになったと思う。こう考えてくると，現代の社会が抱えるさまざまな問題との関わりの中で，また，田園における観光を通じ，新たな田園へのまなざしを得て，これまでにない価値を田園に見いだすに違いない。すでにその動きは始まっている。最近の田園風景保全をめぐる動きを見ると，地域からの強い主体的な動きが加わっていることが感じられる。さらに田園は，風景ばかりではなく，環境や健康など現代社会が求めるさまざまな欲求の対象になり，それはまた新たなまなざしを生み出していくことになるだろう。

　演習問題
① 風景はどのように認識されるか。外部の環境が，風景として認識されるまでのプロセスを説明しなさい。
② 田園風景は，どのように発見されてきたか。田園を描いた絵画によって，田園風景観の変遷を説明しなさい。
③ わが国における明治以降の田園風景観の変遷とそれがもたらした地域への影響について知るところを述べなさい。
④ 田園風景を保全するには，どのような方法が考えられるか。方法を3つ挙げ，簡単に説明しなさい。

　読書案内
　風景・景観についての基礎的な知識を学び，風景論の奥深さを知るには，まず中村良夫［1982］『風景学入門』中央公論社，を一読することを勧める。風景というものを考えるさまざまな視点を学ぶことができる。そして，風景を日本と西欧を比較しながら，近代の景観論を批判的に解体し，来るべきポストモダン時代の景観論の到

来を予見したオギュスタン・ベルク［1990］**『日本の風景・西欧の景観』**篠田勝英訳，講談社，も手軽な形態であるが中身の濃い一冊である。

本章では，田園景観に向けられた「まなざし」について，述べているが，ミシェル・フーコーの「まなざし」概念を観光の分析に適用したジョン・アーリ［1995］**『観光のまなざし』**加太宏邦訳，法政大学出版局（原著，1990），は観光論の基本文献でもある。

視覚を哲学的に考える手がかりを与えてくれるのは，丸山圭三郎［1983］**『文化記号学の可能性』**日本放送出版協会，である。風景の認識はどのように行われるかを知ることができる。現代の認識論や記号論などを学ぶ上で，基本的な視角を得るためには，池上嘉彦［1984］**『記号学への招待』**岩波書店，がある。言語学からの入門書であるが，記号論の基礎を学ぶことができる。

風景画に関しては，まず，ケネス・クラーク［1998］**『風景画論』**佐々木英也訳，岩崎美術社（原著，1976），を上げないわけにはいかない。風景画論の名著として，まず，この本をなくして風景論を語ることはできない。

田園風景に関しても，さまざまな著作がある。勝原文夫［1979］**『農の美学』**論創社，はこの手の書物としては，早い時期に出版されたものであるが，さまざまな角度から，美的対象としての田園について語っている。大いに参考になる。

根木昭ほか［1999］**『田園の発見とその再生』**晃洋書房，は実際に田園風景の保全を具体的に考え，実施に向けて健闘をすすめてきたグループによる執筆であるが，歴史的な見方から現代の田園風景の保存の新しい考え方まで，バランスよく書かれている。

さらに具体的な農村景観のデザインに関心があるなら，進士五十八編［1994］**『ルーラル・ランドスケープ・デザインの手法』**学芸

出版社，が面白く読めるだろう。

参考文献（上記以外）

大島清次監修［1982］『ミレーと 19 世紀絵画展図録』大丸

木島俊介［1983］『ヨーロッパ中世の四季』中央公論社

久保正彰・今道友信監［1985］『ウェルギリウス・ロマヌス──Vat. Lat. 3867』（ファクシミリ版ヴァティカン写本選集第 66 巻）岩波書店

篠田一士編［1982］『武蔵野・平凡』学習研究社

『西洋美術館』［1999］小学館

中山公男監修［1996］『初期ルネサンスの魅力』同朋舎出版

『日本美術館』［1997］小学館

安田火災東郷清児美術館編［1995］『ゴッホと風景画』「ゴッホとその時代展：1993-1997 年」

Column⑭ ピクチャレスク・アメリカ

　アメリカの1820年代から60年代にかけて巻き起こった空前の文化的ブームの一つに、ピクチャレスク本の出版がある。一説では、この時期、約1000種類以上のピクチャレスク本が刊行されたという。ピクチャレスク本とは、基本的に名所案内の書だが、きわめて美麗な風景版画（当時ヨーロッパで流行した〈ピクチャレスク〉美学に則った）が挿絵として添えられている。

　どちらかといえば、売り物は版画のほうで、文章は添えもの的な役割しかはたしていないものの、期せずして当代の有能な作家と画家が数多く関与している。当時代表的とされるピクチャレスク本の書き手としては、『モヒカン族の最後』の小説家ジェイムス・F.クーパーや詩人ウィリアム・C.ブライアントなどがいるし、版画のもととなる風景画の描き手としては、「ハドソンリヴァー派」として知られる当時のアメリカ風景画家集団の多くが参加している。

　興味深いのは、ピクチャレスク本という場を介して、文学と美術という異なる芸術ジャンルが協同作業の場を形成していた事実である。これが実質的に半世紀以上も続いた。近代的な観光旅行の組織化に必要なのは、交通網や宿泊施設の整備だけではない。美意識の形成と確立も大きな要因となる。ピクチャレスク本のかたちで表象されたもの、それはまさしく観光旅行の動機づけを成す〈美学〉そのものにほかならない。『聖地——19世紀アメリカの観光アトラクション』（1989年）の著者ジョン・F.シアーズはこの時代の状況を次のように解説している。

　「観光地の呼び物やそこでの経験への関心が、芸術派、大衆派を問わず、あらゆる作家や画家の作品に浸透し、それは19世紀後半まで続く。そして彼らは観光地に関する厖大なイメージや記述、あるいは物語を作り出し、それらを国内旅行を主題とした夥しい数のガイドブック、ギフトブック、雑誌、絵本、ステレオグラフ集に掲載した。」

　こうして、アメリカ人は「アメリカ文化の基盤としてのアメリカの風景」（シアーズ）に注目するようになるのだが、やがてその集大成ともいうべき驚異的な書物が出版される。ブライアント編『ピクチャレスク・アメリカ——われらが住める土地』（1872～74年）である。大判で、第1巻が568頁、第2巻が576頁。本文の書き手が28人、画家と版画家は30人以上動員され、当時の出版界では破格の豪華本となった。

第15章 観光産業と投資

巨額な資金が必要なホテル投資は観光産業における設備投資の典型である(写真提供,ウエスティンホテル東京)。

　　戦後のわが国の経済成長は設備投資が主導してきた。観光産業においても1960年代における大都市部のホテル建設の本格化を皮切りに,都市ホテル,ビジネス・ホテル,リゾート・ホテル等,さまざまなタイプのホテルへの投資やテーマパーク等の大型余暇施設への投資が地域的な広がりを伴って活発に行われた。こうした観光産業の投資プロジェクトは,建設に多額の資金を投入し,完成後はサービス業としての性格ゆえに多数の要員が必要なため,資本費・人件費両方の固定費負担が重く,その投資回収には長期を要するのが一般的である。

キーワード:リスク・リターン　固定費・変動費　損益分岐点　投資回収　資金調達　事業計画

1 設備投資と資金調達の基礎知識

投資とは，設備投資とは

設備投資に限らず一般に「投資」とは将来の利益（見返り，リターン）のために，今，何らかの資本（主として資金）を投じる行為である。個人レベルでいうと，将来のより良き生活のために学費を払って学校に通うのは教育投資，老後の生活のために敷地を利用して賃貸アパートを建てれば不動産投資，配当・金利や値上がりを目的に株式や債券を購入すれば証券投資となる。

投資を実行するかどうかの判断は，今，投資のために出ていく金額と，将来，投資によって入ってくるであろう金額の2つの比較によって下される。すなわち，これらから算出される投資回収年数（何年で投資額に等しい現金が戻ってくるか），償還年数（借入をして投資を行う場合，何年で返済できるか）や内部収益率（利回りとして何％となるか）が判断の基準となる。言うまでもなく，内部収益率が高く，したがって投資回収や債務償還が短い案件が良い投資案件である。

しかし，投資額は一義的に決まっても，将来収益はあくまで予想であって当初に目論んだとおりになるかどうかの保証はない。つまり投資にはリスクがつきものである。リスクは案件によって差があり，かなり確実に将来の収益が予想できるものと甚だ不確かなものがある。不確実な投資には当然，投資家は高い利回りを要求する（ハイリスク・ハイリターン）。

逆に確実な投資へのリターンは低くてもかまわない（ローリスク・ローリターン）。ベンチャー・キャピタルと呼ばれる投資会社

表15-1 設備投資・在庫投資・研究開発費比較

項　　目	金　　額
設備投資	81.8兆円
在庫投資	2.3兆円
研究開発費	10.5兆円
（参考　GDP）	507.6兆円

（注）　民間分。数値はいずれも1997年度の名目値。
（出所）　経済企画庁「国民所得統計」，総理府「科学技術研究調査報告」。

や富裕な個人投資家が行うベンチャー企業への投資は前者，すなわちハイリスク・ハイリターンの典型であり，安全性の高いとみなされる国債投資は金利が安く，ローリスク・ローリターンの代表である。

　モノやサービスを提供する事業者もさまざまな投資を行う。職員の業務知識を向上させるための研修は人への投資である。金融資産の効率的運用や他社事業の買収による事業拡大を目的として証券への投資も行う。しかし，中心となるのは，実物への投資，すなわち，設備投資，在庫投資，研究開発投資の３つである。

　設備投資とは事業のために必要な機械・建物等の設備を取得することである。なお，企業経営上は土地の購入や中古設備の取得も設備投資支出となるが，国全体でのマクロ統計では既存物件のやり取りにすぎないからこれには当たらない。在庫投資とは，来期以降の生産販売のために原材料，仕掛品，製品・商品等の在庫を積み増す行為をいう（取り崩す場合もありこの場合はマイナスの投資になる）。研究開発投資は，文字どおり，将来の製品開発・改良等のため研究開発に投じられるもので，研究設備等の設備費（したがってこの部分は設備投資でもある）に加え，研究スタッフの人件費や材料費等の諸経費も含む概念である。国全体の数字をみ

ると，設備投資の規模が圧倒的に大きく，年度によって違いはあるがGDP（国内総生産）の15〜20％を占めている（表15‐1）。

設備投資の諸目的　企業はまず事業を開始するに当たってモノの生産やサービス提供のため設備を新たに取得する必要がある。事業の拡張のためには設備の増設が行われる。これらは能力増投資と呼ばれる。能力増投資の中には単にキャパシティを増やすだけでなく，新たな技術を実用化するもの（新技術企業化投資）や新しい事業分野に進出したり（多角化投資），これまでの事業を縮小・廃止し異なる事業に乗り出す等の性格をもつもの（事業転換投資）もある。

　以上のようなモノやサービスを提供する基盤を構築することが設備投資の基本的意義であり，これらのタイプの投資については先に述べた投資採算の検討が投資判断の最も重要なポイントとなる。しかし，事業基盤を新設あるいは増設した以降も企業経営にはさまざまな課題が現れ，これらを解決しつつ事業を維持・発展させていくために，企業は能力増投資以外にもさまざまなタイプの設備投資を行う。

　年々陳腐化していく既存設備の能力を保つためには維持・補修投資が必要であり，物理的ないしは技術的に既存設備が甚だしく陳腐化した場合には，更新投資が行われる。投入する原材料・人員等のコストの高騰に対応するためには，これらを節約するための合理化投資が必要である。省力化投資，省エネルギー投資，代替エネルギー投資等がそれで，投資判断は，投資額とそれによって節約される将来のコスト削減額を比較考量して下される。事業の情報化を促進するための情報化投資も，業務の効率化を狙った合理化投資の一種である。生産能力増や合理化に結びつくわけではなくとも，公害を防止し環境を守るためには，公害防止投資等

図15-1 設備投資の動機別構成（製造業）						
	能力増強	新製品・製品高度化	合理化・省力化	研究開発	維持・補修	その他
1998年度	27.7	15.5	18.4	10.4	15.9	12.1

（単位：%）

（出所）日本政策投資銀行「設備投資計画調査」。

の環境保全投資が要求される。すでに述べた研究開発投資の設備取得部分も設備投資の重要な一部を構成している。研究開発投資は企業の長期的発展を狙った投資であるが，短期的に収益が期待されるわけではないので単純な投資採算の対象にはなりにくい（図15-1）。

設備投資の変遷　このように一口に設備投資といっても動機や着眼点によりさまざまなタイプに分類され，それぞれのウエイトも時代ごとの経営上の要請に応じて変化を遂げてきた。また，設備投資をリードする産業も変化している。戦後復興や高度成長時代の主役はなんといっても能力増投資であった。産業別には鉄鋼を始めとする素材産業が次々に大型プラントを建設し，また，当時は欧米からの技術導入の時代でもあったから，外来技術を国内に持ち込む新技術の企業化が盛んであった。機械産業の投資が後に続いた。

高度成長のマイナス部分として公害問題が顕著となった1970年前後には，公害対策基本法の制定（1967年）を契機に公害防止投資のウエイトが大きく上昇した。70年代に生じた2度のオイル・ショックに伴う石油価格の大幅な上昇は日本経済に大きな打撃を与え，これに対抗するためその後しばらくの間省エネルギー投資・代替エネルギー投資がエネルギー多消費型産業を中心に活発に行われた。80年代はオイル・ショックを克服し，日本が経

表15-2　設備投資の主役の変遷（全産業投資額に占めるシェア）

(単位：％)

暦　年	1970	80	90	95	97
製造業	48.6	35.9	36.1	31.7	33.0
鉄　鋼	7.7	5.0	3.1	2.7	2.6
第3次産業	35.2	45.1	52.8	55.7	58.6
運輸・通信	7.8	6.9	10.0	12.9	13.9
情報化投資(注)	N.A.	4.2	9.5	14.5	15.9

(注)　九州大学　篠崎彰彦氏の推計による。
(出所)　経済企画庁『民間企業資本ストック』，篠崎彰彦 [1999]『情報革命の構図』東洋経済新報社。

済面において世界のトップランナーとなった時代である。これは日本が自前の研究開発を強化せねばならない時代となったことも意味し，研究開発投資の重要性が一層高まった。

　日本経済はその後いわゆるバブル経済に突入し，その崩壊以降長期の低迷を余儀なくされるに至る。この時代においては積極的な攻めの設備投資が不振を極める結果，好不況にかかわらず実行せざるを得ない維持・補修・更新投資の相対的ウェイトが上昇するという現象も現れた。そのような中で，情報通信分野，わけても携帯電話等の移動体通信事業においては活発な能力増投資が行われている。また，情報通信技術・サービスの急速な発展やアメリカでの成果を背景に，ユーザーサイドの各産業においても情報化投資の比重が高まっている（表15‐2）。

資金調達の諸形態

　企業の資金調達は，それがいかなるニーズによるものかという要因（原材料代金決済，ボーナス支給，赤字補塡等），どれ位の長さが必要かという期間（1年以内の短期，1年超の長期），どこから調達するかという資金調達源（内部資金で賄うか外部に頼るか。外部から導入する

表 15-3 企業の資金調達の変化

年　　度	1989	1997
借入残高に対する証券残高の比率(%)	27	60
(参考)米国の比率	—	571

(出所) 日本銀行 [1998]「日本経済を中心とする国際比較統計」。

場合，銀行借入等の間接金融を利用するのか，社債・株式発行による直接調達か。負債としての調達か自己資金調達か) 等々の観点から分類することができる。

設備投資は企業の将来を左右する基盤を造り，それを維持・発展させていくためのものであり所要資金規模も大きいので，設備資金調達は企業のさまざまな資金ニーズの中でも最も重要なものである。投資の回収は一気に行われるものではないから資金もそれに合わせて長期で調達するのが原則である。

企業の設備資金調達源は，過去においては国内銀行借入が主体であった。しかし，今日では，欧米には及ばぬものの直接金融(証券発行による調達) にシフトしつつ，じつに多様化している。したがって，企業の財務担当者は，今後の金融・経済の見通し，企業の体力，当該設備投資の回収期間等を勘案しながら，長短の借入金，各種の社債，増資，設備リースの活用等のさまざまな選択肢を駆使して，安定的でかつロー・コストの資金調達に腐心することになる。

設備投資の促進手段

設備投資は企業の収益追求の一環として行われる行為である。したがって，基本的には政府の支援の対象にはなり得ない。しかし，投資の効果が公共の利益に顕著に貢献するが企業が進んで投資を実行するには収益面や資金確保面で負担が重い場合，政府はさまざまな促進手

段を講じて政策的にこうした投資を後押しする。

　助成の対象となる分野には技術振興，地域開発，都市機能整備，環境保全，省エネルギー，国際協力等がある。助成の代表的手段は政策金融，税制，補助金の3つである。

　政策金融は，民間の金融機関からの調達では量的，質的（金利，貸付期間）に困難な資金を融通して，対象としている設備投資を伸ばそうとするものである。わが国の代表的政策金融機関には，国際協力銀行，日本政策投資銀行，中小企業金融公庫，国民生活金融公庫等がある。税制による促進策は，設備保有にかかる税を軽減したり，特別な早期償却を認めたり，投資支出の一定額を課税所得や納めるべき税額から控除することで，対象とする設備投資を喚起しようとするものである。補助金は対象とする投資額の一定額を補助するもので最も直接的な促進策といえる。

2　観光産業投資の規模と展開

観光産業投資の規模と位置づけ

　観光産業が属するサービス業の1997年の設備投資額（実質値）は19兆4772億円で全産業設備投資額88兆6249億円の22.0％を占めている。

　うち，観光産業の中核であるホテルを含む「旅館その他宿泊所」および当産業と重なりの多い「映画・娯楽」はそれぞれ9328億円，1兆9058億円で，両者でサービス産業投資の14.6％，全体投資額の3.3％を占める（表15-4）。

　構成比の長期推移をみると，1970年にはサービス産業の全設備投資額に対する比率は全体の5％程度にすぎなかった。経済が

表15-4 民間設備投資の産業別内訳（1997年，実質値）

区　分	金　額	構成比（％）
製造業	29兆2160億円	33.0
サービス業	19兆4772億円	22.0
旅館，その他の宿泊所	9328億円	1.1
映画・娯楽全産業	1兆9058億円	2.2
全産業	88兆6249億円	100.0

（出所）経済企画庁『民間企業資本ストック』。

表15-5 産業別設備投資構成の長期推移

（単位：％）

暦　年	1970	80	90	97
製造業	48.7	35.9	36.0	33.0
サービス業	4.8	9.9	7.8	1.2
旅館，その他の宿泊所	*0.6	1.0	1.2	1.1
映画・娯楽	*1.1	1.0	1.9	2.2

（注）*は1975年の数値
（出所）同前。

　発展するにつれ，雇用や産出額に占めるサービス部門のウエイトが上昇することが知られているが，設備投資もサービス経済化の進展を反映してそのシェアを飛躍的に拡大し，97年には2割を超える水準に達している。「旅館，その他の宿泊所」，「映画・娯楽」も，同様に全体に対するのウエイトを拡大させている（表15-5）。

　とくに「映画・娯楽」の比率の拡大が顕著である。映画館やボーリング施設等の長期低迷がありながら「映画・娯楽」の投資がそのシェアを年々大きな落込みなく増加させてきた背景には2つの要因が考えられる。1つには都市型娯楽施設の中でゲーム・センター，パチンコ店，カラオケ・ボックス等の投資が拡大してきたことである。もう1つの要因として郊外・地方におけるテーマ

表 15-6　大型余暇施設数の推移

	ゴルフ場[1]	レジャー施設[2]	主な新設（　）内は完成年
1980年末	1,416	273	
85年末	1,496	313	東京ディズニーランド(1983)，長崎オランダ村(83)
90年末	1,818	375	日光江戸村(86)，葛西臨海公園(89) サンリオピューロランド，スペースワールド，天保山ハーバービレッジ(以上90) レオマワールド(91)，ハウステンボス，ナムコワンダーエッグ(以上92)
95年末	2,273	437	シーガイア，ザウス，八景島シーパラダイス，東武ワールドスクエア(以上93)，パルケエスパーニャ(94)
98年末	2,404	503	チボリ公園，ガリバー王国(以上97)

(注) 1　年度データ。
　　 2　綜合ユニコム「レジャーランド&レクパーク総覧2000」での調査回答施設ベース。
(出所)　綜合ユニコム「レジャーランド&レクパーク総覧2000」日本ゴルフ場事業協会。

パーク，リゾート施設，ゴルフ場等，大規模な余暇施設投資の存在が指摘される（表15-6）。これらの投資は，働きすぎへの反省と所得向上に伴う滞在型・参加型余暇需要の高まりに，金融緩和によるカネ余りや民活路線等，金融面・政策面での要因が結びつき，この期間に本格的に建設が始まったものである。いわゆるバブル期に急拡大しその崩壊により収縮したが，ある程度の規模は継続しており，新しいプロジェクトの動きもある。

一方，「旅館その他の宿泊所」のシェアの伸びは緩慢である。これは客室数の長期低迷（旅館客室数：1980年96.4万室→98年98.2万室）に表れているように旅館投資が伸び悩んでいることが作用していると考えられ，ホテル（ホテル客室数：1980年17.8万

表15-7 ホテル施設数・客室数の推移

年度	施設数	客室数	客室数伸び率 (％) (注1)	年間増加 客室数 (注2)
1965	258	24,169	—	—
70	454	40,652	11.0	3,297
75	1,149	109,998	22.0	13,869
80	2,039	178,074	10.1	13,615
85	3,332	267,397	8.5	17,865
90	5,374	397,346	8.2	25,990
95	7,174	537,401	6.2	28,011
98	7,944	595,839	3.5	19,479

(注) 1. 直近5年間（1998年度は3年間）の年率換算値。
2. 直近5年間（1998年度は3年間）の増加室数の平均値。
(出所) 厚生省「環境衛生営業施設調べ」。

室→98年59.6万室）の設備投資に限ればかなりの伸びがあったものとみられる。

以下，観光産業における設備投資の中身が長期的にどのように変化してきたかをホテルを題材に振り返る。前節ではわが国産業全体の設備投資内容が時代を映しながら変遷する姿を概観したが，観光産業の設備投資内容も同様の推移を辿っている。

新設ホテル投資の展開

戦後，わが国のホテル建設は1960年代半ばから本格化した。以降今日までホテル軒数・客室数は伸び率の鈍化はあるものの一貫して伸び続けている。深刻な不況下にあり，少なからぬ廃業も生じている90年代後半においても客室数の増加は年間2万室の規模にあり，これは60年代における総客室数にも匹敵する。

新設投資の地域的な展開をみると，ホテル建設は，1960年代，外人観光客誘致による外貨獲得という当時の国策の後押しも得て，東京を中心に大都市から本格化した。高度経済成長を背景に70

年代以降は地方都市へ，80年代以降はリゾート地へと面的広がりをみせる。また，大都市内においても新都心，副都心，臨海部等と呼ばれる地域での大規模な複合開発のなかでホテルは業務施設（オフィス），商業施設と共に中核施設としての役割を担い，とくに80年代以降において複合施設の一部としての建設が増加をみている。

新設ホテルの機能分化も時代と共に進展した。都市部のホテルはその中心部に位置し，宿泊に加え料飲・宴会部門をもつのが基本型であり，リゾート・ホテルは景勝地，観光地に立地するのが一般的であるが，70年代以降，商用客の宿泊に的を絞ったビジネス・ホテルが登場し，それがチェーン化され始めた。80年代以降は，都市近郊において非日常の空間を提供するアーバン・リゾート，逆に地域内の交流に着目したコミュニティ・ホテル等も登場する。

1990年代には不況の長期化を受けて徹底的に無駄を省いたバジェット型と称するホテルが新設されている。

新技術やコンピュータの普及を背景にホテルの大型化が始まったのは1970年代以降である。すなわち，超高層ビル建設技術やコンピュータ利用の恩恵を受けて70年代以降は1000室を超えるホテルの新設も可能となった。

その他のホテル投資

物理的陳腐化と競争への対応から既存大型ホテルの更新投資も，初期の新設ブームから20年を経た1980年代以降本格化した。これには，建物そのものを建て替えたケース，集中的にリニューアルを行ったケース，長期にわたって徐々に実施したケース等さまざまな対応があった。公害対策基本法の制定や深刻なビル火災を契機とする消防法の改正に伴い，公害防止投資やビル防災投資も70年代におい

て設備投資の重要なテーマとなった。

　ホテル投資においても，情報化投資は新しい課題のひとつである。これは2つの分野に分かれる。1つは内部管理の情報化であり，顧客管理，予約，施設管理等のコンピュータ化やインターネット利用を一層進めるものである。第2はネット時代に相応しく客室を情報化することである。十分な回線の確保，各種情報機器端末の設置等が，とくにビジネス客確保にとって重要な課題となっている。

投資主体の多様化　ホテル投資の主体も1960年代は専業者が中心となっていたが，その後，電鉄，航空，不動産，建設，流通等，関連する異業種からの参入が活発化した。また，ホテル専業者がオフィス，商業施設の建設を行い経営の安定化を図る事例も出ている。近時，外資系ホテルの進出も目立つようになった。これまでのところ多くは業務受託によるもので，ホテルの建設・経営の主体ではないが，最近時において外資系ホテル事業者が買収・新設により直接ホテル経営に乗り出す動きもある。

3　観光産業投資の特徴と資金調達

　本章1，2節では，設備投資の基礎知識を押さえた上，テーマである観光産業投資のこれまでの長期的展開を観察してきた。本節では，より実践的な問題に視点を移していくことにしたい。

事業特性　引き続きホテルを例としてそのコスト構造をみよう。製造業において大規模な高炉や圧延設備を要する鉄鋼産業や巨大プラントが必要な石油化学

産業は，装置産業，資本集約産業と呼ばれる。ホテル産業も事業の運営には建物，設備，什器等に多額の設備投資を要し，典型的な資本集約産業の一つである。したがって，設備借入金の金利，減価償却費，保険料等の負担が重い。加えて，新たに土地を手配してホテルを建設した場合には，敷地購入に関する借入金利（賃借のケースにおいては地代）の負担もある。これらの費用は，売上高にかかわらず一定額が発生するため固定費と呼ばれる（これに対し材料費等，売上に比例する費用は変動費という）。同時に，ホテル業は対個人向けサービス業としてキメ細かな顧客サービスを必要とするため人件費負担も重い。これも固定費である。したがってホテル産業は固定費負担の非常に重いビジネスであり，この傾向はテーマパーク等，他の装置型観光事業にも当てはまる傾向である。

次いで収入サイドをみると，ホテル事業は2つの基本的制約を強く受けている。第1に，スペースによる制約である。ホテルは固定された一定のスペース（部屋）を売るビジネスであるため，たとえ施設がフル稼働しても収入総額には限度がある。出版やコンピュータソフトのように，1つの成果物を限度なく複製して収入を伸ばせるわけではなく，製造業のように時間外労働やパートの投入によって需要の増加に対応できるわけでもない。第2に時間による制約である。ホテルは顧客の特定の時間消費に対応するビジネスであるから，曜日や季節による繁閑の差が激しい。製造業のように作り貯めをしておいてその在庫を売りさばくこともできない。したがって，施設の平均稼働率も頭が抑えられる宿命にある。

このようにホテル事業は重い固定費負担と強い収入制約下にあるため，元来高収益型のビジネスではない。図15‐2はそれを単

図15-2　ホテル事業の図式

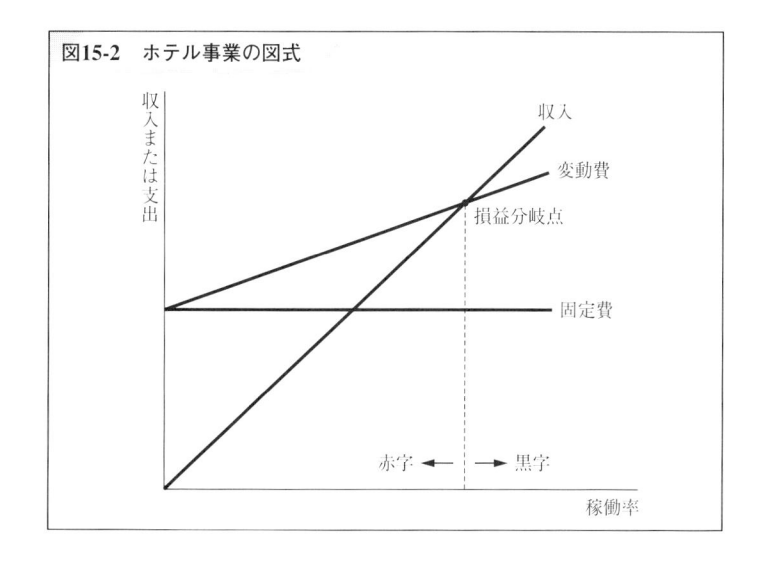

縦軸: 収入または支出
横軸: 稼働率

グラフの要素:
- 収入（右上がりの直線）
- 変動費（右上がりの直線）
- 損益分岐点
- 固定費（水平線）
- 赤字 ← → 黒字

純化して示している。開業直後は赤字である。しかし，認知度が上がり稼働率が向上するとともに当初の赤字幅が縮小して期間赤字がゼロなる点（損益分岐点という）に達する。その後もある程度の稼働率向上が続くがいずれ頭打ちとなり，売上・利益ともに振れのない安定期が長く続くこととなる。もちろん安定期に達した以降も，好況等何らかの理由で，限度を超えて稼働率が向上し利益水準が跳ね上がることもあろう。しかし，そのような事態は周辺での新規参入を誘い，スペース供給が一気に増え競争が激化して稼働率が逆戻りしがちであるから，高水準の利益が長続きする可能性は小さい。

設備投資の採算・償還　このような収支構造をもつホテルの投資には当然長い回収期間（債務の完済に焦点を当てれば償還期間）が必要となる。表15-8に示すモデル・ケースによってこれを簡単にみておこう。

表15-8 投資計画の概要

(単位：百万円)

投 資 額		資 金 調 達	
建物建設費	3,439	借入金	3,900 (20年借入)
土地	370	資本金	750
その他		その他	40
合 計	4,690	合 計	4,690
売上想定(開業2年目)		収支(開業2年目)	
室 料	778	売上高	1,847
料飲・宴会	871	費 用	2,037
婚 礼	66	内 人件費	(584)
その他	132	償却費	248
計	1,847	金 利	286
		税引前利益	△190

(注) ホテルの概要
　　タイプ：海浜リゾート（ただし，地元宴会・婚礼にも対応）
　　規　模：土地4,000m²　建物延べ12,600m²
　　施　設：客室数120室（定員484名）
　　　　　　宴会場，レストラン・バー，結婚式場，テニスコート，プール他
　　人　員：正社員110名（他にパート60名）
(出所) 日本開発銀行設備投資研究所経営研究室編［1993］。

　この新設会社（資本金750百万円）は，海岸に面した地方小都市にホテルの建設を計画している。ホテルの性格はリゾート・タイプであるが，地元の婚礼・宴会等にも対応するコミュニティ・ホテル的色彩もある。投資総額は47億円で，39億円を期間20年の長期借入で賄う。稼働率はリゾートゆえ高水準の稼働率は望めないが，目標の50％（初年度40％）は開業2年目で達成する計画である。同年度の想定売上は全体で18億円（内，宿泊部門8億円弱），以後横ばいとしている。ただし，開業4年目，7年目に各10％の価格改定を見込んでいる。

　以上を前提にシミュレーションを行った結果を要約したものが表15-9である。まず，内部収益率は7.5％と決して悪いプロジ

表15-9 投資の主要指標

内部収益率	7.5%
損　益	
黒字転換	開業7年目
繰越欠損解消	20年目
キャッシュ・フロー	
黒字転換	開業1年目（償却前営業利益）
運転借入残高ピーク	1,119百万円（開業19年目）
債務償還	開業25年目

(出所) 同前。

ェクトではない。しかし，会計上の損益が黒字になるには開業7年を要し，黒字転換後の毎年の利益で過去に累積した損失を埋めるのに，さらに7年が必要となっている。したがって，会社設立時に出資をした株主が配当を得られるようになるのは最短でも15年後のこととなる。

　現金流出を伴わない償却費を戻し，キャッシュ・フローの動きをみると，設備借入の利払いや元本返済の原資となるホテル事業の現金収支（償却前営業利益）は開業1年目で黒字化している。しかし，それだけでは毎年の必要額に満たず，ほぼ毎年運転資金（資金繰りのための資金）を借り入れる必要があり，期間20年の設備借入金を完済せねばならない開業19年目末の運転借入金残高はピークの11億円に達する。この運転借入金を完済するにはさらに6年を要し，すべての債務が償還できるのは実に開業後25年目のこととなっている。

資金調達

　このようなホテル投資を典型として，観光施設への投資は回収に長期を要するプロジェクトである。したがって，それを実施する企業は，十分な自己資金を確保し，借入金もできるだけ長期のものを導入して経

営の安定を図らなければならない。上の例でいえば，当該リゾート・ホテル会社は当初の設備借入金を20年という長期で調達してもなお頻繁に運転資金借入を行うことを余儀なくされる見通しにある。こうした事業に短い期間しか利用できない資金によって乗り出せば如何に資金繰りが繁忙となり，経営が不安定になるかは容易に想像できよう。しかし，生命保険会社のように契約者から長期にわたって保険料が入ってくる業態もあるが，多くの民間金融機関は，数年の定期預金（都市銀行等），5年の金融債や貸付信託（長期信用銀行，信託銀行）を元に融資を行っているため，その資金運用もむやみに長くはできない。短く借りて長く貸せば金融機関自体の経営の安定性を損なうからである。

公的金融の活用　この点，政府系金融機関の融資は政府から長期調達する財政資金を原資としているため，より長期（概ね15年〜25年）・低利での貸付が可能であり，民間借入を補うものとしてホテル，リゾートといった不動産関連投資プロジェクトの遂行に有益である。

　ホテル建設に対する公的融資制度の変遷をみると，かつて日本開発銀行（現・日本政策投資銀行）にはホテル整備そのものを対象とする「ホテル枠」があった。これは外人客誘致による外貨獲得を狙ったものであり，わが国ホテルの質・量両面での拡充を支援すべく登録ホテルへの長期融資が盛んに行われた。しかし，わが国が世界有数の黒字国となるに及んでその意義は疑問視され，この融資枠は1986年度をもって廃止された。

　しかし，同銀行のホテル融資がこれにより不可能となったわけではなく，異なった政策的観点，すなわち，地域振興，地元雇用確保，都市機能整備といった意義に照らして適格なプロジェクトへの融資は今日も継続されている。また，リゾート施設やテーマ

パーク等についても，地域振興の観点から融資が可能である。「民活法」（民間事業者の能力の活用による特定施設の整備の促進に関する臨時措置法），「リゾート法」（総合保養地域整備法）に基づき，社会資本整備の観点から行われる融資については無利子融資制度（第三セクター向け）も用意されている。

他に観光産業の投資を対象とする公的ファイナンスを行う機関には，中小企業金融公庫，国民生活金融公庫，（財）民間都市整備推進機構，（財）地域総合整備財団（ふるさと財団）等がある。

民間金融，公的金融のいずれにせよ借入にあたって担保が必要である。一般的に設備投資資金の借入には当該事業資産（たとえば工場敷地，建物，設備）を担保に提供する。この場合，簡便化のため事業資産を一括りにして差し出す制度があり，財団抵当と呼ばれる。この制度は工業，鉱業，鉄道向け融資のために明治期に設けられたもの（工場財団，鉱業財団，鉄道財団）である。観光産業のためにも観光施設財団抵当制度が昭和40年代に導入されている。これにより，たとえばホテルの敷地，建物，設備をワン・パッケージにして担保提供ができこととなった。

海外に目を転じると，途上国・先進国を問わず観光産業が国レベルでの投資促進・外貨獲得，地方レベルで地域振興や雇用創出等に貢献することは広く認められており，多くの国で観光産業関連投資が公的助成の対象になっていることは言うまでもない。また，こうしたプロジェクトは途上国の経済発展を支援する世界銀行グループの出融資対象にもなっており，同グループの中で民間プロジェクトのファイナンスを担当している国際金融公社（IFC）では途上国の観光事業向けに1999年現在339百万米ドルの出融資残高がある。

税制および補助金

税制については，かつて登録ホテル・旅館に対して行われていた償却に関する優遇（償却期間短縮）は1996年度をもって新たな措置は打ち切られている。しかし，地方税である固定資産税の減免措置は相当数の自治体において存続している。「民活法」，「リゾート法」認定施設については固定資産税等地方税の減免措置があるほか，「リゾート法」認定施設には特別償却制度がある。補助金については，「民活法」認定施設に特定部分の取得費補助が全国一律で設けられている。なお，地元振興に寄与する観光およびリゾート関連プロジェクトには地方レベルで種々の補助金が設けられているので，立地点に応じて利用可能性を調べる必要がある。

事業計画書とは

最後に設備投資，とくに，新規投資や大型投資の立案・実行と資金調達に不可欠な事業計画書のポイントについて述べて締めくくりとする。

事業計画書の構成を簡単に例示すると次のとおりである。

①エグゼクティブ・サマリー　全体のごく短い要約

②事業および製品概要　いかなるコンセプトのもと，どんな会社がどういうビジネスを展開するのか。製品（またはサービス）にはいかなる特色や優位性があるか。

③運営計画　当該製品（またはサービス）をどのような設備・人員体制でいかなる購買/販売方針をもって提供するのか

④業界分析・市場戦略　そのビジネスが属する業界や同業他社の動向はどのようなものか。その中で当該計画はいかなる戦略をもって市場を獲得するのか。売上予測はどの程度となるか。

⑤財務計画　以上を予想損益計算書・貸借対照表・資金計画表等に数値で表現すると，事業にはどの程度の資金が必要で，将来，いかなる投資採算となるか。

骨格は以上であるが，実際の事業計画書は業種や事業規模等によってさまざまなバリエーションがある。実績がなくリスクの高い創業前後のベンチャー・ビジネスの場合は，経営陣の力量・経験の説明に独立したスペースが割かれることが多い。リクク要因にも詳しい言及がなされる。新技術性の高い製造業の事業計画書の場合，運営計画における新プラントの信頼性や規模の妥当性の説明に力点が置かれることとなる。不動産開発の場合は開発用地および周辺の状況把握が重要なセクションとなる。

　規模の大きなホテルやテーマパークの建設は計画から着工・完成まで長期を要する大型不動産開発投資プロジェクトの一種であるから，一本の事業計画書ではすべてをカバーできず，段階を追って計画が煮詰まっていく。最初は基本構想の段階で，市場ニーズ，立地特性，土地への諸規制，時代のトレンド等を踏まえて開発コンセプトの導出が行われる。次の基本計画はこれを数字に落とす作業が中心で，施設規模や工事費の算出，資金計画の策定，投資採算の試算が行われる。しかし，この段階では，あくまで概数のレベルである。実施計画では施設設計，環境アセスメント等の進捗を背景に計画全般にわたり精度が上がり，文字どおり投資の実施を目前に控えた最終事業計画書が完成する。

事業計画書の意義　しかし，いかなるスタイルの事業計画書であってもその本質は同じである。その構成をみても分かるように，事業計画書は一種の論理体系である。ここに単なるアイデアではなく市場ニーズ，業界動向，立地特性等々実態を踏まえて到達した事業機会がある（たとえば，新しいネット・ビジネス，新業態ホテル）。それをさまざまな経営資源を用いて，いかに実際のビジネスとして立ち上げるか，そのためにはどれほどの資金が必要であり，投資実行の暁にはどの程度の収

益性が見込めるか。事業計画書の流れはこれを論証するプロセスである。

したがって，事業計画書の意義は，単に，出資者や銀行向けの資金調達用資料，社内外の関係者用説明資料，あるいは実行後の進捗・成果を把握するベンチマーク（基準）に止まるものではない。事業計画を立案し，調査し，その結果を論理の体系に纏め上げるプロセスそのものが，事業前提の誤り，見過ごしていたリスク，埋もれていた新たな事業機会，飛躍した論理等の発見を促し，また，関係者の理解の向上にも繋がって投資の成功度を高める。小規模なベンチャーであれ大規模プロジェクトであれ，過度に専門家に依存してはならない。事業計画書は，事業の主体が自ら考え起草するものである。

演習問題
① 設備投資の目的・機能を整理してみよう。
② わが国の戦後経済発展の歴史を設備投資の面から振り返ってみよう。
③ ホテル業の設備投資の特徴と資金調達上の留意点について考えてみよう。
④ 観光産業を例に事業のアイデアを簡単な事業計画書にまとめてみよう。

読書案内
日本興行銀行産業調査部編［1997］『**日本産業読本**』（第7版）東洋経済新報社，はホテル業，サービス産業を含む主要産業の現状と展望に加え，わが国産業の戦後の発展を跡付けている。

日銀金融研究所長 黒田巌編［1995］『**新版 わが国の金融制度**』

日本銀行金融研究所，はわが国の金融制度全般を扱った定評ある概説書である。

　日本開発銀行経営研究室編［1993］**『ケーススタディ　地域プロジェクトの財務』**ぎょうせい，はリゾートホテルを題材に，事業計画作成のポイントと投資回収シュミーレーションについて丹念に解説している。

　エクスナレッジ編［1998］**『都市・建築企画開発マニュアル '99』**エクスナレッジ，は開発者サイドの立場に立って都市計画制度，プロジェクト開発手法，資金調達方法等を概説している。

　金融財政事情研究会編［1999］**『業種別貸出審査事典』**（第9次新版）金融財政事情研究会，は融資サイドの視点で業種別に業界動向，審査のポイントを解説。第8巻ではホテル，テーマパークをはじめ宿泊業，レジャー・スポーツ関連事業を幅広くカバーしている。

Column ⑮　東京ディズニーランド

　東京ディズニーランドは，1983年に，東京近郊の千葉県浦安市に開園したアジアを代表するテーマパークである。これは，アメリカ国外ではじめてオープンしたディズニーランドであった。テーマはミッキーマウスなどのウォルト・ディズニーのキャラクターによる「夢と魔法の国」である。開園以来絶大なる人気をほこり，年間入場者数は1650.7万人（1999年度）と，他のテーマパークの中でも群を抜いている。

　従来の遊園地と異なる点は，大人も楽しめるレジャー施設であり，アトラクション（乗り物など）以外にも，パレードやショーなどによって入園者を楽しませているところにある。この「ファミリー・エンタテイメント」が東京ディズニーランドの成功の一因となっている。

　東京ディズニーランドを運営する㈱オリエンタルランドは，2001年を目標に，ディズニーランドを含む一帯を「東京ディズニーリゾート」として拡大中である。すでに2000年には，複合型商業施設「イクスピアリ」と「ディズニーアンバサダーホテル」をオープンし，2001年には，第2のテーマパーク「東京ディズニーシー」と「東京ディズニーシー・ホテルミラコスタ」を開業する予定である。施設間を結ぶモノレール（ディズニーリゾートライン）を含めると，新規事業の総事業費は4540億円にのぼる大規模なテーマリゾートとなる（2000年3月期，「有価証券報告書」より）。

● 事 項 索 引 ●

あ 行

ILO 有給休暇条約　16, 268, 272, 286
アウトドア・レクリエーション　156
アウトバウンドの観光　6, 279
アグリ・ツーリズム　199
アゴーン　29
アジア太平洋観光学会（APTA）　25
アジェンダ21　151, 277
明日香村特別措置法　144
アスペン　138
遊 び　29
アトラクション　225
アニマル・セラピー　159
アマンダリ　245, 248
アメニティ水準　246, 249
「新たな観光のあり方」　51
アルカディア　316, 317
アレア　29
アンコールワット　255, 256
安全欲求　197
案内図（板）　192
「慰安目的型」旅行　62
言分け構造　314
イエローストーン国立公園　151
生きた生活　304, 305
移 出　12
伊勢参詣　38, 45, 92
一期一会の感動　89
一種空港　113
『一般観光論』　58
異文化コミュニケーション　186
イベント・プロモーター　93
イメージ化能力　315
イリンクス　29
飲食施設　189, 197, 200, 274
インタープリター　158, 163, 167, 192
インタープリテーション　158, 162, 261
インタラクティブ・チャネル　82, 84, 89
インバウンドの観光　5, 271, 279
インフラ整備情報　89
ヴァナキュラー（慣習家屋）　251
ヴィークル　240
ウィスラー　138
ヴェイル　138
歌 枕　75, 81, 251
美しい大島村の風景を守り育てる条例　326
美しい新治の風景を守り育てる条例　326
"美しきインドネシア"ミニチュア・パーク　183
ウブドゥ　251
営造物公園　141
『易経』　6, 186
エコツーリズム　15, 52, 149, 161, 249, 261, 300
エコツーリズム推進協議会　162, 166
エコミュージアム　164, 329
エスニック・ツーリズム　52, 179, 182, 237, 255
恵比寿ガーデンプレイス　135
エンコード　242
演出された真正性　175
欧州経済復興計画（マーシャルプラン）　269
欧州旅行委員会（ETC）　269,

270
御蔭参り　45
小笠原ホエール・ウォッチング協会　167
御　師　38, 46, 92
オートキャンプ　203
オールタナティブ・ツーリズム　15, 22, 51, 254
温泉地　138
温泉療法　159

か 行

海外旅行倍増計画（テンミリオン計画）　279
外貨獲得効果　269
外客誘致　46
回収期間　349
外食施設　202
海中公園地区　140
ガイドライン　167
外部的強制の旅　33, 35, 37
解放感　61, 64, 71
回遊行動　68
回遊列車　156
価格規制緩和　109
価格弾力性　221
家族休暇村　279
語　り　255, 256
活動型観光（施設）　17, 195, 200, 201
稼働率　349
カボタージュ権　105
鎌倉風致保存会　154
カメロンハイランド　137
ガラパゴス諸島　149, 163
カルロビバリ　136
感覚の消費　249
環　境　313, 325
環境基本法　151
環境教育　164
環境と開発に関する国連会議（地球サミット）　150, 277
環境と開発に関するリオデジャネイロ宣言　151
環境保全投資　339
環境問題　51, 277
観　光
　　――におけるポストモダニティ　253
　　――の意図　65
　　――の経済的意義　12
　　――の経済的効果　214
　　――の大量化　276
　　――の南北問題　56, 294
　　――のボーダレス化　276
　　狭義の――　17, 67
観光案内施設（所）　189, 192
観光開発　271
観光回遊　68
観光館　7
観光関連業界　160
観光関連産業　239, 240
観光（関連）企業　214
観光基盤施設　97, 110
観光基本法　10, 96, 265, 272, 279
観光客受入れ国　274
観光行政　15, 264, 265
観光行政機関（NTA）　281
観光空間情報　79-81, 85
観光芸術　183
観光交通　14, 18, 96
観光交通市場　100
観光行動　2, 14
観光（関連）財・サービス　213, 220
観光サービス　240
観光産業　9
　　――の設備投資　345
観光事業　9, 65
観光事業審議会　210
観光資源　18, 120, 188
観光市場　172, 224

観光施設　16, 18, 120, 188, 240
観光者の匿名性　295
観光者のまなざし　11
観光消費における差異化　248
観光商品　239
観光情報　14, 18, 42
観光情報ビジネス　92
観光税　13
観光政策　10, 15, 19, 214, 264, 265
　──の目標　266
観光政策審議会　5, 17, 210
観光宣伝　281
観光体験の商品化　237
観光対象　14, 120, 188
観光対象情報　74
観光地　122, 212
　狭義の──　124
観光地組織　298
観光動機　58
観光と環境に関する共同宣言　161
観光のためのアジェンダ21　277
『観光白書』　3, 10, 97
「観光は平和へのパスポート」　11, 49, 269
観光丸　7
観光欲求　58
観光・レクリエーション　120
鑑賞・体験型観光（施設）　17, 195, 197, 205
感動創造空間　83
記号過程　242
記号上の欲望の充足　242
記号的消費　244, 245
紀行文　75
擬似イベント　175
規制緩和　102, 106
偽装された交換　237
北の豊かな国の観光者　48
北山崎　127, 128
記念物　142

機能空間としての観光地　296, 304
喜賓会　7, 46, 278
キャナル・シティ　135
休暇家族の家　279
供給曲線　215, 217
行政機関型NTO　280
共通鉄道政策（EU）　111
郷土景観　122
「教養目的型」旅行　62
漁業権　141
拠点型観光　17, 196
均衡価格　216
均衡取引量　216
均質的空間　252
近代型観光芸術　184
近代旅行業　46
緊張解除の動機　59
緊張感　61, 64, 71
空間としての地域　291
空港使用料　113
空港整備特別会計　113
具体化した観光意欲　61
「下り型」旅行　63
国の光　6, 7
熊野詣　37, 38
グラウンド・ワーク・トラスト　155
グランドキャニオン　127
グランド・ツアー　11, 40
グリーン・シーズン　129
グリーン・ツーリズム　15, 85, 139, 275, 312
「グローバル」と「ローカル」が出会う場　172
軍事の旅　34
景観　313
景観条例　326
経済協力開発機構（OECD）観光委員会　276
経済的観光　66

経済的動機　58
ケチャ　178
ケネディ宇宙センター　18, 147
限界消費性向　229, 230
限界貯蓄性向　227
兼観光　3, 67
研究開発投資　337, 340
言語的記憶　314, 315
言　説　176, 255
公営ユースホステル　210
公害対策基本法　339, 346
公害防止投資　338, 346
豪華大型客船　42
効果/費用の極大化　69
公共サービス施設　189
航空機燃料税　113
工芸品　180
交差価格弾力性　221, 223
鉱山町　133
公社型NTO　281
工場観光　18
更新投資　338, 346
高速道路サービス　111
交通機関　65, 274
交通サービス　99
交通手段　212
公的観光機関国際同盟（IUOTO）　268
公的融資制度　352
高野詣　37
合理化投資　338
合理的観光芸術　184
港湾法　141
五感の消費　246, 249
国際観光　3
国際観光アカデミー　21, 25
国際観光客　267
国際観光協会　278
国際観光局　5, 24, 278
国際観光振興会（JNTO）　267, 278, 282

国際観光振興策　267
国際観光年　11, 49, 269
国際金融公社（IFC）　353
国際自然保護連合（IUCN）　150
国際旅客市場　100
国際旅行・観光会議（観光ローマ会議）　269
国定公園　140, 152
国鉄の赤字転落　110
国土交通省総合政策局観光部　282
国　宝　143
国民宿舎　210
国民保健温泉地　142
国立公園　140, 151
国立青年の家　210
国連開発計画（UNDP）　5
国連環境計画（UNEP）　150
国連人間環境会議（ストックホルム会議）　150, 161
個人型旅行　62
コスタ・デル・ソル　139
固定費　348
コードによる記号化　243, 245
コードの消費　246
古都保存協力税　13
古都保存法　144, 327
好んでする旅　33
個別情報　78
ゴミ問題　160
雇　用　214
雇用（創出）効果　13, 230, 353
コルコヴァード国立公園　261
ゴールド・コースト　139
コンサルテーション　300
コンテスタビリティの理論　105
コンピュータ・リザベーション・システム（CRS）　83, 98, 105
コンベンション事業　135

さ　行

差異化　248
在庫投資　337
債務償還　336
裁量的所得　218
サウスポート　137
サステイナブル・ツーリズム（持続可能な観光）　15, 52
札幌ファクトリー　135
里山　313
産業遺跡　77, 84, 147, 255
産業観光　18, 147
三州足助屋敷（足助町）　329
三種空港　114
山水画　318
参入規制緩和　108
サンモリッツ　137
シエラ・クラブ　145
ジェンダー問題　56
潮湯治　130
事業計画書　354, 356
資金調達　351
自己拡大達成動機　59
自己実現の欲求　59
寺社観光地　124, 134
システム・オーガナイザー（機能）　85, 93
自然遺産　152
自然環境資源　189
自然環境保全審議会　142
自然観光（資源）　14, 120, 179
自然観察指導員　158
自然景観　77
自然公園法　140, 141, 151
自然との交歓の旅　297
自然風景地　124, 127, 152
自然保護　161
持続可能な開発　150
ジート・ルラル（農家滞在）　275, 279

シナリオ　80, 84
シビック・トラスト　155
地ビール・レストラン　198
資本集約産業　348
地元雇用確保　352
社会的観光　66
社会的存在動機　59
ジャパン・ツーリスト・ビューロー（JTB）　46, 267, 278
ジャンボ・ジェット（ボーイング747）機　50, 104, 117, 267
朱印船貿易　43
修学旅行　47, 309
従軍慰安婦　56, 309
十字軍遠征　36
集団施設地区　140
集団的買春行為　56
秋芳洞　127, 128
周遊型観光（行動）　8, 17, 66, 132, 195
重要伝統的建造物群保存地区　132
宿泊施設　16, 65, 189, 197, 198, 200, 201, 212, 274
宿場町　133
宿坊　38
述語　288
需要曲線　215, 217
需要の価格弾力性　101
純粋なる文化　171
巡礼　36, 179
ジョイポリス　207
商家町　133
上下分離　111
乗数効果　12, 230
消費機会　218
消費の対象　173
情報化投資　347
商用旅行　3, 34
ショッピング施設　188
所得　214

所得創出効果　12, 230
所得弾力性　221, 222
知床100平方メートル運動　155
白米千枚田　311, 326
新奇型観光芸術　184
信仰・巡礼の旅　34
心情的動機　58
身体性の消費　246
身体的記憶　314, 315
身体的動機　58
身体的欲望の充足　242
神仏詣　66
人文観光資源　14, 120, 189
シンボル化能力　314, 315
森林インストラクター　158
森林法　141
森林浴　155
スイス旅行金庫　210
水族館　77
スヴァンヤブナート　257
スカイマーク　109
スキー場　128, 138
スポーツ観光　66
スポーツ施設　188
スポーツ・レクリエーション　66
スロット　105
スロット制約　115
生活の差異化　305
政策金融　342
政治的観光　66
税　収　214
税収効果　13, 230
精神的動機　58
生態系の乱れ　160
政府観光局（NTO）　267, 280
生物多様性研究所（INBio）　163
生物多様性条約　153
生理的欠乏の埋合わせ　246
生理的欲求　197
世界遺産条約（世界の文化遺産及び自然遺産の保護に関する条約）　150, 152
世界観光　276
世界観光機関（WTO）　5, 97, 161, 269, 276
世界周遊観光　42
世界野生生物基金（WWF）　150
世界旅行産業会議（WTTC）　276
関　所　38
設備投資　336, 337
説明板　192
善意通訳（グッドウィル・ガイド）　234, 278
全国森林レクリエーション協会　158
全国棚田（千枚田）連絡協議会　328
潜在的誘引力　193
線情報　78
先　達　92
千枚田景勝保全基金　326
総合化情報　78
装置産業　348
ソーシャル・ツーリズム　20, 49, 210, 272, 275
ソーシャル・ツーリズム国際大会　273
村民の意思　288

た　行

滞在型観光　8, 17, 66, 273
滞在型・参加型余暇　344
代参講　38
第三セクター　214
台湾山地文化園区　183
たくみの里（新治村）　329
棚　田　313, 325
棚田（千枚田）オーナー制度（檮原町）　327
棚田貸します制度（更埴市）　327
棚田サミット　327

ダナン　254
楽しみのための旅行　2, 33, 34, 37, 43, 64, 295
タヒチ　138
ダブル・トラック　108
たまの贅沢　197
団体（型）旅行　46, 62
団体旅行ブーム　74
地域観光政策　214
地域経済　214
地域社会　288
地域振興　275, 352
地域制公園　141
地域総合整備財団（ふるさと財団）　353
地域の意思　288
地球会議　277
「地球にやさしい旅人宣言」　161
地方観光協会　267
中国民族文化村　183
中食施設　202
長期休暇制度　137
長期滞在型の観光　16
鳥獣保護区　141
通過儀礼としての旅　40
ツェルマット　137
ツーリスティックな行為　258
ツーリスト　6
　──の欲望　239, 242, 243
ツーリズム　3, 5, 6
ＤＭＺツアー　253
定型的な情報　88
ディスカバー・ジャパン　132
ディズニーワールド　131
デコード　241
鉄　道　110
　──の開発　46
テーマパーク　18, 77, 120, 131, 188, 225, 348
田園風景　313, 325
田園風景画　318, 323

点情報　76, 81, 85
天神崎の自然を大切にする住民の会　154
伝統型観光芸術　184
伝統芸能　178
伝統的建造物群保存地区　143
同化型観光芸術　184
東京ディズニーシー　137, 358
東京ディズニーランド　18, 131, 206, 358
盗　掘　160
桃源郷　316
湯　治　44, 66, 207
投資回収　336
特殊法人型 NTO　280
特別史跡　143
特別地区　140
特別天然記念物　141
特別保護地区　140
特別名勝　141, 143
都市観光地　134
都市間旅客市場　100
都市機能整備　352
都市公園　151
土地に根付いた個人の旅行経験　297
都道府県立公園　140
都道府県立自然公園　152
トリプル・トラック　108
ドルフィン・セラピー　159

な　行

内　食　191
内部収益率　336, 351
内部的強制の旅　33, 35, 37
長崎オランダ村　131
ナショナル・トラスト　144, 154
那須ハイランドパーク　206
ナンジャタウン　207
二種営業鉄道　111
二種A空港　114

二種B空港　114
日常語　288
日光金谷ホテル　136
２部料金制　225
日本観光学会　25
日本観光協会　66
日本観光研究学会　25
日本自然保護協会　158
日本野鳥の会　157
日本旅行業協会（JATA）　161
ヌアラエリア　137
抜参り　45
ヌサドア　139
ネイチャーゲーム指導員　158
ネオ植民地主義　51
農園別荘　318
農業振興地域整備法　141
農村観光　199
農村景観　122
農地法　141
能力増投資　338
「上り型」旅行　63

は　行

ハウステンボス　131, 206
バカンス　7, 137
波及効果　230
白銀計画　275
博物館　77, 121, 205
パーク・レンジャー（国立公園管理員）　141
箱根富士屋ホテル　136
場所性　252
「場所」への欲望　251
場所を対象とする消費行為　252
バース　136, 207
『80日間世界一周』　117, 295
バーチャル・ツアー・ナビゲーター　90
パッケージ・ツアー　94, 199
パッケージ・ツアーに関するEU理事会指令　274
発展途上国の国際観光振興策　271
バーデンバーデン　136, 207
バート・イシュール　136
バード・ウォッチング　157
ハドソンリヴァー派　334
ハブ・アンド・スポーク　98, 105
ハプニング管理情報　89
バ　リ　177, 251
バルビゾン派　320, 323
バロン・ダンス　178
ピクチャレスク本　334
非言語的言語　315
非コード　244
　　——の記号過程　245
　　——の消費　246
美術館　205, 209
ピストン型観光（行動）　68, 196
漂白の思い　297
ヒルトライブ・ツーリズム　237
ビル防災投資　346
ファミリーオ　204
ファンタジー・リゾート　247
風　景　313, 314
フ　ェ　254, 256
複合遺産　152
複合（型）観光資源　120, 122, 189
複製メディア　175
武家町　133
舞台装置　84, 254
普通地区　140
物品販売施設　189
不定形型の情報　88
不定形の魅力　81, 84
ブライトン　137
ブラックプール　137
フリークエント・フライアー・サービス　105
プリズム　316, 317

ふるさと財団　353
ふるさとまるごと博物館（三陸町）
　329
ふれあい・やすらぎ温泉地　142
ふれあいを求める観光　301
文化遺産　142, 152
文化観光　179
文化記号　243
文化・教育施設　189
文学碑　121
文化財保護法　141, 142
文化資本　244
　——所有者　248
文化的観光　66
文化的観光施設　192
文化の階層性　244
文化の商品化　173
文化の真正性　175
文化の図式　324
文化のフィルター　316
ヘリテージ・ツーリズム　254, 255, 257
変動費　348
保安林地帯　141
ホエール・ウォッチング　158, 167
ポスト・マス・ツーリズム　249
ポストモダン・ツーリズム　253, 301
ホスピタリティ　10, 26, 34, 234, 242, 243
ボダナート　257
ホテル税　13
ホテル枠　352
ポートアイランド　135
保養型観光（施設）　17, 195, 196
保養的観光　66
ボランティア・ガイド　10, 234
ポリネシア文化センター　169, 182
ボロブドゥール　257, 258

ホンモノ性　304, 305

ま　行

マーシャルプラン　269
マス・ツーリズム　15, 22, 23, 48, 160, 240, 265, 272
まなざし　313, 324, 325
見えざる輸出（貿易）　3, 12, 49, 269
密　猟　160
港　町　133
南の貧しい国の観光地　48
ミミクリー　29
見分け構造　314
民活法　353
民間都市整備推進機構　353
民宿開発　303
民俗文化財　142
無形自然観光資源　189
無形社会資源　120, 122
無形文化財　142
村並み保全運動（内子町）　328
名勝天然記念物　141
名所絵図　44
名所旧跡　77
メガリゾート　247
面情報　78, 85
模型文化　169, 181, 182
物語の消費　306
門前町　133

や　行

野生の価値　244
誘引力　193
有給休暇法（バカンス法）　137, 272
有形自然観光資源　189
有形文化財　142
誘致圏　125
輸送サービス　99
ユニバーサル・スタジオ・ジャパン

132, 187, 207
余暇活動　2, 272
欲望と金銭フローの乖離　240
欲求段階説　59, 197

ら，わ行

ラケット構造　68
ラスヴェガス　247
ラパ・リオス　261
ラムサール条約（特に水鳥の生息地として国際的に重要な湿地に関する条約）　152
ランガージュ（シンボル化能力）　314
ラングドック・ルシオン　139, 263, 275
リアリティの相互反映性　253
リスク　336
リゾート　8, 136
リゾート総合観光地　127
リゾート法（総合保養地整備法）　353
リターン　336
料金プール制　113
緑地保全地域　326

旅行案内書　42
旅行業法　275
旅行行程管理表　87
旅行小切手　210
旅行動機　59
旅行用心集　44, 75
リラクゼーションのための施設　201
歴史観光　179
歴史景観　122
歴史的建造物　77
歴史的風土保存地域　144
歴史的街並み　77
レクリエーション　4, 8, 17, 124
レクリエーション資源　124
レクリエーション施設　189
レゴランド　132
レジャー活動　39
連続（有給）休暇　279, 280
六甲アイランド　135
ロッテワールド　132
ワイ　240, 241
わが村は美しくコンクール（ドイツ）　328
ワシントン条約　150, 154

● 人 名 索 引 ●

あ 行

浅井忠　322
足羽洋保　27
芦原義信　146
アシュワース, G. J.　256
アドラー, J.　41
荒井政治　284
アーリ, J.　332
粟田房穂　209
池大雅　318
池上嘉彦　332
石森秀三　184, 185

伊藤元重　116, 233
井上馨　7, 278
井上万寿蔵　4, 240
今井宇三郎　6, 7
今井省吾　59
岩切章太郎　14
ヴァリアン, H. R.　232
ウェストン, W.　156
ウェルギリウス, M.　316, 317
ウォーラースティン, I.　51
ウッド, R. E.　179
梅棹忠夫　43
エディントン, W. R.　22, 55

太田好信　256, 260
大町桂月　157
岡島成行　166
岡本伸之　199, 210
オギルヴィエ, F.　3, 25
小沢健市　233
オーラー, N.　54

か 行

カー, E. H.　32
カイヨワ, R.　29
勝原文夫　332
加藤則芳　146
川口満　116
木原啓吉　166
久隅守景　318
クック, T.　41, 236
国木田独歩　323
クーパー, J. F.　334
クラーク, K.　332
グリュックスマン, R.　4, 25
グリーンウッド, D. J.　174, 185
クールベ, G.　320
グルーム, A. H.　156
グレーバーン, N. H. H.　179, 185
ケンペル, E.　44
小池洋一　27
小畴尚　146
ゴーギャン, G.　243, 244
小島烏水　157
小谷達男　298
ゴッホ, V.　321, 322
コーヘン, E.　238
小山正太郎　322
コロー, J.　320
コンスタブル, J.　320

さ 行

斎藤月岑　155
佐々木土師二　70

佐藤喜子光　92
澤明　9
シアーズ, J. F.　334
塩田正志　27
志賀重昂　157
シスレー, A.　321
司馬遼太郎　327
渋沢秀雄　7
島内景二　54
ジャファリ, J.　21, 22
十返舎一九　44
ショー, A. C.　136, 156
白幡洋三郎　55
シンクレア, M. T.　233
進士五十八　332
新城常三　33
進藤敦丸　283
菅江真澄　251
鈴木忠義　17, 27, 68
ステイバー, M.　233
スミス, V. L.　22, 55, 185
セザンヌ, P.　321
雪舟　318
ソシュール, F. de　315

た 行

高成田亨　209
ターナー, J.　320
田中喜一　25, 58
種田山頭火　297
田山花袋　157
中条潮　116
津端修一　284
デュマズディエ, J.　17
陶淵明　318
トゥアン, Y.　308
ドガ, E.　321
ドガニス, R.　285
トライブ, J.　233

な，は行

中島峰広　327
中西悟堂　157
永渕康之　260
中村良夫　331
中山和久　284
並木誠士　208
沼田眞　165
根木昭　332
橋本和也　185, 236, 260
橋本俊哉　70
長谷政弘　27, 283
長谷川文雄　91
ハンター，R.　144
ピサロ，C.　321
ヒル，O.　144
ブーアスティン，D. J.　175, 237, 259
フォンタネージ，A.　322
フーコー，M.　332
藤井彌太郎　116
藤田治彦　146
プッサン，N.　320
ブライアント，W. C.　334
ブリューゲル，P.　319, 320
ブル，A.　233
ブルデュー，P.　244
ページ，S.　116
ベルク，A.　314, 316, 332
ベルヌ，J.　119, 295
ベルネカー，P.　66
ホイジンガ，J.　29
ボティオ，L.　21
ボードリヤール，J.　243
ホブズボウム，E.　177
ボールマン，A.　25

ま〜わ行

前田勇　27, 61, 70
マコーミック，J.　165
マズロー，A. H.　59, 197
松尾芭蕉　251, 256
マッキャネル，D.　259
松本順　130
マネ，E.　321
マリオッティ，A.　21, 25
丸山圭三郎　314, 332
溝尾良隆　17
満谷国四郎　323
宮本常一　251
ミューア，J.　145, 146
ミレー，J.　320, 321
村田喜代子　308
モア，T.　316
茂木信太郎　210
モネ，C.　321
山内弘隆　285
山下晋司　253, 185, 259, 260
山中速人　260
リヴィエール，G. H.　329
リード，E.　54
ルソー，T.　320
ルソー，J.-J.　323
ルノワール，A.　321
レルヒ少佐　128
ロラン，C.　320
ローンスリー，H.　144
ワーズワース，W.　323

観光学入門
Introduction to Tourism

有斐閣アルマ

2001 年 4 月 20 日　初版第 1 刷発行
2021 年 7 月 10 日　初版第 17 刷発行

編　者　　岡　本　伸　之

発行者　　江　草　貞　治

発行所　　株式会社　有　斐　閣

郵便番号 101-0051
東京都千代田区神田神保町 2-17
電話(03)3264-1315〔編集〕
　　(03)3265-6811〔営業〕
http://www.yuhikaku.co.jp/

印刷・精文堂印刷株式会社／製本・大口製本印刷株式会社
© 2001, N. Okamoto. Printed in Japan
落丁・乱丁本はお取替えいたします。
★定価はカバーに表示してあります。
ISBN 4-641-12130-3

Ⓡ 本書の全部または一部を無断で複写複製(コピー)することは, 著作権法上での例外を除き, 禁じられています。本書からの複写を希望される場合は, 日本複製権センター(03-3401-2382)にご連絡ください。